제3판

민법사례연습 II
[물권법]

이 병 준 · 황 원 재 저

세창출판사

제3판 머리말

이번 판은 기념비적인 의미를 갖는다. 첫째, 공저자인 황원재 교수가 이번 물권법 개정판을 통하여 모든 사례연습책에 공저자로 참여하게 되었다. 둘째, 물권법도 제3판이 출간되면서 이제 모든 사례연습책이 어느 정도 정비가 마쳐졌다고 할 수 있다. 이 작업이 거의 20년 가까이 걸렸으니, 오랜 작업이었다. 그사이 꾸준하게 성원해 주신 세창출판사의 이방원 사장님과 임길남 상무님께 깊은 감사의 인사를 전한다.

그사이 법과대학에서 법학전문대학원으로 교육의 중심이 옮겨지고 사법시험에서 변호사시험으로 변호사자격시험도 변모하였다. 그러나 처음, 이 사례연습 시리즈를 시작할 때의 목표와 책의 의미는 더욱더 부각되고 있다고 생각한다. 변호사에게 필요한 서면에 가까운 사례연습 풀이 연습을 청구권과 항변권을 중심으로 한 학습 형태로 학생들에게 제공하면서, 동시에 조문에 기초한 튼튼한 이론 학습도 가능하게 해야 한다는 목표가 그것이다. 이러한 실천적 목표를 중심에 놓고 꾸준히 대학 강단에서 이 문제를 가지고 강의를 하고 있다.

이번 판에서는 기존의 책에서 가지고 있던 오류가 수정되었다. 그리고 최신판례를 반영한 문제들을 추가로 수록하였다. 새롭게 수록된 문제는 채권질권에 의한 방해배제청구권, 채권자가 아닌 제3자를 저당권자로 하는 저당권등기의 효력, 그리고 공유지분권에 의한 방해배제청구권 등의 문제로 이론적으로나 실무적으로도 의미가 있는 사안들이다.

이 책을 발간하는 데 필요한 기본적인 각주 작업과 오탈자 교정 작업은 계명대학교 문현지 학사가 맡아서 꼼꼼히 잘해 주었다. 황원재 교수의 지도하에 석사과정 중에 있으며, 탄탄한 이론 지식을 갖춘 법률가로 성장하길 기원한다. 최종 마무리 교정 작업은 나의 조교인 이병욱 학사가 하였다. 법학전문대학원에 진학하게 된 이병욱 군에게는 노고에 대한 감사와 함께 충실한 공부를 통해 실력을 갖춘 법조인이 되기를 바란다는 희망도 함께 전한다.

2022년 2월 21일
이문동 연구실에서
이병준

머 리 말

이번 물권법 사례연습 발간으로 민법사례연습 시리즈를 드디어 완간하게 된다. 민법총칙이 발간된 후 물권법의 발간 여부에 대하여 많은 문의가 있었으나, 필자의 일정상 작업을 미루다가 이번에 드디어 결실을 보게되었다. 교수생활 중 중요한 시기인 방학을 다 바쳐야 하는 작업이므로 쉽게 착수를 못하다가, 지난 학기에 박희호 교수님께서 친족상속법을 내서서 물권법을 집필해야 한다는 압박감이 느껴지기도 하였고 그 사이 물권법 공부도 많이 된 것으로 생각되어 집필에 착수하게 된 것이다.

벌써 13년 전에 박사학위를 받으면서 지도교수님인 Zöllner 교수님의 사례연습책을 발간하는 것이 좋겠다는 조언에 따라서 민법사례연습책을 발간하게 되었음은 민법총칙을 발간하면서 이미 밝힌 바가 있다. 기본적으로 이론과 실무를 적절히 연습할 수 있는 간결한 사례연습책이 그 당시에 우리나라에 없었던 것이 계기가 되었지만, 이 시리즈는 필자에게도 많은 공부를 시켜준 고마운 책이기도 하다. 이 작업을 마무리하면서 앞으로는 실무에 도움을 줄 수 있는 주석서 작업에 학자로서의 열정을 바치려고 한다.

양 당사자관계와 청구권규범의 형식으로 되어 있는 사례연습책은 기본적으로 독일의 법학교육에서 필자가 배운 것이기도 하지만, 소송의 형태를 그대로 염두에 두고 있는 풀이방식이다. 그러다 보니 학문성이 조금 더 강했던 법과대학 시절에는 조금은 익숙하지 않은 풀이방식이라고 느꼈을지 모르지만, 실무가 강조되고 있는 법학전문대학원 체제로 들어오면서는 친숙해져 가고 있는 풀이방식이라고 생각된다. 그래서 독자들의 더 많은 관심을 받고 있는 것으로 느껴진다.

물권법정주의가 지배하고 있는 물권법은 법률규정과 판례법리의 중요성이 어느 민사법영역보다 더욱 중요하다. 따라서 본 사례연습책에서도 법률규정과 판례법리를 충실히 소개하고 이를 연습할 수 있는 기회를 최대한 많이 부여하려고 노력하였다. 한편 채권관계와 물권관계의 분리에 따른 이중적인 관계도 물권법을 학습하면서 중요한 요소라고 생각하여 이들 두 법률관계가 결합된 문제를 많이 연습할 수 있도록 하였다. 본 연습책을 풀어나가면서 물권관계에만 집중하지 말고 기본적으로 많은 사례에서는 그 바탕에 채권관계가 존재하고 이를 바탕으로 하여 물권관계를 해결해야 함을 유념해야 할 것이다.

　　이 책을 집필하면서 많은 제자들의 도움이 있었다. 사례 및 판례수집에서는 박사과정에 있는 송상원 군이 도움을 주었고 꼼꼼한 교정작업과 색인작업은 연구실 조교인 이승엽 군과 법학전문대학원 1학년생인 김현경 양이 맡아 주었다. 그리고 마지막 마무리 교정은 법학전문대학원 2학년생인 주승연 양이 보아 주었다. 짧은 방학기간 동안 이 작업을 무리 없이 잘 마무리할 수 있도록 도와 준 제자들에게 고맙다는 말을 전하고 싶다. 그리고 마지막이지만, 항상 가장 고맙게 생각하는 세창출판사의 이방원 사장님과 임길남 상무님께 시리즈를 완간할 수 있도록 용기를 주시고 인내심 있게 기다려 주신 것에 깊은 감사를 드린다.

2012년 8월 15일
캐나다 밴쿠버에서
이병준

차 례

제1장 물권법의 기초

제2장 기본물권

제3장 소유권의 취득과 상실

제4장 소유권의 보호

제5장 특수한 소유권유형

제6장 용익물권

제7장 담보물권

민법사례연습 II
[물권법]

사례풀이방법의 기초원리

[민법사례풀이방법에 관한 문헌]

김형배, 민법연습, 신조사, 2007, 3-37면; 백태승, 민법사례연습, 법우사, 2009, 3-34면; 안춘수, 사법시험 2차대비 최종전략: 민법, 고시계 2000년 6월, 25-34면; 이종복, 사례풀이의 기본지침과 방법, 사법관계와 자율, 131-162면(또한 고시계 1989년 11월 · 12월, 1990년 2월 167-178면, 156-164면, 186-196면); 정진명, 민사사례 해결방법론, 고시계 1999년 4월, 204-223면.

Ⅰ. 법률가의 임무와 청구권규범에 의한 사례풀이

법률가의 임무는 이미 발생하였거나 미래에 발생할 수 있는 사안을 법률규정에 적용하는 데에 있다. 따라서 법과대학 및 법학전문대학원의 교육에서도 마찬가지로 구체적인 사안을 법률규정에 적용하는 연습을 사례풀이를 통하여 하게 된다. 물론 강의에서 사용되는 사례들은 실제 생활에서와 같이 복잡하지는 않으며, 전형적이고 논점이 드러날 수 있는 형태로 구성되어 있다.

대부분의 사례에서는 당사자들 사이에 무엇을 청구할 수 있는지가 문제된다. 예를 들어 甲이 乙에게 자신의 물건을 파는 매매계약을 체결하였는데, 매도인 甲이 매수인 乙에게 물건의 소유권을 이전해 주시 않으면 매수인 乙은 매도인 甲에게 소유권의 이전을 청구하게 된다. 이를 강제하기 위해서는 재판을 통하여 매수인 乙이 이와 같은 권리가 있음을 확인 받아야 하는데, 이때 판사는 법적인 근거가 있는 경우에만 乙에게 승소판결을 내리게 된다. 이와 같이 한 당사자가 다른 당사자에게 자신의 요구를 강제할 수 있는 법적 근거를 청구권규범이라고 한다. 실무에서는 물론 법학교육에서도 청구권규범이 사례해결의 중심에 있으며 사례풀이의 기초를 형성한다.

청구권규범은 당사자가 원하는 법률효과를 담고 있기 때문에 사안을 해결하는 단서가 된다. 그러나 청구권규범은 법률효과를 담고 있을 뿐만 아니라, 어떤 요건하에서 이와 같은 법률효과가 발생하는지를 규정하고 있다. 즉 청구권규범은 일반적으로 구성요건과 법률효과로 구분될 수 있는 구조를 가지고 있다.

[예] ○ 〈불법행위로 인한 손해배상청구권〉
　　　제750조의 요건: 고의 또는 과실로 인한 위법행위로 타인에게
　　　　　손해를 가한 자
　　　제750조의 법률효과: 손해를 배상할 책임이 있다.

　　구성요건은 어떠한 사안에 법률규정이 적용되는지를 정한다(불법행위). 법률효과는 법률규정이 정하고 있는 사안이 발생한 경우에 그 효과를 규정한다(가해자의 손해배상책임 → 피해자의 손해배상청구권). 이와 같이 요건과 효과로 구분할 수 있는 구조는 모든 청구권규범에서 나타난다. 청구권규범을 검토할 때 이 법적인 기초(청구권규범)를 근거로 어떠한 요건이 충족되어야 하는지를 도출하고 구체적인 사안이 이 요건을 충족하는지를 검토해야 한다(포섭). 따라서 법률의 적용은 다음과 같은 3단논법에 따라 행하여진다.

1단계	대전제 : 법률규정
⬇	적용될 법률규정을 찾고 그 구성요건을 분리해서 각각의 의미를 확정한다.
2단계	소전제 : 사실관계
⬇	포섭: 추상적인 형태로 표현된 구성요건(예: 제750조의 손해)을 구체적인 사안이 충족하는지를 검토해야 한다(예: 甲이 乙을 때려서 乙이 입원하게 되었다. 어떠한 손해가 발생하였는가?).
3단계	결론 : 요건의 충족 또는 불충족

　　민법의 초학자들은 민법의 방대함 때문에 구체적인 사안에 적용될 청구권규범을 어떻게 다 찾아야 하는지 걱정할지도 모른다. 청구권규범을 찾

고 그 의미를 아는 것이 민법을 배우는 중요 목적 중의 하나이다. 민법의 각 영역을 학습하면서 중요 청구권규범을 개별적으로 정리하면서 각 청구권규범을 그 때마다 정리하면 된다. 그리고 민법 전반에 청구권규범이 흩어져 있기 때문에 법전을 여기저기 왔다갔다하면서 청구권규범을 찾아야 할 때도 있을 것이다. 그런데 점차 사안을 풀다보면 전형적으로 자주 등장하는 청구권이 있음을 알 수 있다(예를 들어 제568조 제1항, 제390조, 제750조, 제741조, 제213조 등).

II. 청구권규범의 검토

일상적인 삶의 분쟁에서는 물론 시험에서도 두 당사자 사이에서 청구권규범 하나만을 검토하는 경우가 있다.

[예] ○ 甲은 乙에게 컴퓨터의 인도를 청구할 수 있는가?
     ○ 甲이 乙에게 손해배상을 청구하였다. 정당한가?
     ○ 甲과 乙 사이에 도급계약이 체결되었는가?
     ○ 甲이 계약을 해제할 수 있는가?

그러나 여러 명의 당사자 사이에서 여러 개의 청구권규범을 검토해야 하는 경우가 이보다 더 많이 나타난다.

[예] ○ 당사자 사이의 법률관계는 어떠한가?
     ○ 당사자들 사이에 무엇을 청구할 수 있는가?
     ○ 법원은 어떻게 결정하겠는가?
     ○ 甲은 乙에게 무엇을 청구할 수 있는가?
     ○ 누가 손해를 배상해야 하는가?

구체화를 필요로 하는 문제가 나온 경우에 이 기본문제를 하나 또는 여러 개의 구체적인 개별문제로 구체화시켜야 한다. 모든 개별문제는 청구권자, 청구권의 상대방 그리고 특정 권리를 담고 있어야 한다. 그러면 양 당사자관계로 우선 구분을 하고 "누가 누구로부터 무엇을 요구하는가?"라는 형식으로 각 개별문제에서 묻게 된다.

1단계	사안에서 누가 무엇을 청구하려고 하는지를 찾아냄으로써 청구권자(채권자)를 확정하게 된다.

⬇

2단계	청구권자가 무엇을 원하는지를 확정함으로써 청구내용을 확정하게 된다.

⬇

3단계	청구권의 상대방(채무자)을 확정해야 한다.

[예] ○ 기본문제: 甲은 乙에 대하여 어떠한 권리를 갖는가?
　　　－ 구체화된 문제: 甲은 乙에 대하여 이행을 청구할 수 있는가?
　　　　　　　　　　甲은 乙에 대하여 손해배상을 청구할 수 있는가?
　　○ 기본문제: 甲은 누구로부터 이행을 청구할 수 있는가?
　　　－ 구체화된 문제: 甲은 乙로부터 이행을 청구할 수 있는가?
　　　　　　　　　　甲은 丙으로부터 이행을 청구할 수 있는가?
　　○ 기본문제: 법률관계는 어떠한가?
　　　－ 구체화된 문제: 甲은 乙로부터 이행을 청구할 수 있는가?
　　　　　　　　　　甲은 乙로부터 손해배상을 청구할 수 있는가?
　　　　　　　　　　乙은 甲으로부터 매매대금의 지급을 청구할 수 있는가?

　　그 다음 단계로 문제된 청구권이 담겨진 청구권규범을 찾아야 한다. 올바른 청구권규범은 사안에서 문제되는 청구의 목적으로서 당사자가 원한 구체적 법률효과에 해당하는 추상적인 법률효과를 담고 있어야 한다. 따라서 법률효과를 비교해서 구체적으로 요구되는 법률효과와 법률에 규정된 법률효과가 완전히 일치하면, 문제의 해결을 위해서 필요한 청구권규범을 찾은 것이다.

[예]　○ 문제 : 甲이 乙로부터 손해의 배상을 청구할 수 있는가?
　　　　　－ 가능한 청구권규범: 제390조 제1항 본문 "… 손해배상을
　　　　　　　　　　　청구 할 수 있다."
　　　　　－ 가능한 청구권규범: 제750조 "… 손해를 배상할 책임이 있다."

이러한 과정을 거쳐서 최종적으로 사안에서 검토해야 할 문제는 "누가 누구로부터 무엇을 어떠한 근거로 요구하는가?"라는 질문으로 구체화된다.

[예]　○ 甲의 乙에 대한 제750조에 기한 손해배상청구권

사안검토의 기본구조는 이미 3단논법에 의한 검토방식에서 보았듯이 "문제에서 근거제시를 거쳐서 결과로"이다. 이 구조는 "감정서 형식(Gutachten-Stil)"이라고 한다. 감정서 형식의 특징은 결과가 검토단계 뒤에 제시된다는 점에 있다. 이 형식에서는 결과를 아직 제시하지 않은 상태에서 해답을 작성하게 된다. 반면에 먼저 결론을 내리고 그 이유를 설명하는 방식은 판결문에서 사용하고 있다(판결문 형식; Urteil-Stil). 감정서 형식에 의한 사례풀이에서는 항상 물음 또는 가정법으로 표현된 문장으로 검토를 시작해야 한다.

[예]　甲이 乙에게 불법행위로 인한 손해배상을 청구하기 위해서는 제750조의 요건이 충족되어야 한다. 그러기 위해서는 (1) 가해자의 고의 또는 과실에 의한 행위, (2) 가해행위에 의한 손해발생, (3) 가해행위의 위법성, (4) 가해자의 책임능력 등의 요건이 충족되어야 한다. 가해자의 고의 또는 과실에 의한 행위가 있기 위해서는…

구체적인 사안이 청구권규범의 모든 요건들을 충족해야만 당사자가 원하는 법률효과가 발생한다. 제568조 제1항의 경우 "매매계약의 성립"이라는 요건만 검토하면 되지만, 여러 요건을 규정하고 있는 청구권규범도 있

다. 청구권규범은 원칙적으로 매우 일반적인 표현으로 어떠한 상황을 설명하고 있다. 입법자는 구체적인 개별사례들을 모두 규정할 수 없고 통일적이고 완성된 체계를 형성하면서 되도록 많은 사례들을 규정하려는 목적을 갖고 있기 때문에 추상적인 용어를 사용하고 있다. 많은 요건들은 법 문외한에게도 쉽게 이해될 수 있다(예: 생명, 신체). 그에 반하여 개념정의가 있어야만, 구체적인 사안에서 그 요건이 충족되었는지를 알 수 있는 요건도 있다(예: 매매계약의 성립, 위법성, 손해, 인과관계). 추상적으로 표현된 요건과 사실관계의 비교를 포섭이라고 한다. 포섭은 순수한 인식의 문제가 아니라, 하나의 판단과정에 속한다. 쉬운 요건에 대해서는 그 의미에 대하여 다툼이 없으나, 많은 요건에 대해서는 그 의미내용에 대하여 논쟁이 벌어지고 있기 때문이다.

검토의 과정을 도표로 요약하면 다음과 같다.

1단계	청구권규범을 기초로 당사자가 원하는 법률효과를 찾고 문제를 구체화한다(누가 누구에게 무엇을 어떠한 근거로 청구할 수 있는가?).

⬇

2단계	요건의 검토			
	요건 1 →	요건의 개념정의 →	포섭 →	요건의 충족 또는 불충족 (불충족의 경우 요건검토 종결!)
	요건 2 →	요건의 개념정의 →	포섭 →	요건의 충족 또는 불충족 (불충족의 경우 요건검토 종결!)
	요건 3 →	요건의 개념정의 →	포섭 →	요건의 충족 또는 불충족 (불충족의 경우 요건검토 종결!)

⬇

3단계	모든 요건이 충족된 경우에 질문에 대한 대답은 긍정될 수 있고, 반면에 하나의 요건이라도 충족되지 않으면 대답은 부정된다.

III. 사례풀이의 구성

대부분의 시험이 단지 청구권규범이 충족되어서 청구권이 존재하는지를 검토하는 것만으로 끝나는 것은 아니다. 원칙적으로 청구권이 성립하였는지의 문제는 1단계에 불과하다. 민법은 청구권이 성립하였다가 후에 다시 소멸하거나 더 이상 행사될 수 없는 많은 사유를 규정하고 있다. 따라서 사안에서 이와 같은 항변권을 발생시킬 수 있는 사정이 존재한다면 항변권을 검토해야 한다. 이것이 끝나야만, 최종적인 결론을 내릴 수 있다.

[청구권규범에 의한 사례 해결]

1. 누가 누구에게 무엇을 어떠한 근거로 청구할 수 있는가?
   1) 청구권규범("청구할 수 있다", "반환해야 한다", "배상할 책임이 있다")
      (1) 요건설정
      (2) 포   섭
   2) 제103조 등의 불성립 또는 무효사유가 존재하는가?
   ⇨ **결과**: 청구권이 성립하였다 또는 청구권이 성립하지 않았다.

2. 청구권이 소멸하였는가? 소멸사유가 존재하는가?
   예를 들면 이행(변제 제460조, 제461조), 후발적 불능
   ⇨ **결과**: 청구권은 소멸하였다 또는 청구권은 계속 존속한다.

3. 항변권이 존재하는가?(연기적 또는 영구적 항변권의 존재)
   1) 실체법상 존재해야 함
   2) 행사되어야 함
   예를 들면 동시이행의 항변권(제536조), 해제권(제544조, 제548조 제1항)
   ⇨ **결과**: 청구권을 실현할 수 있다 또는 실현할 수 없다.

또한 하나의 법률효과에 대하여 여러 개의 청구권규정이 있는 경우가 있다(예를 들어 손해배상청구권과 반환청구권). 이때에는 단지 하나의 청구권 규정이 충족되었다고 만족하면 안 되고, 원하는 법률효과가 담겨진 모든 청구권규정의 성립을 검토해야 한다. 왜냐하면 소송에서 요건사실을 입증하지 못하는 경우가 발생할 수 있기 때문이다.

문제가 될 수 있는 모든 청구권규범들을 검토해야 하기 때문에 한 사안에 여러 개의 법률규정이 적용될 수 있다. 이 경우 "경합"이 있다고 한다. 경합에 의하여 한 규정이 적용되면 다른 규정의 적용이 배제되는 경우가 있다. 이를 "법조경합"이라고 한다. 또한 경합이 있더라도 청구권이 서로 병존하는 경우가 있는데, 이를 "청구권경합"이라고 한다.

청구권은 다음과 같은 순서로 검토해야 한다.

1) 계약상의 청구권

2) 계약유사한 관계로 인한 청구권(예: 제135조)

3) 물권적 청구권

4) 불법행위 내지 위험책임으로 인한 청구권

5) 부당이득 반환청구권

[청구권기초론의 한계]

위에서 살펴본 청구권기초론에 의한 사례풀이는 사안의 문제가 청구권의 행사가 가능한지를 물을 때에만 사용할 수 있다.

(1) 그러나 물권적 권리상태의 확인을 묻는 문제, 예를 들어 "소유권은 누가 취득하였는가?"라는 문제에서는 청구권기초론에 따라 검토할 수 없다. 이러한 문제에서는 청구권규범 대신에 문제된 권리와 연관된 법률규정이 문제된다. 소유권과 관련하여서는 법률행위와 법률을 통한 소유권의 취득 또는 상실에 관한 규정들(제186조 이하)이 문제된다.

(2) 법률관계의 변경을 가져올 규범을 묻는 경우, 예를 들어 "당사

자들은 의사표시의 취소를 주장할 수 있는가?"라는 물음에서도 청구권 기초론을 사용할 수 없다. 이러한 문제가 제기되면, 원칙적으로 소송상의 관철력은 문제되지 않는다. 여기서는 당사자들이 실체법상의 법률관계를 어떻게 형성할 수 있는가의 여부가 문제된다. 따라서 형성권을 담고 있는 규정들이 적용될 수 있는지를 검토해야 한다. 이때에는 시간순서에 따라 법률관계를 검토하는 역사적 방법(발생사적 구성방법, historische Aufbaumethode)에 따를 수밖에 없다.

이 책의 학습방법

이 책은 다음과 같은 방식으로 읽었으면 한다.

1. 사례는 기본적으로 각 제도 내지 법조문별로 하나를 만들었다. 먼저 제목에 쓰여져 있는 제도에 해당하는 법조문과 교과서를 충분히 학습한 후, 법조문과 교과서를 기초로 사례해결이 어떻게 될 것인지를 생각해 보기 바란다. 그런 후에 이 책에 나와 있는 사례해설을 읽어보아야 한다. 자신의 고민 속에서만 실력이 늘어날 수 있고 이 책은 자신의 실력을 검증하는 연습교재라는 것을 잊지 말아야 한다.

2. 이 책에 나와 있는 사례해설은 하나의 예시에 불과하다. 다른 해결방식도 가능하니 너무 그 틀에 구속될 필요는 없다. 그러나 사례를 접근하는 방식은 이 책에 따라 많이 연습하기를 바란다. 이미 언급한 것처럼 적용될 법률규정의 요건을 사실관계에 접목시켜서 차근차근 검토하고 적용하는 연습이 절실히 필요하다고 생각한다. 이론만 나열하고 정작 사례에 적용하는 것을 게을리하는 사례풀이는 좋은 훈련이 되지 못한다. 구체적인 사안이 요건에 해당될 수 있는지, 대립하는 학설에 따라 결론이 어떻게 다르게 나는지에 관한 고민을 하는 과정 속에서 실력이 향상될 것이다.

3. 이 책은 민법의 두 번째 강좌인 물권법에 해당하지만 사례가 담고 있는 모든 법문제를 되도록 다루어주려고 노력하였다. 따라서 민법총칙, 채권총론, 채권각론 등과 연관된 논점이 있다면 같이 다루었다. 학생들이 물권법을 어렵게 느끼는 것은 아마도 대부분의 법률관계에서 채권법적 구조와 물권법적 구조가 이중적으로 깔려 있기 때문일 것이다. 이를 명확히 분리하고 분석하는 능력을 기르는 것이 매우 중요하며 이 부분을 사례에서 많이 다루려고 노력하였다. 그러나 이미 강조하였듯이 민법의 학습은 해안가에서 밀려오는 파도를 보는 것과 같다. 즉 같은 제도를 여러 모습으로 여러 번 경험하게 된다. 따라서 다양한 형태로 그 제도를 익히다 보면 각 제도의 의미와 다른 제도와의 연관성도 점차 배우게 된다. 그러므로 두려움을 갖지 말고 각 제도들을 익혀나가기 바란다.

4. 연습교재이므로 문헌을 충실히 인용하지 않았다. 다만 제시된 논의

가 어떻게 진행되고 있는지를 살펴볼 수 있을 정도로만 인용하였다. 책을 준비하는 과정에서 주요 법조문을 각 사례 앞에 제시하는 것이 더 친절하지 않느냐는 의견도 있었으나, 직접 법조문을 찾아보는 것이 실력향상에 더 좋다는 생각에서 이를 생략하였다. 그렇지만 이 책을 읽어 나가면서 해당 조문번호가 제시되어 있으면 그것은 반드시 찾아서 읽어보기 바란다. 알고 있다고 생각되는 조문도 직접 찾아보면 의외로 새로운 점들을 많이 발견할 수 있을 것이다. 민법은 1차적으로 법률의 의미내용을 해석하는 학문이라는 사실을 잊어서는 안 된다.

물 권 법

[물권법에 관한 문헌]

강태성, 물권법, 제10판, 2020.
곽윤직·김재형, 물권법, 제8판, 2015.
김상용, 물권법, 제4판, 2018.
김형배, 민법연습, 신판, 2007.
김형배·김규완·김명숙, 민법학강의, 제15판, 2016.
백태승, 민법사례연습, 제5판, 2015.
송덕수, 신민법강의, 제14판, 2021.
송덕수, 신민법사례연습, 제5판, 2019.
이상태, 물권법, 제9판, 2015.
이영준, 물권법, 2009
이은영, 물권법, 제4판, 2006.
이진기, 물권법, 초판, 2020.
지원림, 민법강의, 제18판, 2021.
지원림·제철웅, 민법연습, 제4판, 2012.

※ 물권법 교과서는 주에서 저자명만 인용하였다.

제1장 물권법의 기초

Ⅰ. 물권의 본질

1. 물권법정주의

> **사 례**
>
> 음악애호가인 甲은 전자상가에서 애타게 찾고 있던 고풍의 캠코더와 앰프를 발견하였으나 충분한 현금이 없었다. 이에 매매계약을 체결한 후 대금을 가져오기 전에 가게주인 乙이 다른 사람에게 이를 파는 것을 막기 위해서 물권적 취득권을 설정하여 다른 사람에게 양도할 수 없게 하는 권리를 부여해 달라고 부탁하여 약속을 받았다.
>
> (1) 이러한 물권적 취득권을 부여하는 약속은 효력이 있는가?
>
> (2) 乙이 캠코더와 앰프를 丙에게 팔아서 양도한 경우에 甲은 乙과 丙에게 무엇을 요구할 수 있는가?

Ⅰ. 물권적 취득권을 부여하는 약속의 효력 [사례 1]

사안에서 甲은 乙이 다른 사람에게 캠코더와 앰프를 파는 것을 막기 위하여 물권적 취득권을 설정받았다. 이처럼 동산의 이중양도를 막기 위한 물권적 취득권을 인정하는 합의가 유효한지가 문제된다.

민법에는 사적 자치의 원칙이 지배하기 때문에 원칙적으로 당사자 사이의 계약은 효력이 있다. 그러나 물권법에는 물권법정주의가 적용되어 당사자들은 법률 또는 관습법에 의하는 외에는 임의로 물권을 창설하지 못한다(제185조). 이러한 측면에서 물권법은 강행규정성을 갖고 있다. 따라서 법률 또는 관습법에 의하여 인정되고 있는 물권 외에는 당사자들이 임의로 다른 종류의 물권을 창설하거나 법률 또는 관습법에 의하여 인정되고 있는 물권이더라도 다른 내용으로 해당 물권을 정할 수도 없다(종류강제 및 내용강제).[1]

우리 법제는 동산의 이중양도를 막기 위한 물권적 취득권이라는 물권을 인정하고 있지 않다.[2] 따라서 물권적 취득권을 부여하는 甲과 乙 사이의 약속은 임의로 다른 종류의 물권을 새롭게 창설하는 것이므로 물권법정주의에 위배되어 무효이다(다만 이 약속은 다른 사람에게 팔지 않기로 하는 채권적 효력을 가질 수 있다).[3]

Ⅱ. 이중양도된 경우의 법률관계 [사례 2]

(1) 甲의 乙에 대한 청구권

甲은 乙에 대하여 매매계약에 기한 채권만 갖고 있으므로 乙이 캠코더와 앰프를 丙에게 양도하더라도 이를 막을 수는 없다. 다만 甲은 乙에게 乙의 丙에 대한 양도로 더 이상 소유권 이전이 불가능해졌다는

---

1) 대법원 2002. 2. 26. 선고 2001다64165 판결에서는 관습상의 사도통행권 인정이 물권법정주의에 위배된다고 보았다.

2) 이영준, 19면. 다만 부동산의 경우 소유권이전청구권보전의 가등기를 통하여 이중양도를 막을 수 있다. 즉 부동산에 관하여 소유권이전청구권보전의 가등기를 설정하면 소유자는 해당 부동산을 유효하게 양도할 수 있으나, 가등기에 기한 본등기를 하면 양수인은 취득하였던 소유권을 상실하게 된다(부동산등기법 제92조 참조). 또한 소유권이전등기청구권을 보전하기 위하여 처분금지가처분결정을 받아 이를 등기하면 된다. 소유자가 이러한 가처분에 위반하여 물건을 처분하면 취득자는 다른 모든 사람에 대한 관계에서는 소유권을 취득하지만, 처분금지자에 대하여는 소유권을 취득하지 못한다(대법원 1998. 2. 13. 선고 97다47897 판결).

3) 채권적 효력을 인정하는 것이 다수설이다(곽윤직·김재형, 20면; 이은영, 29면). 이에 반하여 채권행위의 효력도 무효라는 견해로 이영준, 21면.

이유(이행불능)로 채무불이행으로 인한 손해배상을 청구할 수 있다(제
390조).

(2) 甲의 丙에 대한 청구권

甲은 매매계약에 기한 채권만 갖고 있으므로 원칙적으로 丙에게
자신의 채권이 침해당하였다는 이유로 손해배상을 청구할 수 없다(채권
의 상대적 효력). 다만 고의로 인한 별도의 침해행위가 위법하게 평가되
는 경우에는 예외적으로 甲은 丙에게 제3자에 의한 채권침해를 이유로
불법행위로 인한 손해배상(제750조)을 청구할 수 있다. 구체적으로 채권
자를 해한다는 사실을 알면서 제3자가 법규 또는 선량한 풍속 기타 사
회질서에 반하는 위법한 행위로 채권자의 이익을 침해하면 불법행위가
성립할 수 있다.[4] 이러한 특별한 사유가 보이지 않으므로 본 사안의 경
우 甲은 丙에게 아무런 청구를 할 수 없다.

---

4) 대법원 2003. 3. 14. 선고 2000다32437 판결.

2. 물권 개별의 원칙

> **사례**
>
> 甲은 乙로부터 잘 구하지 못하는 CD를 빌렸다. 甲은 이 CD를 다 들은 다음에 CD모음집에 추가할 목적으로 CD목록에 기재를 한 후 이를 자신의 CD모음집에 넣어 두었다. 乙이 빌려준 CD의 반환을 요구하자, 甲은 해당 CD가 이미 CD목록에 등재된 상태로 자신의 모음집에 속하므로 더 이상 반환할 수 없다고 한다. 정당한가?

乙의 甲에 대한 소유물반환청구권(제213조)

乙의 반환청구에 대하여 甲의 거절이 정당하기 위해서는 甲이 자신의 CD모음집에 해당 CD를 포함시켜 그 소유권을 취득하고, 이로 인하여 乙이 소유권을 상실했어야 한다.

물권은 독립된 물건에 대하여 성립하는 것으로서 1개의 물건에 대하여 1개의 물권만이 성립할 수 있다(개별의 원칙). 따라서 여러 개의 물건의 집합체에 대하여 1개의 소유권이 원칙적으로 성립할 수 없다. 다만 예외적으로「입목에 관한 법률」에 의하여 수목의 집단,「공장 및 광업재단 저당법」에 의하여 일단(一團)의 기업재산, 그리고「동산·채권 등의 담보에 관한 법률」에 의하여 여러 개의 동산 또는 장래에 취득할 동산에 대하여 하나의 물권 성립을 인정하는 경우가 있다. 또한 판례는 내용물이 수시로 변하는 유동집합물에 대하여도 양도담보물권을 인정하고 있다.[1]

---

1) 이러한 유동집합물에 대한 양도담보설정계약의 경우에 담보목적물은 담보설정자의 다른 물건과 구별될 수 있도록 그 종류, 소재하는 장소 또는 수량의 지정 등의 방법에 의하여 외부적·객관적으로 특정되어 있어야 한다(대법원 2003. 3. 14. 선고 2002다72385 판결).

　　집합물에 대하여 예외적인 소유권을 인정하는 사유가 존재하지 않는 한 물권 개별의 원칙에 따라 CD개수만큼 개별적인 소유권이 각각 존재하는 것이고, CD모음에 대한 총괄적인 하나의 소유권이 존재하는 것이 아니다. 따라서 甲이 해당 CD를 CD모음집에 포함시켰다고 해서 CD에 대한 乙의 소유권이 소멸한 것은 아니다.

　　乙은 CD의 소유자이고 사용대차 계약의 해지로 더 이상 甲이 점유권원을 갖고 있지 않는 이상 甲의 반환거절은 정당하지 않다.

3. 물권과 특정성의 원칙

> **사 례**
>
> 甲은 乙로부터 드럼 세탁기를 구입하고 대금을 곧바로 지불하였다. 그리고 세탁기를 다음 날 찾아가는 것으로 하고 창고에 있는 드럼 세탁기 중 하나의 소유권을 甲에게 이전한다는 합의를 乙과 하였다. 그러나 특정한 기계를 지정하고 분리를 해 놓은 상태는 아니었다. 甲이 다음날 세탁기를 찾아가기 위해서 乙의 가게에 갔더니, 乙의 파산으로 인하여 파산관재인이 모든 세탁기들을 압류한 상태였다. 이 경우 甲은 자신의 소유하에 있는 세탁기 한 대를 달라고 파산관재인에게 요구할 수 있는가?
>
> 【변형 1】 乙이 창고에 있는 A사의 모든 세탁기를 양도담보로 B은행에 제공한 경우 이러한 양도담보는 효력이 있는가?
>
> 【변형 2】 1,000만 원 한도의 세탁기를 담보로 제공한 경우라면 이러한 양도담보는 효력이 있는가?

甲의 파산관재인에 대한 소유물반환청구권(제213조)

甲이 파산관재인에 대하여 세탁기의 인도를 요구하기 위해서는 세탁기 한 대가 甲의 소유에 속해야 한다.

(1) 매매계약의 효력

사안에서 甲과 乙은 드럼 세탁기 한 대를 목적으로 하는 매매계약을 체결하여(제563조) 乙은 창고에 있는 세탁기 한 대를 이전할 채무를 부담하게 되었다. 본 매매계약상 이전할 드럼 세탁기가 특정되지 않았으나 종류물채권으로서 이행할 당시에 특정할 수 있으므로(제375조 제2항) 매매계약상의 채권이 발생하는 데에는 문제가 없다.

(2) 소유권 이전의 효력

하지만 소유권의 이전을 위하여 드럼 세탁기를 특정하지 않고 창고에 있는 것 중 하나의 소유권을 이전하는 합의로는 甲에게 하나의 드럼 세탁기에 대한 소유권이 이전되었다고 보기는 어렵다. 왜냐하면 소유권을 포함한 물권의 경우 누가 어떠한 물건에 대하여 어떠한 권리를 갖는지가 명확히 특정되어 있어야 하기 때문이다(특정성의 원칙). 따라서 물권의 취득에 있어서는 구체적으로 어떠한 물건에 대하여 누가 물권을 취득하는지가 명확하게 특정되어 있어야 한다.[1] 사안에서 甲이 매매대금을 지급하였으나, 어떠한 드럼 세탁기에 대하여 소유권을 취득하는지가 특정되어 있지 않았기 때문에 소유권을 취득하지 못하였다.

따라서 甲은 파산관재인에 대하여 드럼 세탁기 한 대의 인도를 요구할 수 없다.

【변형 1】 창고에 있는 A사의 모든 세탁기는 개별적인 물건은 아니지만, 양도담보가 설정되는 물건의 범위가 충분히 특정되어 있다. 즉, 乙의 창고에 있는 모든 A사의 세탁기로 양도담보의 대상이 특정되므로 이러한 양도담보는 유효하다.

【변형 2】 "1,000만 원 한도"라는 표현을 통하여 양도담보의 대상이 특정한 물건이나 일정한 범위의 물건으로 특정되지 않으므로 이러한 양도담보는 무효이다.

---

1) 특정성을 갖는다면 집합물도 물권의 대상이 될 수 있다(대법원 1990. 12. 26. 선고 88다카2024 판결).

Ⅱ. 물권의 효력

4. 물권 사이의 우선적 효력

사례

(1) 甲은 乙로부터 1억 원을 빌리면서 2014.9.1. 자신의 토지 X에 저당권을 설정하는 등기를 하였다. 2014.10.1. 丙으로부터 다시 2억 원을 빌리고 그 담보로 토지 X에 저당권을 설정하는 등기를 하였다. 丙은 甲이 2억 원을 갚지 못하자 경매절차를 개시하여 2억 원을 토지 X의 경락가로 받았다. 이때 丙은 경락가 중 얼마를 받을 수 있는가?

(2) 甲은 乙에게 자신의 소유 토지 X 위에 건물을 짓도록 허락하고 2014. 3.1. 지상권을 설정해 주었다. 그 후 甲은 丙에게 2억 원을 빌리면서 토지 X에 2014.7.1. 저당권을 설정하였다. 甲이 丙에게 돈을 갚지 못하여 경매절차가 개시되고 이를 통하여 丁이 토지 X의 소유권을 취득하게 되었다. 이때 丁은 乙에게 토지의 인도 및 건물의 철거를 청구할 수 있는가?

【변형】 乙이 토지 X 위에 지상권을 설정받은 것이 丙에게 저당권을 설정한 후인 2014.10.1.인 경우는?

Ⅰ. 담보물권 사이의 우선적 효력 [사례 1]

같은 물권 위에 성립하는 물권 사이에서는 시간적으로 먼저 성립한 물권이 뒤에 성립한 물권에 우선한다. 따라서 등기순위에 따라 제1번 저당권이 후순위인 2번 저당권에 우선한다. 그런데 경매로 매각이 되면 저당목적물 위에 존재하던 저당권은 선순위이든 후순위이든 모두 소멸하므로(민사집행법 제91조 제2항)[1] 비록 2번 저당권을 갖는 丙이 경매절차를 개시하였더라도 저당권은 모두 소멸하면서 배당을 받게 된다. 이때 1번 저당권을 갖는 乙이 2번 저당권을 갖는 丙에게 우선하여 변제를 받게 된다. 이에 따라 경락대금으로 받은 금액 중 乙이 1번 저당권자로서 먼저 1억 원을 배당받을 수 있으며, 나머지 금액인 1억 원을 2번 저당권자인 丙이 배당받게 된다.

Ⅱ. 용익물권과 담보물권 사이의 우선적 효력 [사례 2]

丁의 乙에 대한 소유물반환 및 방해배제청구권(제213조, 제214조)

丁이 乙에게 토지의 인도 및 건물의 철거를 요구하기 위해서는 乙에게 인정되었던 지상권이 경매로 인하여 소멸하였어야 한다.

담보물권과 용익물권의 경우도 시간적으로 먼저 성립한 물권이 우선한다. 본 사안에서는 지상권이 설정된 뒤에 저당권이 설정되었으므로 지상권이 우선하게 된다. 이 경우 丙은 지상권이 설정되어 있다는 사실을 알고 저당권을 설정받았으므로 그만큼 담보가치가 떨어진 담보를 설정받은 것으로 볼 수 있는 것이다. 따라서 저당권이 실행되더라도 지상권은 소멸하지 않고 매수인이 인수하여 존속하게 되므로(민사집행법 제91조 제4항 본문)2) 丁은 지상권으로 제한되어 있는 토지소유권을 취득한다. 乙의 지상권이 존속하여 乙에게 점유권원이 있는 한 丁의 토지인도 및 건물철거 요구는 모두 정당하지 않다.

【변형】 저당권이 설정된 뒤에 지상권이 설정된 경우 저당권이

---

1) 민사집행법 제91조 ② 매각부동산 위의 모든 저당권은 매각으로 소멸한다.

2) 민사집행법 제91조 ③ 지상권 · 지역권 · 전세권 및 등기된 임차권은 저당권 · 압류채권 · 가압류채권에 대항할 수 없는 경우에는 매각으로 소멸된다.

　④ 제3항의 경우 외의 지상권 · 지역권 · 전세권 및 등기된 임차권은 매수인이 인수한다. 다만, 그중 전세권의 경우에는 전세권자가 제88조에 따라 배당요구를 하면 매각으로 소멸된다.

우선하므로 저당권의 실행으로 지상권도 소멸한다(민사집행법 제268조, 제91조 제3항). 이 경우 丙은 지상권이 설정되어 있지 않은 상태에서 저당권을 설정받았으므로 지상권이 없는 토지의 담보가치를 보장받아야 하기 때문이다. 따라서 본 사안에서 지상권은 소멸하였으므로 乙에게 점유권원이 없는 한 丁의 토지인도 및 건물철거 요구는 정당하다(다만 권리남용 여부는 구체적인 사안에서 별도로 검토해야 한다).

5. 채권에 우선하는 물권의 효력

사 례

> 甲은 乙과 그 소유 토지 X에 대하여 주차장으로 사용할 목적으로 임대차 계약을 체결하였다. 그런데 甲이 토지 X를 사용하기도 전에 乙이 丙에게 토지 X 위에 건물소유를 목적으로 하는 지상권을 설정해 주었고, 이에 丙이 토지 X에 건물을 짓기 위한 공사를 시작하였다. 이때 甲은 丙에게 토지의 인도 및 공사의 중단을 청구할 수 있는가?
>
> 【변형】 甲이 주차장 건물을 건설하여 소유권 보전등기를 한 후에 丙이 지상권을 설정받은 경우는?

甲의 丙에 대한 청구권

甲이 丙에게 토지의 인도 및 공사의 중단을 요구할 수 있기 위해서는 먼저 성립한 자신의 임차권을 丙에게 주장할 수 있어야 한다. 그런데 어느 물건에 대하여 양립할 수 없는 물권과 채권이 성립하는 경우 시간의 순서와 상관없이 물권이 우선하게 된다. 물권이 채권에 우선하는 이유는 물권은 물건에 대하여 직접적 효력을 갖는 반면, 채권은 채무자를 통해 물건에 간접적 효력만을 가질 뿐이기 때문이다. 사안에서 甲의 임차권은 채권에 불과하므로 계약당사자인 乙에게만 주장할 수 있으나, 물권인 지상권은 누구에게나 주장할 수 있으므로 丙은 지상권 설정자인 乙뿐만 아니라 제3자인 甲에게도 이를 주장할 수 있다. 따라서 사안의 경우 丙의 지상권이 甲의 임차권보다 우선한다. 그러므로 甲은 丙에게 토지의 인도 및 공사의 중단을 청구하지 못한다(다만 甲은 乙에게 채무불이행으로 인한 손해배상청구는 할 수 있다).

【변형】 채권이라도 등기와 같은 공시방법 내지 대항력요건을

갖춘 경우에는 예외적으로 제3자에게 그 효력을 주장할 수 있다. 따라서 이러한 채권이 시간적으로 물권보다 먼저 공시방법 내지 대항력요건을 갖춘 경우에는 물권에 우선할 수 있다. 임대차의 경우에 부동산임대차를 등기를 하거나 건물의 소유를 목적으로 한 토지임대차의 경우 임차인이 그 지상건물을 등기한 때에는 제3자에 대하여 임대차의 효력이 생긴다(제621조, 제622조). 사안의 경우 임차인 甲이 주차장건물 소유를 목적으로 한 임차권자로서 주차장 건물을 건설하여 소유권보전등기를 하였으므로 해당 임차권을 등기하지 않더라도 제3자에게 자신의 임차권을 주장할 수 있다. 따라서 甲은 丙에게 토지의 인도 및 공사의 중단을 청구할 수 있다.

제2장 기본물권

I. 점유권

6. 점유의 개념과 그 판단기준

사 례

甲은 乙로부터 건물 X를 임차하여 예식장으로 사용하고 있었다. 乙은 임대차기간이 종료한 후 甲에게 임차보증금을 반환하였다. 그리고 乙은 甲이 건물 X를 예식장 등으로 점유·사용하고 있다는 이유로 甲에 대하여 임료 상당의 부당이득금의 반환을 청구하였다. 만약 甲이 다음과 같은 항변을 제기하였다면 이때에도 乙의 부당이득반환청구는 정당한가?

(1) 甲은 임대차기간이 종료한 후 乙에게 건물 X의 열쇠를 교부하였다.

(2) 건물 X에 있는 드레스 등 일부 비품과 집기들은 乙의 승낙하에 건물 X에 보관시켜 두고 있는 것이다.[1]

乙의 甲에 대한 부당이득반환청구권(제741조)

사안에서 乙은 임대기간이 종료한 후 계속 임대건물을 사용하고 있는 甲의 점유가 부당점유라는 이유로 사용이익의 반환을 부당이득으로 요구하고 있다. 甲은 정당한 임차인으로 점유를 하다가 임대차 기간

---

1) 대법원 2005. 9. 30. 선고 2005다24677 판결 사안 변형.

이 종료한 후 임차보증금도 반환을 받았기 때문에 더 이상 임대 건물을 점유할 권원이 없다.[2] 문제는 甲이 열쇠를 돌려준 상태에서 비품 등을 보관시키고 있는 것만으로 건물 X를 점유하고 있는 것으로 볼 수 있는지의 여부이다.

점유는 물건에 대한 사실상의 지배를 말한다(제192조 제1항). 여기서 점유는 직접적인 실력행사와 관계없이 생활관념이나 거래관념에 비추어 법의 보호를 부여할 가치가 인정되는 사실상의 지배로서 하나의 가치관념에 해당한다.[3] 사실상의 지배에 대하여 자세한 정의를 내리는 것이 힘들기 때문에, 우리 판례와 학설은 다음과 같은 기준을 제시하고 있다. 즉 사실상의 지배가 있다고 하기 위해서는 반드시 물건을 물리적·현실적으로 지배하는 것만을 의미하는 것이 아니고, 물건과 사람과의 시간적·공간적 관계와 본권과의 관계, 타인지배의 배제 가능성 등을 고려하여 사회통념에 따라 합목적적으로 판단하여야 한다.[4]

(1) 건물 전체에 대한 점유

본 사안에서 甲은 乙에게 건물 X의 열쇠를 반환하였으므로 甲이 건물에 대한 물리적인 지배력을 미칠 수 있는 가능성을 乙에게 이전하였다. 따라서 건물 X에 대한 사실상의 지배, 즉 점유는 이미 乙에게 있다.

(2) 비품과 집기를 통한 점유

건물 X에 있는 드레스 등 일부 비품과 집기들을 통한 점유가 있는지도 문제된다. 건물에 대한 전면적 지배를 소유자인 乙이 갖고 있으므

---

2) 보증금반환의무와 임차목적물반환의무는 동시이행의 관계에 있으므로(대법원 1987. 6. 23. 선고 87다카98 판결), 임차인인 甲은 보증금을 반환받기 전까지는 동시이행의 항변권을 가지므로 임차목적물을 점유할 수 있다. 그러나 임차보증금을 반환받음으로써 이와 같은 점유할 권원을 잃었다고 할 수 있고, 그 이후는 부당점유가 될 수 있다.

3) 이영준, 280면.

4) 대법원 2001. 1. 16. 선고 98다20110 판결.

로 비품과 집기들이 놓여 있는 공간에 대한 부분점유만이 인정될 수 있다. 甲이 乙에게 건물의 열쇠를 반환함으로써 건물 전체에 대한 점유가 없는 이상 甲에게 해당 공간에 대한 점유가 인정되기 위해서는 건물 일부 공간에 대한 사실적 지배 이외에도 점유설정의사가 존재해야 하나,[5] 단지 비품과 집기들이 건물내부에 있다는 이유만으로 甲의 점유설정의사를 인정할 수 있는지는 의문이다.[6] 설혹 甲이 비품과 집기들을 통하여 건물 X의 일부를 사용하고 있다는 이유로 건물 X에 대한 부분점유를 인정하더라도, 이는 원고의 승인 내지 묵인 아래에서 이루어지고 있는 이상 부당점유라고 할 수 없다.

따라서 乙의 甲에 대한 부당이득반환청구는 인정되지 않는다.

---

5) 곽윤직·김재형, 188면.

6) 사안에서는 乙이 甲을 위하여 비품과 집기를 임치하고 있다.

7. 건물을 통한 토지의 점유

사 례

2011.3.1. 甲의 토지 X 위에 乙은 무단으로 건물 Y를 신축하고 점포로 사용하였다. 그 후 2013.4.1. 乙은 건물 Y에 보존등기를 한 후 丙에게 매도하기로 하는 매매계약을 체결하고 같은 날 이전등기를 하여 주었다. 한편 乙은 이를 다시 丙으로부터 임차하여 계속하여 점포로 사용하고 있다. 이 경우 甲은 乙·丙에게 무엇을 요구할 수 있는가?

【변형】 乙이 건물 Y에 대한 보존등기를 하지 않고 이를 미등기인 상태에서 丙에게 소유권을 이전하기로 하는 매매계약을 체결하고 대금을 완납받은 상태에서 인도한 경우는?

Ⅰ. 甲의 乙 또는 丙에 대한 토지 인도청구권(제213조)

소유자 甲이 토지 인도를 청구하기 위해서는 乙 또는 丙이 토지에 대한 점유자이어야 한다. 사회통념상 건물은 그 부지를 떠나서는 존재할 수 없는 것이므로 건물의 부지가 된 토지는 그 건물의 소유자가 점유하는 것이다.[1] 따라서 乙이 건물 Y를 신축함으로써 토지 X에 대한 점유도 취득하였다. 그런데 그 후 건물에 대한 소유권을 乙이 丙에게 양도하였으므로 토지 X에 대한 점유도 丙에게 이전하였다. 즉 건물의 소유권이 양도된 경우에는 건물의 종전의 소유자가 건물의 소유권을 상실하였음에도 불구하고 그 부지를 계속 점유할 별도의 독립된 권원이 있는 등의 특별한 사정이 없는 한 그 부지에 대한 점유도 함께 상실하는 것으로 보아야 한다. 이 경우에 건물의 종전의 소유자가 그 건물에 계속 거주하고 있고 건물의 새로운 소유자는 현실적으로 건물이나 그 부지를 점거하고 있지 아니하고 있더라도 결론은 마찬가지이다.[2] 따라서

---

[1] 대법원 1981. 9. 12. 선고 80다2718 판결.

사안에서 乙이 건물을 임차하여 계속 건물을 사용하고 있어서 직접점유하고 있더라도 건물의 소유권은 丙에게 이전되었으므로 건물의 소유자이면서 간접점유자인 丙이 토지에 대한 점유자이다. 따라서 甲은 丙에 대하여 토지의 인도를 청구하여야 한다.

Ⅱ. 甲의 乙 또는 丙에 대한 건물철거청구권 내지 퇴거청구권 (제214조)

甲은 건물의 건축을 통하여 토지사용을 방해하고 있는 자에게 방해배제청구권을 근거로 그 철거를 구할 수 있다. 乙이 건물의 건축을 통하여 건물의 소유권을 원시취득하였으나, 丙에게 그 소유권을 양도함으로써 이를 이전하였다. 따라서 방해상태를 승계한 丙이 현재 방해물에 대한 관리 및 지배권을 가지고 있으므로 丙에게 건물철거청구를 해야 한다. 한편 乙은 건물에 점포를 설치하여 甲의 토지이용에 방해를 하고 있으므로 甲은 乙에 대한 퇴거를 청구할 수 있다.

Ⅲ. 甲의 乙 및 丙에 대한 임료상당의 부당이득반환청구권(제741조)

甲은 乙 또는 丙이 건물의 소유자로서 토지에 대한 점유를 가지고 있던 동안의 임료상당의 부당이득을 반환청구할 수 있다. 따라서 乙에 대하여는 2011.3.1.부터 2013.3.31.까지 그리고 丙에 대하여는 2013.4.1.부터 토지를 인도할 때까지 임료상당의 부당이득반환을 청구할 수 있다.

【변형】 이 경우에는 丙은 건물 Y에 대한 소유권을 취득하지 못하고 乙이 계속하여 건물 Y의 소유자이다. 원칙적으로 건물의 소유명의자가 아닌 자로서는 실제로 그 건물을 점유하고 있다고 하더라도 그

---

2) 대법원 1993. 10. 26. 선고 93다2483 판결.

건물의 부지를 점유하는 자로는 볼 수 없다.3) 하지만 사안의 경우에는 건물을 신축하여 건물에 대한 보존등기가 이루어지지 않았으므로 등기명의자를 기준으로 할 수 없고, 등기와 상관없이 건물에 대한 사실상의 지배를 기준으로 할 수밖에 없다. 丙은 건물을 매수하여 점유하고 있고 단지 등기이전만 안 되어 있으므로 등기부상 아직 소유자로서의 등기명의가 없다고 하더라도 건물에 관한 사실상의 지배를 하고 있으므로 건물부지 역시 점유하고 있다고 볼 수 있다.4) 왜냐하면 앞의 사례와 달리 乙은 인도를 통하여 건물에 대한 사실상의 지배권을 상실하였으며 丙만이 건물에 대한 지배권을 갖고 있기 때문에 건물의 토지에 대한 점유도 丙이 갖고 있는 것으로 보아야 한다. 따라서 토지의 인도는 丙에게 청구할 수 있다.

또한 건물을 매수하여 점유하고 있는 자는 등기부상 아직 소유자로서의 등기명의가 없다 하더라도 그 권리의 범위 내에서 그 점유 중인 건물에 대하여 법률상 또는 사실상 처분을 할 수 있는 지위에 있다. 따라서 이와 같은 건물이 건립되어 있어 불법으로 점유를 당하고 있는 토지소유자 甲은 방해물인 건물의 처분권을 갖고 있는 丙에게 그 철거를 구할 수 있다.5) 따라서 건물철거도 丙에게 청구하여야 한다.

임료상당의 부당이득반환은 앞의 사례와 동일하다.

---

3) 대법원 2003. 11. 13. 선고 2002다57935 판결.

4) 대법원 2013. 7. 11. 선고 2012다201410 판결: 임야에 대한 점유의 이전이나 점유의 계속은 반드시 물리적이고 현실적인 지배를 요한다고 볼 것은 아니고, 관리나 이용의 이전이 있으면 인도가 있었다고 보아야 하고, 임야에 대한 소유권을 양도하는 경우라면 그에 대한 지배권도 넘겨지는 것이 거래에서 통상적인 형태라고 할 것이다. 또한 대지의 소유자로 등기한 자는 보통의 경우 등기할 때에 대지를 인도받아 점유를 얻은 것으로 보아야 하므로 등기사실을 인정하면서 특별한 사정의 설시 없이 점유사실을 인정할 수 없다고 판단해서는 아니 된다. 그러나 이는 임야나 대지 등이 매매 등을 원인으로 양도되고 이에 따라 소유권이전등기가 마쳐진 경우에 그렇다는 것이지, 소유권보존등기의 경우에도 마찬가지라고 볼 수는 없다. 소유권보존등기는 이전등기와 달리 해당 토지의 양도를 전제로 하는 것이 아니어서, 보존등기를 마쳤다고 하여 일반적으로 등기명의자가 그 무렵 다른 사람으로부터 점유를 이전받는다고 볼 수는 없기 때문이다.

5) 대법원 1986. 12. 23. 선고 86다카1751 판결.

8. 주차장에 대한 점유와 점유보조자

사례

甲은 승용차를 타고 빈 도로변 주차구역을 찾았다. 甲의 애인 乙은 다른 차가 자리를 차지하지 못하도록 하고 주차도 도울 겸 자동차에서 내려서 주차구역 앞에 섰다. 甲은 후진 주차를 위해서 앞으로 갔다. 이때 丙은 자신의 소형차로 빈 자리에 앞으로 밀고 들어왔고 乙은 이를 몸으로 막으면서 다툼이 벌어졌다. 이 경우 누가 주차장에 대한 점유를 갖는가?

(1) 甲의 점유취득

민법상의 점유는 물건에 대한 사실상의 지배만으로써 성립한다(제192조 제1항). 이러한 사실상의 지배가 인정되기 위해서는 물건에 대하여 일정한 공간적 관계에 있어야 하며, 이는 어느 정도 계속적이어야 하고, 또한 타인의 간섭을 물리칠 수 있는 상태에 있어야 한다. 그런데 거래관념상 빈 주차구역에 대하여도 점유권이 인정될 수 있는데, 주차장은 자동차의 주차를 위한 시설이므로(주차장법 제2조 제1호) 자동차에 대하여만 점유가 인정될 수 있다. 또한 빈 주차구역에 먼저 도착한 자동차에 대하여 주차장에 대한 점유가 인정된다. 사안에서 甲이 빈 주차구역에 먼저 도착하였기 때문에 점유를 취득한 것이며, 후진 주차를 위해서 앞으로 약간 갔다고 하더라도 주차장에 대한 관계에서 공간적으로 사실상의 지배를 행사한 이상 점유권을 상실한 것은 아니다.

또한 甲에게는 주차장에 대한 사실적 지배관계를 가지려는 점유설정의사도 인정될 수 있다.[1]

---

1) 판례는 점유설정의사를 요구하고 있다(대법원 1973. 2. 13. 선고 72다2450 판결). 요구되지 않는다고 보는 견해로 이은영, 338면.

(2) 점유보조자인 乙을 통한 점유권의 행사

乙은 보행자로서 자신만을 위해서는 주차구역을 점유할 수 없으므로 아직 자동차가 도착하지 않은 상태라면 주차장에 대하여 독자적인 점유를 취득할 수 없다. 하지만 乙은 甲의 점유보조자로서 甲을 위하여 점유를 할 수 있다. 점유보조관계가 성립하려면 (1) 어떤 자가 타인을 위하여 물건에 대한 사실상의 지배를 행사하고 있어야 하며, (2) 점유보조자가 점유자의 지시에 따라야 할 관계가 있어야 한다(제195조). 이때 "지시에 따라야 할 관계"라 함은 사회적 의미에 있어서의 명령, 복종의 종속관계를 말한다.

사안에서 乙은 丙이 나타나기 전부터 주차구역 앞에 계속 서 있었으므로 주차구역에 대한 乙의 사실상의 지배가 인정된다. 그리고 乙의 이러한 사실상의 지배는 甲의 주차를 위한 것이므로 점유보조관계의 첫 번째 요건은 충족되었다. 다음으로 애인 사이인 甲과 乙의 관계가 명령, 복종의 종속관계인지를 검토할 필요가 있다. 일반적으로 남녀평등의 원칙상 부부관계를 명령, 복종의 종속관계로 인정하지 않고 있음에 비추어 볼 때,[2] 부부관계보다 개성과 독립성이 더 강한 애인관계를 명령, 복종의 종속관계로 인정하기는 어려울 것이다. 그러나 사회 관념상 타인이 운전하는 자동차에 동승한 자는 자동차의 안전한 운행을 위하여 운전자의 지시에 따르고, 운전자를 보조해 주는 위치에 있으므로 운전자와 동승자의 관계는 명령, 복종의 종속관계로 평가될 수 있다. 사안에서 甲의 자동차에 동승한 乙은 일시적이기는 하지만 자동차의 운행에 관하여 甲의 지시에 따라야 하는 지위에 있다고 할 수 있고, 따라서 甲과 乙의 관계는 명령, 복종의 종속관계로 인정될 수 있다.

결국 사안에서는 甲이 위 주차구역에 대한 점유자이고, 乙은 甲의 점유보조자에 해당한다.

---

2) 대법원 1998. 6. 26. 선고 98다16456 판결.

9. 점유보조자와 공동점유

> **사 례**
>
> 토지 X와 그 위에 있는 건물 Y의 소유자인 甲은 이를 아무런 점유권원 없이 불법점유하고 있는 부부 乙과 丙을 상대로 토지 및 건물의 인도를 요구하였다. 이에 대하여 피고 丙은 자신은 乙의 처로서 가족공동생활관계를 같이하는 점유보조자에 불과하므로 자신에게 하는 인도청구를 부당하다고 주장한다. 정당한가?[1)]
>
> **【변형】** 乙이 건물을 점포로 사용하고 있고 처 丙이 점포의 직원으로 일하고 있는 경우는?

甲의 乙과 丙에 대한 소유물반환청구권(제213조)

민법 제213조에 의하면 소유자는 자신의 소유에 속하는 물건을 점유한 자에 대하여 그 반환을 청구할 수 있다. 따라서 토지 X와 건물 Y의 소유자인 甲의 토지인도 및 건물명도 청구가 정당하기 위해서는 乙과 丙이 토지와 건물의 점유자이어야 한다. 이에 대하여 丙은 乙의 점유보조자에 불과하므로 자신은 독자적인 점유가 없다고 주장한다. 점유보조자는 점유권을 취득하지 못하고 점유주만이 점유권자이다. 따라서 사안에서 처 丙이 점유보조자에 불과하다면 불법점유로 인한 토지 및 건물인도 청구는 점유주인 乙에 대하여만 행사할 수 있다.[2)]

아내가 남편과 공동으로 주택에 거주하거나 가구·자동차 등 생활용품을 같이 사용하고 있는 경우에 아내가 남편과의 관계에서 점유보조자인지가 문제된다. 아내의 남편에 대한 종속적 지위를 전제로 한 구

---

1) 대법원 1998. 6. 26. 선고 98다16456·16463 판결 참조.

2) 점유보조자는 소유물반환청구소송의 성질을 가지는 퇴거청구의 독립한 상대방이 될 수 없다(대법원 2001. 4. 27. 선고 2001다13983 판결).

민법하에서는 아내를 남편의 점유보조자라고 볼 수 있는 근거가 있었
으나, 혼인생활에서 부부의 평등을 선언하고 있는 현행 민법 하에서는
부부관계를 명령·복종의 관계로 볼 수 없다. 따라서 아내가 그 남편의
소유인 가옥 그 밖의 동산을 공동으로 사용하는 경우에 아내는 점유보
조자가 아니라 남편과 공동점유자가 된다.[3]

　사안에서 아내 丙은 남편 乙과 가족공동생활관계를 같이하면서 토
지와 건물을 점유하고 있고 점유매개관계 내지 점유보조관계가 존재할
만한 특별한 사정이 존재하지 않으므로 아내 丙은 독자적인 점유를 갖
고 있다. 따라서 丙은 남편 乙과 공동점유관계에 있다고 볼 수 있으므
로 丙이 점유보조자라는 이유로 甲의 토지 및 건물의 인도청구의 상대
방이 되지 않는다고 주장하는 것은 타당하지 않다.

　【변형】　남편의 특유재산이나 남편이 단독으로 운영하는 점포에
서 아내가 남편의 지시를 받고 있는 경우(예컨대, 남편이 경영하는 영업소
에서 일을 돕고 있는 경우)에는 그 범위에서는 아내가 점유보조자가 될 수
있다. 부부는 그 특유재산을 각자 관리·사용·수익하기 때문이다(제
831조).[4] 사안에서 丙은 건물 Y의 점유와 관련하여 乙의 직원으로 기능
하고 있어 점유보조자에 불과하므로 丙이 甲의 토지 및 건물의 인도청
구를 거절하는 것은 타당하다.

---

3) 이은영, 346면; 강태성, 365면. 종래의 판례는 처를 점유보조자로 해석하였으나(대법
　원 1960. 7. 28. 선고 4292민상647 판결; 대법원 1980. 7. 8. 선고 79다1928 판결), 최근
　의 판례는 처를 공동점유자로 해석하고 있다(대법원 1991. 5. 14. 선고 91다1356 판결;
　대법원 1998. 6. 26. 선고 98다16456·16463 판결).
4) 남편이 자신의 특유재산을 아내에게 관리하도록 한 경우에는 위임으로 인한 점유매개
　관계가 성립하여 아내는 직접점유자로서, 남편은 간접점유자로서의 지위를 가질 수 있
　다(대법원 1987. 6. 23. 선고 87다카98 판결).

10. 점유보조자의 자력구제

사 례 빵집 A의 점원 甲이 아침에 출근한 후 가게문을 열고 있었다. 그런데 행인 乙이 가게 앞에 배달된 우유 몇 개를 집어들고 달아나는 것을 발견하였다. 이에 甲은 乙을 추격하여 강제로 우유를 빼앗았다. 정당한가?

甲의 乙에 대한 자력탈환권 행사(제209조 제2항)

甲이 乙을 추격하여 우유를 빼앗었으므로 자력탈환권이 성립하여야 한다. 부동산일 때에는 침탈 후 직시 가해자를 배제하여 이를 탈환할 수 있고 동산일 때에는 점유자는 현장에서 또는 추적하여 가해자로부터 탈환할 수 있다. 사안에서 우유는 동산이므로 추격하여 탈환할 수 있다. 점유보조자인 甲의 자력구제인 자력탈환권 행사가 정당하기 위해서는 (1) 점유주인 A가 우유에 대한 점유를 취득했어야 하고, (2) 乙이 점유를 침탈 또는 방해하는 행위를 하는 자이거나 그 승계인이어야 하며, (3) 자력탈환행위가 필요한 한계를 유월하지 않아야 한다.

A의 직접 점유가 인정되기 위해서는 사회통념상 우유에 대한 사실상의 지배를 획득했어야 한다. 점유가 인정되기 위해서는 물건에 대한 타인의 침해가 완전히 배제될 것을 요구하지 않는다. 따라서 A의 동의 하에서 잠겨진 가게문 앞에 배달된 우유에 대하여 A는 직접점유를 취득한 것으로 보아야 한다. 이때 A가 기관 또는 직원을 통하여 점유의 침탈을 방지할 수 있는지의 여부는 중요하지 않다. 점유설정의사는 일반적 의사이면 족하고 개별적으로 명시하여 표시될 필요가 없으므로 부재중에 가게 앞에 배달된 우유에 대한 점유설정의사도 인정된다.

乙이 우유를 훔쳐감으로써 허용되지 않은 점유침탈행위가 있었다.

따라서 A는 자신의 기관을 통하여 자력탈환권을 행사할 수 있다. 점유
보조자도 자력탈환권을 직접점유자를 위하여 행사할 수 있으므로[1] 甲
이 자력탈환행위가 필요한 한계 내에서 자력탈환권을 행사하여 우유를
강제로 빼앗은 것은 정당하다.

---

[1] 이은영, 349면.

11. 간접점유와 점유물반환청구권

> **사 례**
>
> 노모인 乙은 甲으로부터 임차한 용인시 소재 건물 X를 아들 丙의 사업에 쓰도록 하기 위해 丙과 무상으로 사용대차계약을 체결하였다. 이후 丁은 건물 X의 시가가 상당히 치솟을 것을 예상하여, 건물을 사용해오던 丙을 건물의 소유자인 줄 알고 매매대금을 현시가의 두배로 주겠으니 자신에게 매도하라고 제의하였다. 丙은 현시가의 두배의 대금을 주겠다는 말에 솔깃하여 甲명의로 되어 있었던 건물 X의 서류를 위조하여 자신의 명의로 이전등기를 하였고 丁에게 매도하게 되었다. 이 경우 乙은 건물 X를 사용하고 있는 丁에게 건물의 반환청구를 할 수 있는가?
>
> 【변형】 丁이 무단으로 건물을 점거하여 점포로 사용하고 있는 경우는?

乙의 丁에 대한 점유물반환청구권 행사(제204조, 제207조)

　　사안에서 무권리자인 丙이 丁에게 건물 X를 매도하였으므로 소유자인 甲이 丙의 처분행위에 대하여 추인하지 않는 한 丁은 건물 X에 대한 소유권을 취득하지 못하며, 그에 따른 점유도 불법한 것이 된다. 이에 따라 임차인인 乙이 丁에게 자신의 점유권에 기하여 건물 X의 반환을 청구할 수 있는지가 문제된다.

　　점유물반환청구권이 성립하기 위해서는 청구권자가 (1) 점유자이어야 하고, (2) 점유의 침탈을 당했어야 한다(제204조). 우선 乙이 건물 X에 대하여 직접 실력을 미치고 있지 않음에도 불구하고 점유자로서 점유물반환의 청구권자가 될 수 있는 간접점유자인지가 문제된다. 간접점유가 성립하기 위해서는 (1) 지상권, 전세권, 질권, 사용대차, 임대차 등의 점유매개관계가 있어야 하고, (2) 점유매개자의 직접점유가 있어야 한다. 사안에서 乙은 건물 X를 사용해오던 丙과의 사용대차를 매개관계로 하여 간접점유를 취득하고 있었다. 따라서 乙은 간접점유자로서 점유물반환을 청구할 수 있는 청구권자로 볼 수 있다.

하지만 乙이 간접점유를 취득하고 있다고 하더라도 점유물반환청구권을 행사하기 위해서는 상대방이 점유의 침탈자이어야 한다. 침탈이라 함은 점유자가 그의 의사에 기하지 않고서 사실적 지배를 빼앗기는 것을 말한다(예컨대 절취당하는 경우). 그런데 사안에서처럼 丁이 丙의 무단양도로 인하여 건물 X를 점유하고 있는 것이 침탈에 해당하는지가 문제된다. 간접점유의 경우 점유침탈이 있는지의 여부는 간접점유자가 아니라 직접점유자의 의사를 기준으로 판단해야 하므로 직접점유자인 丙의 무단양도가 간접점유자인 乙의 의사에 반한다 하더라도 丙 본인의 의사로 丁에게 양도한 것이므로 丁이 乙의 간접점유를 침탈하였다고 볼 수 없다.[1] 따라서 乙은 丁에게 점유물반환청구권을 행사할 수 없다[다만 甲은 丁에 대하여 소유물반환청구권(제213조)을 행사하여 건물 X를 반환받을 수 있고 乙은 甲이 이 권리를 직접 행사하여 반환을 받지 않은 경우 자신의 임차권을 보전하기 위하여 채권자대위권에 기하여 甲의 소유물반환청구권을 행사할 수 있다].

【변형】   이 경우 丁의 침탈행위가 있으므로 점유물반환청구권이 인정된다. 다만 간접점유자인 乙은 건물 X를 직접점유자인 丙에게 반환할 것을 청구할 수 있고, 만약 丙이 건물 X의 반환을 받을 수 없거나 이를 원하지 않을 때에는 자기에게 반환할 것을 청구할 수 있다(제207조 제2항).

---

[1] 대법원 1993. 3. 9. 선고 92다5300 판결: 직접점유자가 임의로 점유를 타인에게 양도한 경우에는 점유이전이 간접점유자의 의사에 반한다 하더라도 간접점유자의 점유가 침탈된 경우에 해당하지 않는다.

12. 불법한 점유침탈과 점유물반환청구권

사 례

甲은 오래 살고 있던 주택을 헐고 그 자리에 상가건물을 지을 계획을 갖고 건물을 비웠다. 그런데 건축허가가 나지 않아서 기다리고 있던 중 주택철거에 반대하는 시민단체 乙이 그 건물에 들어와서 시위를 하고 결국 거기에 살게 되었다. 1년 6개월이 지난 후 건축허가가 나와서 甲은 시민단체에게 건물을 비워줄 것을 요구하였으나 비워주지 않았다. 이에 甲은 용역업체를 시켜서 시민단체를 건물에서 몰아냈다. 사용할 공간이 없어진 시민단체 乙은 甲에게 건물을 다시 인도해 달라고 요구하였다. 이에 대하여 甲은 (1) 乙이 오히려 점유침탈자이므로 자신의 자력구제는 정당하며, (2) 甲은 정당한 점유자 및 소유자로서 점유물 내지 소유물반환청구권이 있으므로 乙의 점유물반환청구권의 상대방이 되지 않으므로 인도할 수 없다고 주장한다. 누구의 주장이 타당한가?

乙의 甲에 대한 점유물반환청구권 행사(제204조)

(1) 성립요건

乙이 甲에 대하여 점유물인 건물의 반환을 청구하기 위해서는 乙의 점유에 대한 甲의 침탈이 있어야 한다. 그런데 원래 건물은 甲의 점유하에 있었고 乙은 甲의 의사에 반하여 건물을 사용하였으므로 오히려 乙의 점유침탈행위가 있었다고 할 수 있다. 그러나 점유의 침탈행위에 대한 점유의 회수는 "침탈후 직시" 이루어져야 하고(제209조 제2항), 乙의 점유침탈행위는 이미 1년 6개월 전에 있었으므로 甲의 자력구제 행위는 요건을 충족하지 못한다.[1] 따라서 사안에서 乙은 건물의 점유

---

1) 여기서 "직시"란 '객관적으로 가능한 신속히' 또는 '사회관념상 가해자를 배제하여 점유를 회복하는 데 필요하다고 인정되는 범위 안에서 되도록 속히'라는 뜻으로 해석된다

를 취득한 것이고 甲이 용역업체를 통하여 한 자력구제는 부적법한 것이므로 甲에 의한 점유침탈행위가 인정된다. 이때 甲이 건물의 소유자라는 사실은 중요하지 않다. 부적법한 자력구제에 따른 결과를 다시 회복하기 위해서는 乙의 甲에 대한 점유물반환청구권이 인정되어야 한다.

(2) 점유권에 기한 권리행사라는 항변

더 나아가 본 사안의 경우 "乙이 甲의 점유를 침탈한 것이므로 오히려 甲이 乙에 대하여 점유물반환청구권을 갖고 있다"라는 甲의 항변은 성립하지 않는다. 왜냐하면 점유보호청구권은 침탈당한 날로부터 1년 내에 행사되어야 하는데, 본 사안에서는 이미 1년 6개월이 도과되었기 때문이다. 따라서 일단 甲의 乙에 대한 점유물반환청구권은 소멸하였다.

(3) 소유권에 기한 반환청구권을 갖고 있다는 항변

그렇지만 甲은 건물의 소유자이므로 점유권원이 없는 乙에 대하여 소유권에 기한 소유물반환청구권을 행사할 수 있다. 이처럼 소유자가 침탈당한 물건에 대한 점유를 점유자였던 피탈환자에게서 침탈한 경우에 피탈환자가 소유자인 탈환자에 대하여 점유물반환청구권을 행사할 수 있는지에 관하여 학설이 대립하고 있다. 이에 대하여 다수설은 피탈환자, 즉 사안에서 乙에게 점유물반환청구권을 인정하더라도, 다시 탈환자인 甲이 소유권에 기하여 반환을 청구할 수 있으므로 소송상 비경제적이므로 이를 인정하지 않고 있다.[2] 하지만 현재의 상태를 유지하려는 점유제도의 본질을 고려한다면 반환청구권을 인정하는 것이 타당하다.[3] 그렇지 않다면 본권이 있는 소유자가 실력행사에 의하여 점유를 탈환하더라도 결국은 적법한 것이 된다는 부당한 결론에 이르기 때문이다. 그러므로 乙은 甲에 대하여 점유물인 건물의 반환을 청구할 수 있다.

(대법원 1993. 3. 26. 선고 91다14116 판결).

2) 곽윤직·김재형, 213면; 이은영, 366면.

3) 이영준, 400면.

Ⅱ. 소유권의 내용과 제한

13. 소유권의 내용

사 례

甲은 우편함에 광고물이 쌓이는 것이 싫어서 우편함에 "광고물 투입금지"
라는 푯말을 붙였다. 그런데 乙은 인근에 식당을 개업하여 광고전단을 丙
을 통하여 뿌리게 되었는데, 丙은 甲의 우편함에 광고전단을 넣었다. 이
경우 甲은 丙과 乙에게 광고물의 투입금지를 요구할 수 있는가?

甲의 丙과 乙에 대한 방해배제청구권(제214조, 제205조)

甲은 우편함의 소유자로서 법률의 범위 내에서 그 소유물을 사
용·수익·처분할 권리를 갖기 때문에(제211조), 자신의 의사에 반하는
소유물에 대한 방해에 대하여는 그 배제를 청구할 수 있다(제214조). 그
리고 甲은 우편함에 대하여 점유도 갖고 있으므로 점유자로서도 동일
한 권리가 인정된다(제205조).

또한 甲이 명시적으로 광고물의 투입을 금지하고 있기 때문에 이
러한 문구에도 불구하고 광고를 투입하는 것은 자기결정권에 대한 침
해가 된다. 이러한 경우에는 일반적 인격권에 대한 침해로서 금지청구
권이 인정되어야 할 것이다(제214조, 제205조 전체유추).[1]

본 사안에서처럼 광고전단을 우편함에 투입하는 광고행위는 통상

---

1) 대법원 1997. 10. 24. 선고 96다17851 판결 참조.

혼히 이루어지는 것이고, 甲의 소유권과 점유권을 침해하는 정도가 그리 크지 않은 것은 사실이다. 하지만 사안에서처럼 甲이 명시적으로 광고물 투입금지를 요구하였다면(opt-out), 이러한 요구에 반하여 광고물을 투입하는 행위는 위법한 것이라고 보아야 한다. 따라서 甲은 직접적인 방해행위를 한 丙뿐만 아니라 지시를 내린 위임인인 乙에게 간접적인 방해자로서 투입금지를 요구할 수 있다.

14. 인접한 토지 사이의 상린관계

> **사례**
>
> 甲과 乙은 서로 인접한 토지를 소유하고 있다. 甲이 건물의 확장공사를 시작하자 건축착공 후 3개월이 지난 시점에서 乙 측에서 건축을 저지하기 위하여 다음과 같은 주장을 기초로 공사중지가처분 및 건물철거를 청구한 경우에 이 주장들을 받아들일 수 있는가?
>
> (1) 甲 측에서 토지를 너무 깊게 파서 지반이 붕괴할 위험에 처하였기 때문에 공사를 중단해야 한다.
>
> (2) 건물이 경계선에서 30cm 내로 지어지고 있으므로 건물 확장을 중단하고 이미 지어진 부분을 철거해야 한다.
>
> **【변형】** 甲이 토지 소유자가 아니라, 전세권자이거나 임차인인 경우에 乙이 甲에게 위 주장을 할 수 있는가?

Ⅰ. 乙의 甲에 대한 소유물방해배제청구권(제214조)

乙이 甲에게 확장공사의 중지가처분 및 건물의 철거를 주장하기 위해서는 甲의 건축행위가 乙의 토지소유권에 대한 위법한 침해이어야 한다.

甲과 乙은 서로 인접한 토지에 대한 소유권을 갖고 있으므로 이에 대하여 상린관계의 규정이 적용된다. 이에 의하면 인접하고 있는 토지의 지반이 붕괴할 정도로 토지를 깊게 파지 못한다(제241조 본문). 따라서 사안에서 乙 토지의 지반이 붕괴할 가능성이 있으므로 乙이 공사중지를 요구한 것은 정당하다. 다만 甲은 충분한 방어공사를 하여 붕괴위험성이 없음을 주장 및 입증하여 공사가 중지되는 것을 막을 수 있다(제241조 단서). 또한 건물 균열 등의 위험이 발생하였다고 하더라도 나머지 공사 대부분이 지상건물의 축조이므로 더 이상 심굴굴착공사의 필요성이 없다고 보인다면, 그리고 지반침하와 건물 균열이 더 이상 확대

된다고 볼 사정이 없다면 방해배제청구권에 기한 공사중지 가처분신청
은 허용되지 않는다.[1]

II. 확장건물 건축의 중지가처분 및 건물철거청구
(제242조 제2항 본문)

건물을 축조함에 있어서 다른 관습이 없는 한 경계로부터 반 미터
이상의 거리를 두어야 한다(제242조 제1항). 이 규정을 위반한 경우에는
건물의 변경 내지 철거를 청구할 수 있다(제242조 제2항 본문). '경계로부
터 반 미터'는 경계로부터 건물의 가장 돌출된 부분까지의 거리를 말하
며, 경계로부터 건물의 외벽까지의 거리를 의미하는 것이 아니다.[2] 본
사안의 경우 건물확장이 경계선으로부터 30cm 내에서 이루어지고 있
으므로 이 요건이 모두 충족되었다.

다만 건축에 착수한 후 1년을 경과하거나 건물이 완성된 후에는 변
경이나 철거를 청구하지 못하고 손해배상만을 요구할 수 있다(제242조
제2항 단서). 사안에서는 아직 건축 착공 후 3개월밖에 지나지 않은 시점
이므로 乙이 甲에게 건물의 변경 내지 철거를 요구하는 것은 정당하다.

【변형】 상린관계는 인접하는 부동산 상호간의 이용을 조절하는
것을 그 목적으로 하므로 지상권과 전세권에도 준용된다(제290조, 제319
조). 따라서 甲이 지상권자라면 상린관계의 규정이 준용되어 乙은 甲에
게 앞과 동일한 청구를 할 수 있다.

임대차에 관하여는 명문의 규정이 없지만 부동산을 임대한 경우에
도 마찬가지로 이용관계의 조절이 필요하므로 상린관계 규정의 유추적
용을 인정할 수 있다.[3] 따라서 乙은 토지 임차인인 甲에게도 같은 청구
를 할 수 있다.

---

1) 대법원 1981. 3. 10. 선고 80다2832 판결.
2) 대법원 2011. 7. 28. 선고 2010다108883 판결.
3) 김형배 · 김규완 · 김명숙, 553면; 곽윤직 · 김재형, 236면.

15. 생활방해

> **사 례**
>
> (1) 농부 甲은 닭장을 설치하고 닭사육을 하고 있었다. 그런데 주위의 농부들이 농토를 팔아서 甲의 닭장 근처에 주택단지가 들어서게 되었다. 이웃에 살고 있는 주택소유자인 乙은 닭 냄새를 참을 수 없다고 주장하면서 닭사육을 그만두라는 소를 甲에게 제기할 수 있는가?
>
> (2) 甲은 닭장을 철거하고 자동차폐차업을 시작하였다. 곧 폐차된 차들이 폐차장에 가득 차게 되었다. 이 경우 주민 丙은 폐차장영업을 그만두라고 甲에게 요구할 수 있는가?

[사례 1] 乙의 甲에 대한 금지청구권(제217조 제1항)

　　토지 소유자는 매연 기타 이와 유사한 것으로 이웃 토지의 사용을 방해하거나 이웃 거주자의 생활에 고통을 주지 않도록 적당한 조치를 취할 의무가 있다(제217조 제1항). 여기의 적당한 조치에는 생활방해를 막는 모든 조치가 포함되므로 피해제거 내지 예방을 위한 금지청구도 포함된다.[1] 따라서 본조의 요건이 충족된다면 乙은 甲에 대하여 닭사육의 중지를 요구할 수 있다.

　　생활방해는 매연·열기체·액체·유향·진동 기타 이와 유사한 것으로 발생했어야 한다. 이러한 간섭은 이웃 토지로부터 공중 또는 대기 속에 적극적으로 풀어 헤쳐지는 것이어야 하는데,[2] 냄새는 여기에 해당한다.

　　그 다음으로 토지의 통상 용도에 적합한 것인 때에는 이웃 토지소유자나 주거자는 이를 인용할 의무가 있으므로(제217조 제2항), 통상의

---

1) 대법원 2007. 6. 15. 선고 2004다37904·37911 판결; 이영준, 457면.

2) 곽윤직·김재형, 245면.

용도에 적합하지 않은 이용이어야 한다. 이러한 침해가 사회통념상 일 반적으로 수인할 정도를 넘어서는지의 여부는 거래관념에 의하여 정해 지며 구체적으로는 피해의 성질 및 정도, 피해이익의 공공성, 가해행위 의 태양, 가해행위의 공공성, 가해자의 방지조치 또는 손해회피의 가능 성, 인·허가 관계 등 공법상 기준에의 적합 여부, 지역성, 토지이용의 선후관계 등 제반 사정을 종합적으로 고려하여 판단하여야 한다.[3] 특 히 침해가 해당 지역 토지의 통상적인 이용의 범위를 벗어났는지의 여 부를 고려해야 한다.[4] 즉 공업지역, 주택지역, 농업지역에 속하는 토지 는 이러한 토지의 성질에 맞추어서 이용하는지의 여부가 결정적인 판 단표지가 된다.

본 사안에서처럼 주거지역의 경우 닭사육으로 인한 냄새는 해당 지역 토지의 통상적인 이용으로 발생한 것으로 보기는 어렵다. 그리고 해당 지역의 통상적 이용범위는 현재의 성질을 기준으로 판단해야 하 므로 사안에서 한때 농지였다고 하더라도 현재 주거지역으로 변경된 이상 주거지역의 통상적 이용을 기준으로 판단해야 한다. 그리고 설혹 닭사육에 대한 관계 관청의 허가가 있었다고 하더라도 지역 토지의 통 상적 이용이라고 단정해서는 안 된다. 다른 방법에 의한 냄새 제거에 대한 적절한 조치가 이루어질 수 없는 한 乙은 甲에게 닭사육의 중지를 요구할 수 있다.

[사례 2] 丙의 甲에 대한 금지청구권

폐차된 차들로 인한 침해는 그 모습이 보기 싫다는 것일 뿐 다른 토지에 물리적 침해가 직접 가해지는 것이 아니라는 측면에서 관념적 침해에 해당한다. 생활방해의 개념을 인정하여 제217조에 의한 금지청 구를 인정하려는 견해도 있지만,[5] 제217조는 일정한 토지이용과 불가

---

3) 대법원 2007. 6. 15. 선고 2004다37904·37911 판결.
4) 이영준, 454면.
5) 이영준, 453면; 김형배·김규완·김명숙, 555면.

피하게 결합되어 있는 적극적이고 물리적인 간섭을 대상으로 한 규정이므로 직접 적용될 수 없다고 보는 것이 타당하다.[6] 그리고 이러한 관념적 침해도 지역통상성을 넘어선 경우에만 금지가 인정될 수 있으므로 일반적으로 좋은 전망이 아니라는 이유만으로 이웃의 토지이용을 상당히 방해한다고 말할 수 없다. 하지만 예외적으로 그 정도가 심한 경우에는 이러한 관념적 침해도 토지이용을 방해할 수 있으므로 금지청구를 인정해야 할 것이다(제214조, 제217조 유추적용). 본 사안의 경우 순수하게 주거지역인 점을 감안하면 자동차 폐차장은 수인해야 할 정도의 것이 아니므로 금지청구를 인정할 수 있다.

---

6) 같은 입장으로 안경희, "관념적 침해에 대한 소고," 재산법연구 제20권 제2호, 2003, 76면.

16. 주위토지통행권

사 례

甲은 토지를 분할하여 그 일부를 乙에게 매도하였다. 이때 乙이 구입한 토지는 주위의 토지에 포위되어 공로로 통할 수 없었기 때문에 甲은 매도 당시 자신의 토지 중 일부를 공로로 출입하기 위한 통행로를 乙에게 무상 으로 제공하였고 乙은 건축을 위하여 도로를 설치하였다. 그 후 丙은 위 의 사실을 알고 甲의 토지를 구입하였다. 그런데 乙과 丙 사이에 도로 사 용과 관련한 분쟁이 발생하였다.

(1) 丙은 乙의 사용권은 존재하지 않는다는 이유로 도로의 철거를 요구하 였다. 정당한가?

(2) 사용권이 인정된다면 丙은 이용료 상당의 금액을 乙에게 요구할 수 있 는가?

Ⅰ. 丙의 乙에 대한 방해배제청구권(제214조)

소유자인 丙이 乙에게 방해배제청구권을 행사하기 위해서는 乙에 게 도로를 사용할 수 있는 사용권이 존재하지 않아야 한다. 乙이 인접 하고 있는 丙의 토지를 통과하지 않고서는 공로로 출입할 수 없으므로 토지의 상린관계에 관한 규정에 의하여 乙은 丙에 대하여 주위토지통 행권을 갖게 된다(제219조 제1항). 사안에서 乙은 이러한 주위토지통행 권에 기초하여 정당한 범위 내에서 도로를 설치하여 이용하고 있으므 로 법률상 인정된 사용권이 있다.[1] 따라서 丙은 乙에게 도로의 철거를

---

[1] 대법원 2003. 8. 19. 선고 2002다53469 판결: 주위토지통행권자는 필요한 경우에는 통 행지상에 통로를 개설할 수 있으므로, 모래를 깔거나, 돌계단을 조성하거나, 장해가 되 는 나무를 제거하는 등의 방법으로 통로를 개설할 수 있으며 통행지 소유자의 이익을 해하지 않는다면 통로를 포장하는 것도 허용된다고 할 것이고, 주위토지통행권자가 통 로를 개설하였다고 하더라도 그 통로에 대하여 통행지 소유자의 점유를 배제할 정도의

청구할 수 없다.

II. 丙의 乙에 대한 손해보상청구권(제219조 제2항)

주위토지통행권을 상린관계 규정에 의하여 인정받은 자는 원칙적으로 통로개설에 따른 손해를 토지소유자에게 보상해야 한다. 따라서 원칙적으로 丙은 乙에게 이용료 상당의 금액을 손해보상으로 청구할 수 있다. 그런데 사안에서 원래 甲이 토지를 분할한 후 乙에게 일부를 양도하였고 그 토지는 공로에 통하지 못한 토지였기 때문에 상린관계에 관한 규정에 의하여 乙이 무상의 주위토지통행권을 취득하였다(제220조 참조). 그런데 문제는 甲으로부터 토지 소유권을 승계취득한 丙에 대하여 이러한 무상의 주위토지통행권을 계속 인정할 수 있는지의 여부이다.

원래 제220조에서 무상의 주위토지통행권이 인정된 이유는 양도 당사자가 분할 또는 일부양도로 인하여 자기의 토지가 통행될 것을 예견할 수 있기 때문이다. 그런데 이와 같은 무상의 주위토지통행권의 부담이 해당 토지의 특정승계인에게도 승계되는지가 문제된다. 이에 대하여 해당 토지가 특정승계인에게 양도되면 무상의 주위토지통행권의 부담은 소멸하고 제219조의 일반원칙이 적용된다는 것이 판례의 입장이다.2) 이에 따르면 공로에 출입할 수 없는 이상 주위토지통행권이 인정되지만, 무상의 주위토지통행권은 소멸하였기 때문에 통행권자인 乙은 통행지소유자인 丙에게 손해를 보상해야 한다(제219조 제2항). 이에 반하여 통행지의 특정승계인이 무상의 주위토지통행권의 부담을 알고 당해 토지의 가격을 정하였을 경우에만 무상의 주위토지통행권의 부담을 승계한다는 견해도 있다.3) 이 견해는 본 사안의 경우 丙이 도로가

배타적인 점유를 하고 있지 않다면 통행지 소유자가 주위토지통행권자에 대하여 주위토지통행권이 미치는 범위 내의 통로 부분의 인도를 구하거나 그 통로에 설치된 시설물의 철거를 구할 수 없다.

2) 대법원 2002. 5. 31. 선고 2002다9202 판결.

무상으로 설치되어 사용되고 있다는 사실을 알고 토지의 소유권을 취득하였으므로 이러한 사정을 어느 정도 토지 가격에 반영하였을 것이라는 점을 지적하고 있다. 이 견해에 의하면 본 사안의 경우 丙이 토지가 도로로 사용되고 있다는 사실을 알고 토지를 취득하여, 이를 가격에 반영하였을 가능성이 크므로 무상의 주위토지통행권을 인정해야 할 것이다.

　　무상의 주위토지통행권을 갖고 있던 자가 인접토지 소유자가 양도로 인하여 바뀌었다는 이유만으로 무상의 권리가 유상으로 변하는 것을 인정한다면 부당하다고 볼 수 있다. 따라서 특정승계인이 안 경우에는 무상의 주위토지통행권을 인정하는 견해가 타당하다고 생각될 수 있다. 하지만 무상의 주위토지통행권을 무제한적으로 확대하는 것은 부당하므로 승계인 사이에 무상으로 이용하게 하는 묵시적 계약이 인정되지 않는 한 무상의 주위토지통행권을 인정하기 힘들 것이다.[4] 그러므로 본 사안에서 무상의 주위토지통행권은 계속 인정되지 않으므로 丙의 요구는 타당하고 乙은 이용료 상당의 금액을 손해보상으로 지급해야 한다.

---

3) 김형배 · 김규완 · 김명숙, 562면; 지원림, [3-150].

4) 이영준, 468면.

Ⅲ. 부동산 소유권과 등기제도

17. 신축건물과 소유권보존등기

> **사 례**
>
> 사업가 甲은 사옥으로 사용하기 위하여 건물을 신축하기로 결정하고 甲명의로 건축허가를 받은 다음 건설회사 A로 하여금 건설하도록 하여 건물 X가 완공되었다. 그러나 甲은 사업의 실패로 직접 건물을 사용하지 못하고 바로 乙에게 건물을 매도하였다. 다음과 같은 방식으로 건물 X에 대한 소유권이 이전된 경우 乙이 소유권을 유효하게 취득하였는가?
>
> (1) 甲은 자신의 명의로 건물 X에 대한 소유권보존등기를 한 다음에 乙에게 소유권이전등기를 경료해 주었다.
>
> (2) 甲과 乙 사이의 합의로 바로 乙명의로 소유권보존등기를 하였다.
>
> (3) 甲은 자신의 명의로 건물 X에 대한 소유권보존등기를 하였는데 그 후 등기공무원의 과실로 甲명의로 다시 보존등기가 중복으로 이루어졌다. 이러한 상태에서 두 번째 이루어진 보존등기의 등기부상으로 乙에게 소유권이전등기를 경료해 주었다.

Ⅰ. 신축건물의 소유권취득과 소유권이전 [사례 1]

일반적으로 자기의 노력과 재료를 들여 건물을 건축한 사람은 그 건물의 소유권을 등기 없이도 원시취득한다. 다만 사안에서처럼 도급계약에 의하여 건축을 한 경우에는 건물이 도급인과 수급인 중 누구의 소유권으로 귀속되는지를 구체적으로 판단해야 한다. 사안에서처럼 수급인이 자기의 노력과 재료를 들여 건물을 완성하더라도 도급인과 수급인 사이에 도급인 명의로 건축허가를 받아 소유권보존등기를 하기로 하는 등 완성된 건물의 소유권을 도급인에게 귀속시키기로 합의한 것으로 보일 경우에는 그 건물의 소유권은 도급인에게 원시적으로 귀속된다.[1] 따라서 甲은 건물 등기 없이도 소유자가 되었다.

다만 甲이 乙에게 건물소유권을 이전하기 위해서는 원칙적으로 소유권보존등기를 한 후 乙에게 소유권이전등기를 해야만 소유권이 이전한다(제187조 단서). 사안에서 이러한 절차를 거쳤으므로 乙은 유효하게 건물 X에 대한 소유권을 취득하였다.

II. 보존등기를 하지 않은 상태에서 양수인의 명의로 한 소유권보존등기의 효력 [사례 2]

사안에서처럼 甲이 직접 소유권보존등기를 하지 않고 건물의 양수인인 乙명의로 보존등기를 하면, 제187조 단서의 규정을 위반하게 된다. 다만 우리 판례는 원시취득자와 승계취득자 사이의 합치된 의사에 따라 그 건물에 관하여 승계취득자 앞으로 직접 소유권보존등기를 경료하게 되었다면 그 소유권보존등기는 실체적 권리관계에 부합하여 적법한 등기로서의 효력을 가진다고 한다.[2] 본 사안에서 甲과 乙 사이에 건물 X에 대한 소유권을 원시취득한 甲명의로의 보존등기를 생략하기로 하는 합의를 기초로 乙명의로 소유권보존등기가 이루어졌다. 따라서 실체적 권리관계상 현재 乙이 부동산 X에 대한 소유자인 이상 이를 나타내는 등기는 유효하다고 볼 수 있다. 그러므로 乙은 이러한 보존등기를 통하여서도 유효하게 소유권을 취득하였다.

---

1) 대법원 1990. 4. 24. 선고 89다카18884 판결.
2) 대법원 1995. 12. 26. 선고 94다44675 판결.

III. 동일인 명의의 중복보존등기의 효력 [사례 3]

사안의 경우 같은 사람인 甲명의로 동일한 건물에 대하여 중복으로 보존등기가 이루어졌다. 이처럼 동일인 명의의 중복보존등기가 이루어진 경우 후등기는 무효로 보아야 한다. 즉, 하나의 부동산에 관하여 등기부용지를 달리하여 동일인 명의로 소유권보존등기가 중복되어 있는 경우에는 1부동산 1등기기록의 원칙을 채택하고 있는 부동산등기법상 시간적으로 뒤에 경료된 중복등기는 그것의 실체관계에의 부합여부를 가릴 것 없이 무효이다.3) 따라서 사안의 경우 실체관계에 부합하는지와 상관없이 뒤에 경료된 소유권보존등기는 무효이기 때문에 이를 기초로 한 등기부상의 소유권이전등기도 역시 무효이므로 乙은 유효하게 소유권을 취득하지 못하였다.

---

3) 대법원 1981. 10. 24. 선고 80다3265 판결.

18. 타인 명의의 중복보존등기의 효력

사 례

甲은 농지개혁법에 따라 분배받은 토지 X에 자신의 명의로 소유권보존등기를 경료한 후 농사를 짓다가 나이가 많이 들어서 해당 토지를 방치하였다. 그러던 중 행정구역 개편과정에서 등기공무원의 실수로 토지 X가 국유지로 잘못 편성되어 국가명의로 소유권보존등기가 경료되었고 이러한 사실을 모르는 乙에게 이 등기부를 기초로 하여 소유권이 이전되었다. 乙이 토지 X에 경작을 시작하자 이러한 모든 사실을 안 甲은 국가명의로 된 소유권보존등기가 중복등기로서 무효임을 이유로 乙에게 토지의 반환 및 소유권이전등기의 말소를 청구할 수 있는가?

【변형】 乙이 등기이전을 받은 후 10년이 지나서 甲이 이 사실을 알게 되어 청구한 경우는?

甲의 乙에 대한 소유물반환 및 방해배제청구권(제213조, 제214조)

甲이 乙에게 토지 X에 대한 소유권에 기하여 乙에게 토지의 반환 및 소유권이전등기의 말소를 청구하기 위해서는 토지 X에 국가명의로 이중의 보존등기가 이루어진 것으로 인한 소유권 상실이 없었어야 한다. 원래는 1부동산 1등기기록의 원칙으로 인하여 기존등기와 중복되는 등기 신청이 있으면 등기공무원이 이를 각하하여야 하나 절차상의 실수로 하나의 부동산에 대하여 2개 이상의 보존등기가 이루어진 경우 양 등기 중 어떤 것이 우선하는지가 문제된다.

절차법설은 1부동산 1등기기록의 원칙으로 인하여 중복으로 보존등기가 이루어진 경우 해당 중복등기는 무효로서 직권 말소되어야 할 것이므로 실체관계를 따지지 않고 시간 순서에 따라 먼저 이루어진 보존등기만 유효하고 그 후에 이루어진 이중의 보존등기는 무효라고 한다.[1] 그에 반하여 실체법설은 각 등기의 실체관계를 판단하여 실체관계에 부합하는 등기를 유효한 등기로 본다.2) 판례는 동일부동산에 관하여 등기명의인을 달리하여 중복된 소유권보존등기가 경료된 경우에는 먼저 이루어진 소유권보존등기가 원인무효가 되지 아니하는 한 뒤에 이루어진 소유권보존등기는 비록 그 부동산 매수인에 의하여 이루어진 경우에도 1부동산 1등기기록의 원칙을 채택하고 있는 부동산등기법 아래에서는 무효라고 보는 절차법적 절충설을 취하고 있다.3)

　　본 사안의 경우 절차법설에 의하면 뒤에 이루어진 보존등기는 실체관계에 부합하느냐와 상관없이 무효이고 이에 따라 국가명의의 소유권보존등기는 말소되어야 하므로 甲은 자신의 소유권을 乙에게 주장할 수 있다. 또한 실체법설에 따르더라도 국가명의로 이루어진 보존등기는 어떠한 법률상의 원인 없이 단지 등기공무원의 실수로 이루어진 것이므로 실체관계에 부합되지 않으므로 이중보존등기로서 무효이므로 절차법설과 동일한 결론에 이르게 된다. 판례의 입장에 따르더라도 먼저 이루어진 甲의 소유권보존등기가 원인무효가 되지 않으므로 뒤에 이루어진 국가명의의 소유권보존등기는 무효가 된다. 따라서 어떠한 입장을 따르더라도 사안에서 甲은 소유자로서 乙에게 토지 X의 반환 및 소유권이전등기의 말소를 청구할 수 있다.

　　【변형】　사안에서 乙이 10년간 소유자로 등기되었고 소유의 의사로 평온·공연하게 선의이며 과실 없이 토지 X를 점유하고 있었으므로 등기부취득시효에 의하여 소유권을 취득(제245조 제2항)하였는지가 문제된다. 판례는 등기명의인을 달리하여 소유권보존등기가 이중으로 경료된 경우 먼저 이루어진 소유권보존등기가 원인무효가 아니어서 뒤에 이루어진 등기가 무효로 된다면 뒤에 이루어진 소유권보존등기나 이에 기초한 소유권이전등기를 근거로 하여서는 등기부시효취득 자체를 할 수 없다는 입장을 취하고 있다.4) 따라서 판례의 입장에

---

1) 이은영, 183면.

2) 곽윤직·김재형, 109면.

3) 대법원 1990. 11. 27. 선고 87다카2961·87다453 전원합의체 판결.

4) 대법원 1996. 10. 17. 선고 96다12511 전원합의체 판결. 그에 반하여 학설에서는 무효

따르면 甲은 乙에게 토지 X의 반환 및 소유권이전등기의 말소를 청구할 수 있다.

인 이중의 보존등기도 부동산을 공시하는 기능을 하고 있다는 이유로 등기부취득시효의 요건인 등기에 포함된다는 입장을 취한다[민법주해(Ⅴ)/윤진수, 399면].

19. 멸실회복등기의 효력

> **사례**
>
> 부동산 X에 관하여 보존등기가 멸실되어 멸실회복등기를 한 경우, 다음 사안에서 어느 멸실회복등기가 유효한지를 판례의 입장에서 판단하시오.
> (1) 甲명의로 보존등기가 이루어진 후 다시 乙명의로 보존등기가 중복으로 이루어졌다. 그 후 甲은 丙에게, 乙은 丁에게 부동산 X를 매도하고 소유권 이전등기를 하여 주었으나, 각 등기부가 모두 멸실하였다. 丙 및 丁이 모두 멸실회복등기를 한 경우 누구의 등기가 효력이 있는가?
> (2) 甲의 부동산 X가 매도되어 순차로 乙, 丙 명의로 소유권이전등기가 이루어졌다. 등기부가 멸실된 후 乙, 丙 명의 순으로 별도의 소유권이전의 멸실회복등기가 이루어진 경우 누구의 등기가 효력이 있는가?
> (3) 부동산 X에 대하여 甲명의로 멸실회복에 의한 소유권보존등기가 이루어진 후 乙명의로 다시 멸실회복에 의한 소유권보존등기가 이루어졌다. 그런데 이 두 멸실회복 등기가 동일한 보존등기를 바탕으로 하여 이루어진 것인지 아니면 서로 다른 중복등기를 바탕으로 하여 이루어진 것인지가 불분명한 경우에 누구의 등기가 효력이 있는가?[1]

Ⅰ. 중복보존등기와 멸실회복등기 [사례 1]

판례는 중복보존등기에 관하여 절차법적 절충설을 취하여 먼저 이루어진 소유권보존등기가 원인무효가 되지 않는 한 나중에 이루어진 소유권보존등기가 무효라고 본다. 또한 같은 부동산에 중복된 소유권보존등기를 기초로 등기명의인을 달리하는 각 소유권이전등기가 이루어진 경우 등기의 효력은 소유권이전등기의 선후에 의하여 판단하는 것이 아니고 각 소유권이전등기의 바탕이 된 소유권보존등기의 선후를 기준으로 판단하여야 한다. 그리고 이러한 원리는 이전등기가 멸실회

---

1) 대법원 2001. 2. 15. 선고 99다66915 전원합의체 판결 참고.

복으로 인한 이전등기인 경우에도 동일하게 적용된다. 이러한 판례 원리에 비추어보면 사안에서 甲명의로 보존등기가 먼저 이루어졌고 이에 기초한 소유권이전등기 및 멸실회복등기만이 유효하므로 丙명의의 멸실회복등기가 유효하게 된다.

II. 동일부동산에 대한 이중의 멸실회복등기 [사례 2]

동일한 부동산에 관하여 하나의 소유권보존등기가 경료된 후 이를 바탕으로 순차로 소유권이전등기가 이루어졌다가 그 등기부가 멸실된 후 등기명의인을 달리하는 소유권이전등기의 각 멸실회복등기가 중복하여 이루어진 경우에는 중복등기의 문제는 발생하지 않고 멸실 전 먼저 이루어진 소유권이전등기가 잘못 회복등재된 것에 불과하다. 따라서 중복회복등기가 이루어졌다고 하더라도 기존의 소유권이전의 효과가 소멸하는 것은 아니므로 현재 소유자에 의한 회복등기만이 유효하다. 사안에서 丙의 회복등기가 늦게 이루어졌더라도 丙이 소유자인 이상 그의 등기만이 유효하다.

III. 원인불명의 이중의 멸실회복등기 [사례 3]

본 사안은 동일한 부동산에 관하여 등기명의인을 달리하여 멸실회복에 의한 각 소유권보존등기가 중복등재되고 각 등기의 바탕이 된 소유권보존등기가 동일등기인지 중복등기인지, 중복등기라면 각 소유권보존등기가 언제 이루어졌는지가 불명확한 경우에 해당한다. 이러한 경우에는 위에서 살펴본 판례법리에 기하여 우선순위가 결정될 수 없으므로 적법하게 경료된 것으로 추정되는 각 회복등기인 이상 이들 상호간에는 각 회복등기일자의 선후를 기준으로 우열을 가려야 한다. 그러므로 먼저 회복등기를 한 甲의 등기가 유효하다.

20. 주등기와 부기등기

사례

甲은 乙로부터 1억원을 차용하면서 자신의 소유인 토지 X에 저당권을 설정하여 주었다. 乙은 1억원의 채권을 丙에게 양도하면서 저당권도 丙에게 이전하는 부기등기를 하였다. 그 후 甲은 토지 X를 丁에게 매도한 후 그 대금 중 일부로 丙에게 1억원을 변제하였다. 이 경우 丁은 丙에게 저당권의 주등기 또는 저당권이전의 부기등기 중 무엇을 말소해 달라고 청구해야 하는가?

丁의 丙에 대한 소유물방해배제청구권(제214조)

채무의 변제로 인하여 저당권도 소멸하였으므로 소유자인 丁은 저당권과 관련된 등기의 말소를 소유물방해배제청구권에 기하여 청구할 수 있을 것이다. 문제는 저당권의 주등기와 저당권이전등기의 부기등기 중 무엇을 말소청구해야 하는지의 여부이다.

주등기란 표시번호란 또는 순위번호란에 독립한 번호가 부여되는 등기를 말하고 부기등기는 기존의 등기순위를 그대로 유지할 필요가 있는 경우 주등기의 번호를 그대로 사용하며 주등기의 번호 아래 부기호수를 기재하는 것을 말한다. 부기등기는 주등기에 종속되어 주등기와 일체를 이루고 있기 때문에 주등기에 소멸사유가 있다면 부기등기만의 말소를 청구할 수 없다. 왜냐하면 주등기가 말소되면 부기등기는 직권 말소되기 때문이다. 따라서 사안에서처럼 저당권 이전의 부기등기가 된 경우 피담보채무가 변제로 인하여 소멸하면 주등기의 말소만을 구하면 되고, 그에 기한 부기등기는 별도로 말소를 구하지 않더라도 주등기가 말소되면 부기등기는 직권으로 말소된다. 따라서 이러한 경우 부기등기의 말소청구는 권리보호의 이익이 없는 부적법한 청구가 된다.[1]

　　그러므로 사안의 경우 소유자인 丁은 저당권부 채권의 양수인 丙을 상대로 그 저당권등기의 말소를 구하여야 한다(이때 말소청구의 원인도 저당권설정의 무효 등을 이유로 하여야 하며, 저당권의 이전의 무효를 이유로 해서는 안 된다).[2]

---

1) 대법원 2000. 10. 10. 선고 2000다19526 판결.
2) 대법원 2003. 4. 11. 선고 2003다5016 판결: 근저당권 이전의 부기등기는 기존의 주등기인 근저당권설정등기에 종속되어 주등기와 일체를 이루는 것으로서 기존의 근저당권설정등기에 의한 권리의 승계를 등기부상 명시하는 것일 뿐 그 등기에 의하여 새로운 권리가 생기는 것이 아니므로, 근저당권설정자 또는 그로부터 소유권을 이전받은 제3취득자는 피담보채무가 소멸된 경우 또는 근저당권설정등기가 당초부터 원인무효인 경우 등에 근저당권의 현재의 명의인인 양수인을 상대로 주등기인 근저당권설정등기의 말소를 구할 수 있으나, 근저당권자로부터 양수인 앞으로의 근저당권 이전이 무효라는 사유를 내세워 양수인을 상대로 근저당권설정등기의 말소를 구할 수는 없다.

21. 가등기

사 례

甲은 乙 소유의 토지 X를 매수하기로 하는 매매계약을 체결하고 청구권을 보전하기 위하여 가등기를 2015년 1월에 경료하였다. 2015년 3월에 매매대금을 완납하고 가등기에 기한 본등기를 하려고 하였으나, 다음과 같은 사유가 존재하는 경우에 甲은 토지 X의 소유권을 취득할 수 있는가?
1) 乙이 토지 X를 丙에게 매도하고 2015년 2월에 이전등기를 완료한 경우
2) 토지 X가 국가에게 수용되어 수용절차가 2015년 2월에 완료된 경우

Ⅰ. 가등기에 기한 본등기의 효력 [사례 1]

甲은 매매계약에 기한 소유권이전청구권의 보전을 위한 가등기를 2015년 1월에 경료하였다.[1] 그 후 2015년 3월에 가등기에 기한 본등기를 경료하였다면, 등기의 효력은 본등기 시점인 2015년 3월에 발생하고 소급하는 것은 아니다. 그러나 그 순위는 가등기 시가 된다(부동산등기법 제91조, 가등기의 순위보전적 효력). 따라서 가등기에 기한 본등기가 이루어진 후 가등기 시점 이후에 이루어진 등기 중 가등기 권리와 배치

---

[1] 이와 같은 가등기에 기한 본등기가 효력을 갖기 위해서는 우선 이러한 가등기가 유효하게 설정되었어야 한다. 가등기가 유효하려면 (1) 보전할 유효한 청구권이 존재하고, (2) 가등기의 내용이 장차 행해질 본등기의 내용과 일치해야 한다. 부동산등기법은 (i) 장차 권리변동을 발생하게 하는 청구권(예: 부동산매수인의 소유권이전청구권)을 보전하려 할 때, (ii) 그러한 청구권이 시기부 또는 정지조건부일 때, 그리고 (iii) 청구권이 장래에 확정될 것인 때(예: 예약완결권) 가등기가 가능한 것으로 규정하고 있다(동법 제88조). 사안에서 甲이 가등기에 기하여 보존하려고 하는 청구권은 장차 권리변동을 발생하게 하는 청구권에 해당하고, 이러한 가등기의 내용이 장차 행해질 매매계약을 원인으로 하는 보존등기의 내용과 일치하므로 이 가등기는 유효하다.

되는 내용을 갖는 등기는 무효 또는 후순위가 된다.[2]

사안에서 가등기가 이루어진 후 乙의 토지 X의 소유권이전을 목적으로 하는 이전등기가 丙 앞으로 이루어졌고 이러한 이전등기는 소유권이전청구권을 보전목적으로 하는 가등기와 배치되는 내용을 갖는다. 따라서 甲이 가등기에 기한 본등기를 하면 이와 배치되는 내용을 갖는 丙에 대한 소유권 이전등기는 무효가 된다. 따라서 甲은 유효하게 소유권을 취득할 수 있다.

Ⅱ. 본등기 전 가등기의 효력 [사례 2]

가등기 권리는 본등기를 하기 전에 실체법상 아무런 효력을 발생하지 않는다.[3] 따라서 이러한 상태에서 토지가 국가에게 수용되었다면, 가등기 권리는 소멸하게 된다. 가등기 권리가 소멸한 이상 그에 기한 본등기를 할 여지는 없어진 것이므로 甲은 유효하게 소유권을 취득할 수 없다.

---

2) 대법원 1992. 9. 25. 선고 92다21258 판결. 이에 따라 등기관은 가등기 이후에 이루어진 등기로서 가등기에 의하여 보전되는 권리를 침해하는 등기를 직권으로 말소해야 한다(부동산등기법 제92조 제1항).

3) 판례(대법원 1966. 5. 24. 선고 66다485 판결)와 다수설(이영준, 247면)의 입장이다. 그에 반하여 가등기는 가등기인 채로 '청구권보전의 효력'이라는 실체법적 효력을 갖는다고 하는 견해도 있다(곽윤직 · 김재형, 154면).

22. 진정명의회복을 원인으로 한 소유권이전등기청구권

> **사 례**
>
> 甲은 X 부동산의 소유자이며 소유자로 등기되어 있었다. 그 후 등기가 원인 없이 순차로 乙→丙→丁으로 이전된 경우에 甲은 丁에게 소유권 회복을 위해서 소유권이전등기절차의 이행을 청구하였다. 정당한가?
>
> 【추가질문 1】 丁은 X 부동산에 대하여 甲이 이전에 丁에게 제기한 소유권이전등기말소 청구소송에서 패소하였으므로 甲의 청구는 타당하지 않다고 주장하는 경우는?
>
> 【추가질문 2】 丁은 자신이 이전등기를 받은 후 10년이 지났으므로 甲의 청구권은 소멸시효에 의하여 소멸하였다고 주장하는 경우는?

甲의 丁에 대한 소유물방해배제청구권(제214조)

등기 원인 없이 토지 소유권의 이전등기가 순차로 경료되었으므로 등기부상 丁이 소유권자로 되어 있더라도 甲이 현재 소유자이다. 이러한 경우 원칙적으로 甲은 丁, 丙, 乙을 상대로 각각의 이전등기를 말소하고 회복등기절차를 밟아야 한다. 하지만 이는 매우 번거로울 뿐만 아니라 소송 경제적으로도 불합리하다. 따라서 이러한 경우 말소등기를 하지 않고 甲이 곧바로 진정명의회복을 원인으로 한 소유권이전등기를 할 수 있는지가 문제된다.

이에 대하여 학설에서는 등기가 물권변동의 과정을 공시해야 하며 직접 이전등기를 청구할 수 있는 실체법상의 원인이 없다는 이유로 이와 같은 형식의 이전등기청구를 부정한다. 판례도 이러한 입장을 취하여 진정명의회복을 원인으로 한 소유권이전등기를 인정하지 않는다고 보았으나,[1] 그 후 태도를 바꾸어 이를 인정하고 있다.[2] 즉, 이미 자기 앞으로 소유권을 표상하는 등기가 되어 있었거나 법률에 의하여 소유권을 취득한 자가 진정한 등기명의를 회복하기 위한 방법으로 현재의 등기명의인을 상대로 그 등기의 말소를 구하는 외에 "진정한 등기명의의 회복"을 원인으로 한 소유권이전등기절차의 이행을 직접 구하는 것도 가능하다고 보고 있다. 이러한 판례의 입장에 따르면, 甲은 丁에게 소유권 회복을 위한 소유권이전등기절차의 이행을 청구할 수 있다.

【추가질문 1】   말소등기에 갈음하여 허용되는 진정명의회복을 원인으로 한 소유권이전등기청구권과 무효등기의 말소청구권은 모두 진정한 소유자가 등기명의를 회복하기 위한 것이므로 실질적으로 그 목적이 동일하고, 두 청구권 모두 소유권에 기한 방해배제청구권으로서 그 법적 근거와 성질이 동일하다. 따라서 전자는 이전등기, 후자는 말소등기의 형식을 취하고 있더라도 소송물은 실질적으로 동일하다. 그러므로 소유권이전등기말소 청구소송에서 패소확정판결을 받았다면 그 기판력은 그 후 제기된 진정명의회복을 원인으로 한 소유권이전등기 청구소송에도 미치므로3) 丁의 주장은 타당하다.

【추가질문 2】   진정명의회복을 원인으로 한 소유권이전등기청구권은 소유권에 기한 물권적 청구권의 성질을 가지므로 소멸시효의 대상이 되지 않는다.4) 따라서 丁의 주장은 타당하지 않다.

---

1) 대법원 1972. 12. 26. 선고 72다1846 · 1847 판결.
2) 대법원 1990. 11. 27. 선고 89다카12398 전원합의체 판결.
3) 대법원 2001. 9. 20. 선고 99다37894 전원합의체 판결.
4) 대법원 1993. 8. 24. 선고 92다43975 판결.

23. 중간생략등기의 효력

甲은 乙로부터 음식점 건물과 그 토지를 매수하여 현재 음식점으로 사용하고 있다. 甲은 乙에게 여러 차례 소유권이전등기를 경료해 줄 것을 요구하였으나 매번 거절당하자 등기부를 열람하여 보았다. 그런데 음식점 건물 및 그 토지는 丙명의로 등기되어 있었다. 사실은 乙이 丙으로부터 음식점 건물과 그 토지를 모두 매수한 후 음식점으로 사용하고 있다가 등기이전을 받지 않고 甲에게 전매하였던 것이다.

(1) 甲은 丙에게 요구하여 자기 앞으로 직접 소유권이전등기를 경료받을 수 있는가?

(2) 甲이 등기서류를 갖추어 丙의 동의 없이 등기한 경우 이 등기는 유효한가?

【변형】 위의 사례에서 토지가 토지거래허가구역 내에 있는 경우 甲은 丙에게 자기 앞으로 직접 소유권이전등기를 청구할 수 있는가?

Ⅰ. 甲의 丙에 대한 등기청구권(설문 1)

사안에서 丙→乙→甲순으로 건물과 토지를 매도하기로 하는 매매계약체결이 있었다. 이에 따른다면 乙은 丙으로부터 소유권이전등기를 받은 다음에 다시 甲에게 소유권이전등기를 해야만 甲이 건물과 토지에 대한 소유권을 취득하게 된다. 그러나 사안에서 甲은 이러한 과정을 생략한 채 丙으로부터 직접 소유권이전등기를 받기를 원한다. 이처럼 부동산물권이 최초양도인으로부터 중간취득자를 거쳐 최종양수인에게 전전 이전되는 때에 중간취득자의 등기를 생략한 채 최초양도인이 최종양수인에게 직접 이전등기를 하는 것을 중간생략등기라고 한다.

입법자는 부동산등기특별조치법을 제정하여 이러한 중간생략등기를 금지하고 있지만(동법 제2조, 제11조), 이는 단속법규에 불과하므로 그

에 위반하더라도 벌칙의 제재는 별론으로 하더라도 사법상의 효력이 당연히 없는 것은 아니다.[1]

학설은 무효설[2]과 유효설[3]이 대립하고 있으나, 판례는 "부동산이 전전 양도된 경우에 중간생략등기의 합의가 없는 한 그 최종양수인은 최초양도인에 대하여 직접 자기 명의로의 소유권이전등기를 청구할 수 없고, 부동산의 양도계약이 순차적으로 이루어져 최종양수인이 중간생략등기의 합의를 이유로 최초양도인에게 직접 그 소유권이전등기 청구권을 행사하기 위하여는 관계 당사자 전원의 의사합치, 즉 중간생략등기에 대한 최초양도인과 중간취득자의 동의가 있는 외에 최초양도인과 최종양수인 사이에도 그 중간등기 생략의 합의가 있었음이 요구되므로, 비록 최종양수인이 중간취득자로부터 소유권이전등기 청구권을 양도받았다고 하더라도 최초양도인이 그 양도에 대하여 동의하지 않고 있다면 최종양수인은 최초양도인에 대하여 채권양도를 원인으로 하여 소유권이전등기 절차의 이행을 청구할 수 없다"라고 한다.[4]

---

1) 대법원 1998. 9. 25. 선고 98다22543 판결.
2) 성립요건주의를 취하고 있는 현행법하에서는 중간취득자는 등기를 한 적이 없으므로 소유권을 취득하지 못하고 결국 전득자는 무권리자로부터 양수한 것이 되어 무효이며, 따라서 중간생략등기는 물권변동의 과정도 공시하지 못하고 물권의 현재 상태도 공시하고 있지 못하므로 무효라는 견해가 있다(김상용, 164면).
3) 최초양도인과 중간취득자 그리고 최종양수인 등 3당사자의 합의가 있을 것을 요하며, 그 합의는 묵시적으로도 가능하며 순차적으로도 가능하다고 보는 견해가 있다(송덕수, 「신민법강의」, 411면). 이 견해는 3당사자의 합의가 있으면 최종양수인이 최초양도인에게 직접 중간생략등기도 청구할 수 있다고 본다. 그리고 최초양도인과 중간취득자 간의 물권적 합의는 중간취득자가 무권리자이지만 이를 타인에게 처분하여도 좋다는 동의의 의미가 포함된 것으로 보고, 즉 무권리자에게 처분권을 부여한 것이므로 중간취득자의 처분행위는 적법한 처분권을 가진 자의 처분행위로서 유효한 것으로 보아야 한다는 견해도 있다(곽윤직 · 김재형, 123면).
4) 대법원 1995. 8. 22. 선고 95다15575 판결. 이와 관련하여 판례는 중간생략등기의 합의로 중간매수인의 소유권이전등기청구권이 소멸되는 것은 아니라고 보고 있으며(대법원 1991. 12. 13. 선고 91다18316 판결), '부동산 매매로 인한 소유권이전등기청구권'은 채권적 청구권으로 그 이행과정에 신뢰관계가 전제되므로 통상의 채권양도와 달리 반드시 채무자(최초양도인)의 동의나 승낙이 필요하다고 보고 있다(대법원 2001. 10. 9. 선고 2000다51216 판결). 이와 구별해야 할 점은 '취득시효완성으로 인한 소유권이전등기청구권'은 계약관계나 신뢰관계가 없으므로 앞서 설명한 양도제한의 법리가 적용되지

사안에서 최초양도인 丙, 중간취득자 乙, 그리고 최종양수인 甲 사이의 중간생략등기에 관한 합의가 없으므로 甲은 丙에게 중간생략등기 청구를 할 수 없다.

II. 중간생략등기의 효력(설문 2)

중간생략등기의 합의는 없었으나 이미 중간생략등기가 경료된 경우 판례는 "최종양수인이 중간생략등기의 합의를 이유로 최초양도인에게 직접 중간생략등기를 청구하기 위하여는 관계 당사자 전원의 의사합치가 필요하지만, 당사자 사이에 적법한 원인행위가 성립되어 일단 중간생략등기가 이루어진 이상 중간생략등기에 관한 합의가 없었다는 이유만으로는 중간생략등기가 무효라고 할 수는 없다"라고 하여 이를 유효로 보고 있다.5) 따라서 甲이 한 중간생략등기는 丙의 동의가 없더라도 실체관계에 부합하므로 유효하다.

【변형】 토지거래허가구역 내의 중간생략등기
중간생략등기의 유효성이 인정되기 위해서는 각각의 거래행위가 유효한 것을 전제로 하는데, 토지거래허가대상 토지의 중간생략등기는 각각의 거래행위 자체가 유효하지 못하다는 문제가 발생하기 때문에 일반적인 중간생략등기의 문제와는 다르게 보아야 한다.
판례는 "국토이용관리법에 의하여 허가를 받아야 하는 토지거래계약이 처음부터 허가를 배제하거나 잠탈하는 내용의 계약인 경우에는 허가 여부를 기다릴 것도 없이 확정적으로 무효로서 유효화될 여지가 없는바, 토지거래허가구역 내의 토지거래가 허가를 받거나 소유권이전등기를 경료할 의사 없이 중간생략등기의 합의 아래 전매차익을 얻을 목적으로 소유자 甲으로부터 부동산중개업자인 乙, 丙을 거쳐 丁에게 전전매매한 경우, 그 각각의 매매계약은 모두 확정적으로 무효로서 유

않는다는 점이다(대법원 2018.7.12. 선고 2015다36167 판결).
5) 대법원 2005. 9. 29. 선고 2003다40651 판결.

효화될 여지가 없고, 각 매수인이 각 매도인에 대하여 토지거래허가 신청절차 협력의무의 이행청구권을 가지고 있다고 할 수 없으며, 따라서 丁이 이들을 순차 대위하여 甲에 대한 토지거래허가 신청절차 협력의무의 이행청구권을 대위행사할 수도 없다"[6]라고 하여 이를 무효로 보고 있다.

　사안에서 중간생략등기의 유효성이 인정되기 위해서는 각각의 거래행위가 유효할 것을 전제로 하는데, 토지거래허가구역 내의 토지거래는 관할관청의 허가를 받아야 하므로 허가를 받지 못하는 한 각각의 등기는 유효하지 않으므로 甲은 丙에게 중간생략등기청구를 할 수 없다.

---

6) 대법원 1996. 6. 28. 선고 96다3982 판결.

24. 명의신탁등기의 효력

사 례

종중 A는 대대로 장손에게 종중 소유의 부동산 관리를 맡기면서 장손 甲 명의로 부동산을 등기하였다.

(1) 장손 甲이 자신의 명의로 되어 있는 종중재산 중 산 X를 이 사실을 모르는 乙에게 매도한 경우 종중 A는 乙에게 산 X의 반환을 요구할 수 있는가?

(2) 종중 A는 명의신탁관계를 해지하면서 산 X의 소유권이전등기절차의 이행을 청구하였다. 그러나 甲은 이에 응하지 않았다. 한편, 10년의 세월이 흘러 종중 A가 다시 산 X의 소유권이전등기절차의 이행을 청구하자 甲은 명의신탁관계가 해지된 지 이미 10년이 지났으므로 이 등기청구권은 소멸시효에 의하여 소멸하였고, 따라서 이행하지 않아도 된다고 주장한다. 정당한가?

Ⅰ. 종중 A의 乙에 대한 소유물반환청구권(제213조) [사례 1]

종중 A가 乙에게 산 X의 반환을 요구하기 위해서는 A가 산 X의 소유자이어야 한다. 사안에서 종중 A는 실질적 소유권을 자신에게 유보한 채 공부상 명의만을 甲으로 하는 명의신탁을 하고 있다. 실질적 소유자와 공부상 소유명의가 상이하므로 산 X의 소유자를 누구로 보는지에 따라 결과가 달라진다.

부동산실명법(부동산실권리자명의등기에 관한 법률)에 의하면 종중재산의 명의신탁은 조세포탈, 강제집행의 면탈 또는 법령상 제한의 회피를 목적으로 하지 않는 한 유효하다(동법 제8조 제1호). 본 사안에서 이와 같은 불법적 목적이 보이지 않으므로 명의신탁약정은 유효하다. 유효한 명의신탁관계에 대하여 판례는 대내적으로는 신탁자인 A가 소유자로 남지만 대외적 관계에서는 수탁자인 甲이 소유자가 되는 것으로 본다.[1] 그렇다면 제3자인 乙과의 관계에서 甲이 산 X의 소유자이므로 乙의 선·악의와 상관없이 乙은 산 X의 소유권을 취득하게 된다.[2] 따라서 A는 甲이 乙에게 산 X에 대한 이전등기를 해 줌으로써 대내적으로 인정되었던 소유권마저 상실하였으므로 A는 乙에게 산 X의 반환을 요구할 수 없다.

II. 종중 A의 甲에 대한 원상회복 내지 소유물방해배제청구권(제214조) [사례 2]

명의신탁의 해지는 특별한 요건 없이 신탁자가 언제든지 해지할 수 있으므로 종중 A의 해지는 효력을 발생하였다. 명의신탁이 해지된 경우에 신탁자인 종중 A는 (1) 신탁관계의 종료를 이유로 소유명의의 이전등기절차의 이행을 청구하거나 소유권에 기한 말소등기를 청구할 수 있다.[3] (2) 신탁관계에 기한 청구권은 채권적 청구권이므로 10년의 소멸시효기간 경과로 소멸하였으나, (내부적) 소유권에 기하여 행사된 권리는 물권적 청구권이므로 소멸시효의 대상이 되지 않는다.[4] 따라서 해지한 후 10년이 지났다는 甲의 소멸시효 항변은 타당하지 않으므로 甲은 종중 A에게 산 X의 소유권이전등기절차를 이행해야 한다.

---

1) 대법원 1996. 5. 31. 선고 94다35985 판결.
2) 대법원 1963. 9. 19. 선고 63다388 판결.
3) 대법원 1998. 4. 24. 선고 97다44416 판결.
4) 대법원 1991. 11. 26. 선고 91다34387 판결.

25. 법률행위에 의한 소유권의 양도

> **사 례**
>
> (1) 甲은 乙로부터 X 토지의 2/3를 토지대장을 기초로 명확히 그 경계를 표시한 상태에서 취득하기로 하는 매매계약을 체결하였다. 이 경우 甲이 乙로부터 X 토지의 2/3에 해당하는 부분의 소유권을 취득하기 위해서 어떠한 조치를 취해야 하는가?
>
> (2) 甲과 乙은 지번이 1, 2, 3인 乙의 토지를 목적으로 하는 매매계약을 체결하려고 하였으나 잘못하여 매매계약서를 지번 1, 3에 대하여만 작성하였다. 이를 기초로 등기이전청구가 지번 1, 3에 대하여만 이루어진 경우 소유권이전은 어느 토지에 대하여 일어났는가? 이 경우 甲은 乙에게 지번 2 토지에 대하여 등기이전청구권을 갖는가?

[사례 1] 토지 일부의 소유권양도

  토지를 목적으로 하는 매매계약이 유효하기 위해서는 매매목적물이 충분히 특정되어 있어야 한다. 사안의 경우 토지대장을 기초로 경계가 명확히 표시되었으므로 X 토지 2/3를 목적으로 하는 매매계약은 유효하다.

매매계약을 원인으로 소유권이 乙에서 甲으로 이전되기 위해서는 해당 토지에 대한 물권적 합의와 등기가 있어야 한다(제186조). X 토지의 2/3를 목적으로 하는 물권적 합의도 매매계약처럼 특정이 충분히 이루어졌으므로 유효하다. 하지만 매매계약에 기하여 소유권이전등기가 X 토지의 2/3에 대하여 이루어지기 위해서는, 먼저 분필절차를 밟아서 이 부분에 대한 독립된 등기를 한 후 이전등기절차를 밟아야 할 것이다.

[사례 2] 다수 토지의 소유권양도

당사자의 의사가 모두 지번 1, 2, 3 토지를 목적으로 매매계약을 체결하고 소유권이전을 원하였으므로 당사자들의 주관적 의사가 일치하는 한 오표시무해의 원칙에 기하여 지번 1, 3 토지에 대하여만 매매계약서가 작성되었더라도 매매계약은 지번 1, 2, 3 토지에 대하여 모두 성립하였다. 또한 마찬가지로 물권적 합의도 이와 동일한 원리에 의하여 지번 1, 2, 3 토지에 대하여 이루어졌다고 볼 수 있다. 다만 등기이전은 각 토지의 등기부 모두에 대하여 일어나야 하는데, 지번 2 토지에 대하여는 등기가 실질적으로 이루어지지 않았으므로 소유권이전의 법률효과가 발생하지 않았다.

하지만 甲은 매매계약에 기하여 등기청구권을 가지므로 乙에 대하여 지번 2 토지에 대하여 등기이전청구권을 행사할 수 있다.

26. 법률행위에 의한 부동산 소유권양도와 선의의 제3자 보호

사례

甲은 乙에게 부정하게 만든 토지감정결과를 보여 주고 토지 X를 헐값으로 매수한 후 소유권이전등기를 경료받았다. 그 후 토지감정결과가 조작되었음을 알게 된 乙은 매매계약을 적법하게 취소하였으나 甲은 토지 X가 자신의 명의로 등기되어 있는 것을 이용하여 이러한 사실을 전혀 모르는 丙에게 토지 X를 매도하였다. 이 경우 乙은 丙에게 토지 X의 인도 및 등기의 말소를 청구할 수 있는가?

乙의 丙에 대한 소유물반환 및 방해배제청구권(제213조, 제214조)

(1) 소유권의 귀속

乙이 丙에게 토지 X의 인도 및 등기의 말소를 청구하기 위해서는 토지 X의 소유자이어야 한다. 그런데 乙은 甲에게 토지 X를 매도하여 이전등기를 하여 주었고 甲은 이를 다시 丙에게 매도하여 이전등기를 경료하여 주었기 때문에 현재 등기부상 소유자는 丙이다.

문제는 사안에서 甲이 부정하게 만든 토지감정결과를 기초로 乙이 토지 X를 헐값으로 매도하였기 때문에 사기의 의사표시를 주장하여 의사표시를 취소할 수 있다는 점이다(제110조 제1항). 그렇다면 甲과 乙 사이의 매매계약은 소급적으로 무효가 된다(제141조 본문). 이때 유인성에 의하여 물권행위도 무효가 되므로 소유권 이전의 효과도 무효가 되고, 丙은 무권리자인 甲으로부터 토지를 매수한 것이 되어 유효하게 소유권을 취득하지 못하게 된다.

(2) 선의의 제3자에 대한 대항

그렇지만 사기에 의한 의사표시의 취소는 선의의 제3자에 대하여 대항할 수 없다(제110조 제3항). 사안에서 丙은 사기에 의한 의사표시에 기하여 존재하는 법률관계를 기초로 해서 소유권을 취득한 자에 해당하기 때문에 새로운 이해관계를 맺은 제3자에 해당한다. 문제는 丙이 선의인지의 여부이다. 개념논리적으로 보았을 때 '선의'라고 함은 취소의 원인 내지 취소의 사실을 알지 못하는 자를 의미할 것이다. 따라서 학설과 판례는 이 개념을 넓게 해석하여 '선의의 제3자'에 의사표시의 취소에 의하여 말소등기가 행하여진 시점을 기준으로 하여 그때까지 취소의 의사표시가 있었음을 알지 못하는 제3자도 포함시키고 있다.[1] 사안에서 취소는 되었으나, 아직 등기가 되어 있는 상태에서 매매계약이 이루어졌으므로 丙은 사기를 이유로 의사표시가 취소되었다는 사실을 모르는 선의의 제3자에 해당한다.

따라서 乙은 사기를 이유로 한 의사표시의 무효를 丙에게 주장하지 못하므로 乙은 丙과의 사이에서 자신이 소유자라는 사실을 주장하지 못한다. 그러므로 乙은 丙에게 토지 X의 인도 및 등기의 말소를 청구하지 못한다.

---

1) 대법원 1975. 12. 23. 선고 75다533 판결.

27. 등기를 갖추지 않은 부동산 매수인의 법적 지위

사 례

甲은 2000년 11월 乙로부터 부동산 X를 매수하고 매매대금을 전부 지급한 후 인도받았으나, 乙로부터 소유권이전등기만을 받지 않았다. 그 후 甲은 2005년 3월 사망하였고 甲의 처 丙만이 유일한 상속인으로서 부동산 X를 그 후 점유하여 사용하고 있었다. 2012년 5월 丙이 乙을 상대로 소유권이전등기를 청구하였는데, 乙은 소유권이전등기 청구권은 시효로 소멸되었다고 주장한다. 정당한가?

【변형】甲이 2001년 3월 丁에게 부동산 X를 매도하고 인도하였으나, 마찬가지로 소유권이전등기를 하지 않고 있던 중 2012년 5월 丁이 乙에게 소유권이전등기청구를 한 경우에는?

丙의 乙에 대한 매매계약에 기한 재산권이전청구권(제563조, 제568조 제1항, 제1005조 본문)

丙이 乙에게 소유권이전등기 청구를 하는 것은 甲과 乙 사이의 매매계약에 기하여 발생한 재산권이전청구권을 상속받아서 하는 것이다. 따라서 원칙적으로 丙의 乙에 대한 등기청구권은 성립한다. 하지만 이러한 등기청구권은 매매계약에 기하여 발생한 채권적 청구권이므로 10년의 소멸시효에 걸리므로(제162조 제1항), 사안에서 2000년 11월에 발생한 권리를 10년이 지난 2012년 5월에 행사하였으므로 소멸시효 항변이 정당한 것으로 보인다.

그러나 그 사이 甲 및 그 상속인 丙이 해당 부동산을 점유하면서 사용한 것을 어떻게 볼 것인지가 문제된다. 소멸시효 제도는 일정 기간 계속된 사회질서를 유지하고 시간의 경과로 인하여 곤란해지는 증거보전으로부터의 구제를 꾀하며 자기 권리를 행사하지 않고 소위 권리 위에 잠자는 자를 법적 보호에서 이를 제외하기 위하여 규정된 제도라 할 수 있다. 따라서 부동산에 관하여 매도된 후 인도 또는 등기 등의 어느 한쪽만에 대하여서라도 권리를 행사하는 자는 전체적으로 보아 그 부동산에 관하여 권리 위에 잠자는 자라고 할 수 없다. 그러므로 매수인이 목적 부동산을 인도받아 계속 점유하는 경우에는 그 소유권이전등기청구권의 소멸시효가 진행하지 않는다고 보는 것이 타당하다.[1] 따라서 이처럼 권리행사를 한 甲과 丙에게는 소멸시효가 진행하지 않으므로 乙의 소멸시효 항변은 타당하지 않다. 따라서 乙은 丙에게 소유권이전등기를 경료해 주어야 한다.

【변형】 본 사안의 경우 부동산 매수인 甲이 등기이전을 받지 않은 상태에서 이 부동산을 다시 丁에게 이전한 경우 丁이 이를 인도받아 사용하는 경우에도 소멸시효가 진행하지 않는 것으로 볼 수 있는지가 문제된다. 매수인이 다시 해당 부동산을 매도하여 인도해 준 경우 목적물의 점유를 상실하여 더 이상 사용·수익하고 있는 상태가 아니라면 점유의 상실원인이 무엇이든지 간에 점유상실 시점으로부터 그 이전등기청구권에 관한 소멸시효가 진행한다고 볼 수 있다. 그렇다면 점유상실이 된 지 이미 10년이 지났으므로 소멸시효가 완성되었다고 볼 수도 있다. 하지만 부동산의 매수인이 그 부동산을 인도받은 후 이를 사용·수익하다가 그 부동산에 대한「보다 적극적인 권리 행사의 일환」으로 다른 사람에게 그 부동산을 처분하고 그 점유를 승계하여 준 경우는 그 이전등기청구권의 행사 여부에 관하여 그가 그 부동산을 스스로 계속 사용·수익만 하고 있는 경우와 특별히 다를 바 없으므로 이 경우에도 이전등기청구권의 소멸시효는 진행되지 않는다고 보는 것이 타당하다.[2] 따라서 본 사안의 경우에도 乙의 소멸시효 항변은 타당하지 않으므로 乙은 丁에게 소유권이전등기를 경료해 주어야 한다.

---

1) 대법원 1999.3.18. 선고 98다32175 전원합의체 판결.
2) 대법원 1999.3.18. 선고 98다32175 전원합의체 판결.

28. 토지수용에 의한 소유권의 변동

사 례 신도시 개발을 위하여 A는 甲과 토지 X의 소유권 취득을 목적으로 협의 취득과정을 거쳤으나 협의가 이루어지지 않아서 2011년 5월 10일에 토지 수용위원회의 재결(裁決)을 받았다. 이 재결에서는 2011년 6월 22일을 수 용의 개시일로 정하고 이때까지 수용보상금을 지급하도록 명하였다. 그런 데 甲이 불복하고 수용보상금을 지급받으려고 하지 않자, A는 수용보상금 을 2011년 6월 20일에 공탁하였다. 이 경우 토지 X의 소유권은 A에게 이전하였는가? 이전하였다면 언제 이전의 효과가 발생하는가?

【보충질문】 토지 X에 甲의 채권자 乙이 저당권을 설정받은 경우 이 저 당권은 위 사안에서 토지 X에 대하여 존속하는가?

　　토지수용은 공용징수의 대표적인 경우로서 법률규정에 의한 물권 변동사유에 해당한다. 따라서 사업시행자가 등기이전을 하지 않더라도 수용 시기에 소유권이전의 법률효과가 발생한다(제187조).[1] 다만 소유 권의 이전시기는 토지수용의 근거법률인 「공익사업을 위한 토지 등의 취득 및 보상에 관한 법률」(이하 "토지취득보상법"이라 함)에 의하여 정하 여진다.

　　소유권 변동의 효과는 토지취득보상법 제45조 제1항에 따라 수용 의 개시일, 즉 토지수용위원회가 재결로써 결정한 수용을 시작하는 날 에 발생한다. 물론 토지수용의 절차는 재결수용에 있어서는 토지수용 위원회의 재결에 의하여 종결하는 것이다. 하지만 토지수용에 따른 권 리변동의 효과는 재결이 있는 날에 즉시 발생하지 않고, 토지수용위원 회의 재결에서 정해진 시기까지 토지매수인이 손실보상금을 지급하거 나 공탁하는 것을 조건으로 하여 그 정해진 시기에 비로소 발생하게 된

---

[1] 대법원 2000. 7. 4. 선고 98다62961 판결; 대법원 2001. 1. 16. 선고 98다58511 판결.

다. 만일 토지매수인이 정해진 시기까지 손실보상금을 지급하거나 공탁하지 아니한 경우에는 재결의 효력이 상실된다(동법 제42조 제1항).

따라서 사안에서 A는 수용재결이 있고 난 뒤 甲에게 수용보상금을 직접 지급하지는 못하였지만 공탁하였으므로 이 조건이 충족된 이상 수용의 개시일인 6월 22일에 수용에 따른 법률효과가 발생하여 소유권을 취득하게 된다.

【보충질문】 토지가 수용되면 사업시행자는 수용의 개시일에 수용 대상이 된 토지의 소유권을 원시취득한다(토지취득보상법 제45조 제1항).[2) 따라서 토지상에 존재하던 종전의 모든 권리는 절대적으로 소멸하고 사업시행자는 완전한 소유권을 새로이 취득하게 된다. 이에 따라 토지소유자는 물론 그 밖의 관계인은 토지와 관련된 모든 권리를 상실하게 된다.[3) 그리고 여기서 관계인이라고 함은 사업시행자가 취득하거나 사용할 토지에 관하여 지상권ㆍ지역권ㆍ전세권ㆍ저당권ㆍ사용대차 또는 임대차에 따른 권리 또는 그 밖에 토지에 관한 소유권 외의 권리를 가진 자나 그 토지에 있는 물건에 관하여 소유권이나 그 밖의 권리를 가진 자를 말한다(토지취득보상법 제2조 제5호 본문). 따라서 사안에서 乙의 저당권은 소멸하였다고 보아야 한다.

---

2) 대법원 1995. 9. 15. 선고 94다27649 판결.

3) 다만 토지수용위원회가 공익사업의 수행에 지장이 없다고 하여 재결로써 종전 권리의 존속을 인정한 경우에는 그 권리는 소멸하지 아니한다(토지취득보상법 제45조 제3항).

Ⅱ. 동산소유권의 취득과 상실

29. 양도행위의 독자성·유인성

 甲은 乙의 궁박한 상태를 이용하여 통상 가격의 1/4에 해당하는 값으로 乙이 운영하고 있던 커피숍의 가구를 매수하였다. 乙은 불공정한 법률행위를 근거로 무효를 주장하며 이미 인도한 가구의 반환을 요구한다. 정당한가?

Ⅰ. 乙의 甲에 대한 소유물반환청구권(제213조)

乙이 甲에게 가구의 반환을 청구하기 위해서는 甲에 대한 가구의 매매계약에 기한 양도에도 불구하고 소유자이어야 한다. 乙이 소유자이기 위해서는 물권적 합의 또는 물권행위에 기한 인도의 효력(제188조 제1항)이 무효이어야 한다. 사안의 경우 채권행위인 매매계약은 불공정한 법률행위로서 무효이나(제104조), 물권행위인 물권적 합의가 그로 인하여 무효가 되는지가 문제된다. 왜냐하면 물권적 합의인 물권행위는 원칙적으로 가치중립적이기 때문에 채권행위의 무효가 당연히 물권행위의 무효를 가져오지 않기 때문이다. 다만 예외적으로 불공정한 법률행위(제104조), 사기(제110조) 등의 경우 법률행위 무효사유의 내용과 효력이 개별적인 사례에서 물권행위에도 미치는 경우에는 물권행위도 무효가 될 수 있다.[1] 사안의 경우에 이러한 예외적인 경우가 존재하지 않

---

1) 이영준, 88면.

기 때문에 채권행위의 불공정성으로 인하여 물권행위도 불공정한 법률행위로 무효가 되었다고 볼 수 없다.

하지만 사안에서처럼 채권행위가 먼저 행하여지고 그 이행행위로서 물권행위가 따로 독립하여 행하여진 경우, 그 원인행위인 채권행위가 존재하지 않거나 무효이거나 취소·해제되는 경우에, 그 채권행위를 원인으로 하여 따로 행하여진 물권행위도 무효가 되어 물권변동이 없었던 것으로 되느냐가 문제된다. 이에 관하여 학설은 견해가 대립하고 있다. 유인성을 인정하는 견해는 물권행위의 효력은 그 원인인 채권행위의 부존재·무효·취소·해제 등으로 당연히 그 영향을 받는다고 한다. 따라서 이 입장에 따르면 사안의 경우 원인행위인 매매계약이 무효이므로 물권행위도 영향을 받아 무효가 된다. 따라서 유인성론에 의하면 매매계약은 물론 소유권의 이전을 목적으로 하는 물권적 합의가 무효가 된다. 이 견해에 따르면 소유권 이전의 효과가 발생하지 않았으므로 점유이전에도 불구하고 여전히 乙이 소유자이다.

그에 반하여 무인성을 인정하는 견해는 채권행위가 실효하더라도 물권행위는 그대로 유효하므로, 사안의 경우 채권행위인 매매계약이 무효이더라도 물권행위는 유효하다. 따라서 무인성론에 의하면 매매계약은 무효이지만, 물권적 합의는 유효하고 점유이전이 이루어졌으므로 甲은 유효하게 소유권을 취득하였다.

이러한 견해 대립과 상관없이 판례는 우리 법제에서 물권행위의 무인성은 인정되지 않는다고 한다.2) 민법 규정은 다양하게 선의의 제3자 보호규정을 통하여 무인성이론이 도모하고자 하는 거래안전을 충분히 달성하고 있고 판례 이론도 현재 유인성을 기초로 하여 선의의 제3자 보호를 위한 이론을 기반으로 하고 있으므로 유인성을 긍정하는 것이 타당하다고 할 수 있다.

甲이 현재 가구의 점유권원 없는 점유자이므로 乙의 甲에 대한 소유권에 기한 반환청구권은 인정된다.

---

2) 대법원 1977. 5. 24. 선고 75다1394 판결; 대법원 1982. 7. 27. 선고 80다2968 판결; 대법원 1995. 5. 12. 선고 94다18881·18898 판결.

Ⅱ. 乙의 甲에 대한 부당이득반환청구권(제741조)

무인성론에 의하면 甲은 유효하게 소유권을 취득하였으나 매매계약이 무효이므로 이를 법률상 원인 없이 취득하게 된다. 그에 반하여 유인성론에 의하면 甲은 유효하게 소유권을 취득하지 못하므로 점유자체가 법률상 원인 없이 누리고 있는 이득이다(점유부당이득).[3] 어느 견해를 취하느냐와 상관없이 사안의 경우 乙은 법률상 원인 없이 가구를 점유하고 있는 甲에 대하여 부당이득반환청구권을 행사할 수 있다.

---

3) 부동산의 경우에는 등기된 상태가 법률상 원인 없이 누리는 이득이 된다(등기부당이득).

30. 대리인에 대한 양도와 소유권의 이전

사 례

甲은 식당을 개업하려는 乙의 부탁을 받아 丙의 상점에서 乙의 이름으로 접시를 구매하였다. 甲이 乙의 식당으로 접시를 가져가던 중 丁의 과실로 교통사고가 발생하여 자동차가 훼손되는 것은 물론 접시도 모두 깨지고 말았다. 이 경우 乙은 丁에게 접시의 배상을 요구할 수 있는가?

乙의 丁에 대한 손해배상청구권(제750조)

乙이 丁에 대하여 불법행위로 인한 손해배상을 청구하기 위해서는 사고가 발생할 당시 乙이 접시의 소유권을 취득했어야 한다. 동산의 소유권이 이전하기 위해서는 물권적 합의와 인도가 있어야 한다(제188조 제1항). 문제는 乙은 소유권 이전을 위하여 직접적으로 한 행위가 없고 모두 甲이 乙을 위하여 이러한 행위를 하였다는 측면에 있다. 물권적 합의는 소유권의 이전을 목적으로 하는 계약이다. 따라서 다른 법률행위와 마찬가지로 甲은 현명을 통하여 대리인으로서 유효하게 본인 乙을 위하여 물권적 합의를 하였으므로 甲이 한 물권적 합의의 효력이 乙에게 발생한다(제114조).

그에 반하여 현실의 인도는 사실행위라는 측면에서 대리인을 통하여 대신 이루어질 수 없다.[1] 그러나 제3자가 매도인 또는 매수인의 점유보조자인 경우에는 이러한 제3자에 대한 인도를 통하여 점유주에 대한 인도가 이루어질 수 있다. 왜냐하면 점유보조자가 물건에 대하여 갖

---

1) 그에 반하여 간이인도, 점유개정, 목적물반환청구권의 양도에 의한 인도는 당사자의 의사표시 내지 계약이 필요하고 이에 의하여 자동적으로 점유이전의 효력이 발생하므로 대리인에 의하여도 점유의 이전이 인정된다(이에 관하여 이영준, 89면 이하 참조).

고 있는 사실상의 지배는 점유주의 것으로 인정되기 때문이다. 따라서 이 경우 점유보조자가 점유를 하게 되면 점유주의 점유가 인정된다. 점유보조자는 가사상, 영업상 기타 유사한 관계에 의하여 타인의 지시를 받아 물건에 대한 사실상의 지배를 하는 자(제195조)를 말한다. 점유보조자로 인정받기 위해서는 점유보조자가 점유주의 지시에 따라야 하는 점유보조관계가 인정될 수 있어야 한다. 甲이 乙의 부탁을 받아 행위하고 있다는 측면에서 甲은 乙의 점유보조자로서 기능하고 있다.[2] 사안에서 접시를 점유보조자인 甲에게 인도함으로써 乙은 점유주로서 제195조에 기하여 점유를 취득하였다.

　사고 당시 乙은 이미 접시의 소유권을 취득하였으므로 과실로 가해행위인 교통사고를 일으킨 丁에 대한 손해배상의 청구로 접시의 배상이 인정될 수 있다.

---

2) 점유보조관계를 외부에서 인식하고 있어야 하는가에 대하여 학설은 긍정설과 부정설(곽윤직·김재형, 190면; 이영준, 299면)이 대립하고 있으나, 사안에서는 현명을 통하여 甲이 乙을 위하여 행위하고 있음을 丙이 인식하고 있으므로 학설대립과 상관없이 점유보조관계를 인정할 수 있다.

31. 공동점유의 설정과 소유권의 이전

사례

甲은 사망 직전에 가장 아끼는 친구 아들 乙에게 자신의 사무실에 있는 고려시대 청자를 증여하였다. 甲은 乙에게 사무실의 열쇠를 주면서 청자를 직접 가져가라고 하였다. 또한 비서 丙에게는 乙이 청자를 찾아갈 수 있는 권한이 있고 이를 위하여 열쇠를 주었다는 사실을 알렸다. 乙이 청자를 가져가기도 전에 甲은 사망하였고 유일한 상속인인 미망인 丁은 청자를 자신의 집으로 가져갔다. 이 경우 乙은 丁에게 청자의 인도를 요구할 수 있는가?

Ⅰ. 乙의 丁에 대한 소유물반환청구권(제213조)

乙이 丁에 대하여 청자의 인도를 청구하기 위해서는 인도(제188조 제1항)를 통하여 청자의 소유권을 취득하였을 것이 요구된다. 사안의 경우 甲으로부터 사무실의 열쇠를 받은 것과 비서에게 청자를 찾아갈 수 있는 권한이 있다는 사실을 알린 것으로 현실의 인도를 인정할 수 있는지가 문제된다.

현실의 인도라고 함은 물건의 사실상의 지배를 실제로 양도인으로부터 양수인에게 이전하는 것을 말한다. 물건의 인도가 이루어졌는지 여부는 사회관념상 목적물에 대한 양도인의 사실상 지배인 점유가 동일성을 유지하면서 양수인의 지배로 이전되었다고 평가할 수 있는지 여부에 달려 있다. 그렇다면 현실의 인도가 있었다고 하려면 양도인의 물건에 대한 사실상의 지배가 동일성을 유지한 채 양수인에게 완전히 이전되어 양수인은 목적물에 대한 지배를 계속적으로 확고하게 취득하여야 하고, 양도인이 물건에 대한 점유를 완전히 종결하여야 한다.[1] 따

---

1) 대법원 2003. 2. 11. 선고 2000다66454 판결.

라서 양도인이 점유의 일부라도 갖고 있으면 현실의 인도를 인정할 수 없다. 사안처럼 열쇠를 준 것만으로는 양수인인 乙이 단독점유를 취득하였다고 볼 수 없고 甲과의 공동점유가 인정될 수 있을 뿐이므로 현실의 인도가 있었다고 볼 수 없다.

그렇다면 합의에 의한 점유이전이 있었는지가 문제된다. 본 사안에서 점유개정에 관한 합의가 있었다고 보기 어렵고 오히려 합의의 내용은 단독의 점유취득권을 부여한 것으로 보아야 한다. 甲은 乙에게 청자의 점유를 단독으로 취득할 수 있는 권한을 부여한 것으로 볼 수 있다. 단독의 점유취득권도 현실인도와 동일하게 점유의 양도로 볼 수 있으나, 이를 인정하기 위해서는 실제로 乙이 단독취득권을 행사하여 단독으로 볼 수 있는 점유를 취득했어야 한다. 아직 사안에서 乙이 직접적인 청자의 점유취득 사실이 없었으므로 단독취득권 행사에 의한 점유이전도 없었다.

乙은 청자의 소유자가 아니므로 丁에 대하여 소유권에 기한 반환청구권을 행사할 수 없다.

II. 乙의 丁에 대한 재산권이전청구권(제554조)

乙은 수증자로서 증여계약에 기한 재산권이전청구권을 갖고 있다. 따라서 상속에 의하여 증여계약의 당사자인 증여자가 된 단독상속인 丁에 대하여 乙은 증여계약에 기하여 청자의 인도를 청구할 수 있다. 다만 본 사안의 증여계약이 서면에 의하여 작성되지 않았으므로 丁은 증여계약을 해제하고 청자의 인도를 거부할 수 있을 것이다(제555조).

32. 공동점유자 사이의 양도

> **사례**
>
> 사업가 甲은 노후생활의 보장을 위하여 서면으로 집에 있는 모든 물건과 고가의 예술품을 처 乙에게 양도하기로 결정하고 이러한 내용의 서식을 작성하여 2001년 乙에게 양도하였다. 2009년 甲이 파산하게 되었고 그 파산관재인 丙은 집에 있는 예술품들을 파산재단에 포함시키려고 한다. 정당한가?

「채무자 회생 및 파산에 관한 법률」에 의하면 파산재단을 관리 및 처분하는 권한은 파산관재인에게 속한다(동법 제384조). 채무자가 파산선고 당시에 가진 모든 재산이 파산재단에 속하게 되므로(채무자 회생 및 파산에 관한 법률 제382조 제1항) 채무자인 甲의 예술품들이 유효하게 양도되어 乙의 소유로 되었다면 파산관재인 丙은 이를 파산재단에 포함시키지 못한다.

부부는 원칙적으로 공동주거에 있는 모든 물건에 대하여 공동점유자이다.[1] 따라서 현실인도에 의한 소유권이전(제188조 제1항)이 이루어지기 위해서는 甲이 자신의 공동점유를 포기했어야 하나 이는 일어나지 않았다.

하지만 본 사안의 경우 丙이 직접점유를 상실하고 있지 않기 때문에 점유개정에 의한 점유이전(제189조)이 있었는지가 문제될 수 있다. 점유개정이라고 함은 물건의 양도인이 양도 후에도 기존에 갖고 있던 점유를 계속하면서 양수인과 사이에 점유매개관계를 설정함으로써 양수인에게 간접점유를 취득시키고 스스로는 양수인의 점유매개자로서 직접점유를 계속하는 것을 말한다. 혼인관계는 법률규정에 의한 점유매개관계를 성립시킨다. 왜냐하면 혼인관계를 통하여 생활공동체를 이

---

1) 곽윤직·김재형, 190면; 이영준, 321면.

루는 부부는 서로 상대방에게 자신의 단독소유에 속하는 특유재산을 사용할 수 있도록 허용해야 하고 상대방의 점유를 인정해야 하기 때문이다. 이와 관련하여 점유개정에 관한 제189조에서 "당사자의 계약으로" 양도인이 그 동산의 점유를 계속하는 것을 요구하고 있으므로 법률규정에 의한 점유매개관계도 점유개정 설정방법으로 인정될 수 있는지가 문제된다. 하지만 점유개정에 있어서 중요한 것은 양도인이 점유매개자로서 양수인의 상위점유를 인정하는 것이므로 법률규정에 의한 점유매개관계에서도 이러한 것이 인정될 수 있고, 따라서 적어도 제189조의 유추적용은 인정할 수 있을 것이다.[2] 사안에서 부부인 甲과 乙 사이의 점유매개관계 설정을 통한 점유개정에 관한 합의가 없었더라도 증여계약을 통하여 소유권을 이전하기로 한 합의를 통하여, 비록 甲과 乙의 공동점유가 계속되더라도 乙이 간접점유자가 되고 甲이 점유매개관계를 통하여 직접점유자가 된다는 것이 당사자 사이에서 전제되었다고볼 수 있다. 따라서 점유매개관계 설정에 의한 점유개정이 인정될 수있으므로 乙은 2001년에 유효하게 예술품들의 소유권을 취득하였다.

또한 채무자가 乙에게 증여한 행위가 파산채권자를 해하는 것을 알고 한 행위에 속하지 않기 때문에 파산관재인 丙은 부인권을 행사하지 못하므로, 이를 통해서도 증여된 예술품을 복귀시키지도 못한다(채무자 회생 및 파산에 관한 법률 제391조, 제397조). 따라서 파산관재인 丙은 甲 소유에 속하지 않은 예술품들을 파산재단에 포함시키지 못한다.

---

2) 이영준, 250면.

33. 창고에 있는 물건의 양도

사 례

甲은 A농업협동조합으로부터 B회사 창고에 저장되어 있는 쌀 100가마를 구매하였다. B는 쌀 100가마에 대하여 A에게 창고증권을 발행해 주었는데, A는 이를 이용하여 C은행에 쌀가마를 양도담보하기 위하여 창고증권에 배서한 후 이를 교부하였었다. 그런데 A는 이러한 창고증권의 존재에 대하여 甲에게 알리지 않은 채 B에 대한 반환청구권을 서면을 통하여 양도하였다. 이 서면을 제시하여 甲은 B로부터 일부인 50가마를 인도받았으나, 추후에 나머지 50가마의 인도를 요구하자 B는 C은행에서 창고증권을 제시하였다는 이유로 인도를 거부하였다. B의 인도거부는 정당한가?

甲의 B에 대한 소유물반환청구권(제213조)

B의 인도거부가 정당하기 위해서는 甲이 쌀가마에 대한 소유권을 취득하지 않았어야 한다.

B는 타인을 위하여 창고에 물건을 보관하는 것을 영업으로 하는 자로 창고업자이다(상법 제155조). 이 경우 창고증권이 발행되어 교부된 때에, 창고에 임치된 물건의 처분은 창고증권으로써 해야 하며 이와 상환하지 않으면 임치물의 인도를 청구할 수 없다(상법 제157조, 제132조, 제129조). 즉 창고증권은 처분증권성을 갖는다. 따라서 A가 양도담보를 목적으로 창고증권을 교부함으로써 C은행은 임치된 쌀가마의 소유권을 취득하였다.

임치물인 쌀가마의 소유권은 일반규정인 민법 제188조 이하의 규정에 의하여서도 이전될 수 있다. 하지만 제190조의 목적물반환청구권의 양도는 창고증권이 발행된 경우에는 창고증권의 교부 없이는 이루어질 수 없다. 즉 목적물반환청구권의 양도는 특별한 방식이 정해져 있지 않기 때문에 특별한 방식이 요구되지 않는다. 그러나 창고증권이 발행된 경우에는 임치된 물건의 처분은 창고증권을 통해서만 이루어져야 하기 때문에 창고증권이 교부되지 않았다면 그 효력이 없는 것이다. 따라서 창고증권을 교부받지 못한 甲은 쌀가마의 소유권을 취득하지 못하였다.

목적물반환채권이 창고증권으로 체화되지 않을 것이라는 선의는 보호받을 수 없기 때문에 창고증권이 발행된 경우에 선의취득 규정(제249조)에 의한 소유권취득도 인정될 수 없다.[1] 따라서 창고업자인 B가 甲의 인도청구를 거절한 것은 타당하다.[2]

---

1) 창고증권의 양도담보가 아닌, 동산에 대한 점유개정을 통한 양도담보에 관한 판결인 대법원 2004. 12. 24. 선고 2004다45943 판결도 참고할 필요가 있다.
2) 본 사안의 경우 창고증권이 발행되어 있고 창고증권을 교부받은 자만이 소유자가 되므로 창고업자인 B는 첫 쌀 50가마의 경우에도 창고증권을 제시하는 경우에만 임치물을 인도할 수 있으므로 甲이 먼저 요구한 쌀 50가마의 인도부터 이를 거절했어야 했다.

Ⅲ. 취득시효

34. 점유취득시효와 자주점유의 추정

사 례

토지 X는 1929년 12월 16일 A명의로 소유권보존등기가 경료된 것으로서, 1957년 10월 2일 A의 사망 이후 1990년 7월 23일에야 상속을 원인으로 하여 甲 및 다른 9인의 공동명의로 소유권이전등기가 경료되었다. 그런데 무권리자 乙은 1965년 1월경 丙에게 토지 X를 등기이전 없이 매도하였고 丙은 파, 시금치 등의 채소를 재배하며 경작하였다. 1990년 5월경 丙은 丁에게 토지 X를 등기이전 없이 재차 매도하였으며, 丁은 그 위에 건물 및 장독대 등을 소유하면서 계속 점유·사용하고 있었다. 이에 甲은 丁을 상대로 지상건물 등의 철거를 구하는 소송을 2005년에 제기하였다. 정당한가?[1]

甲의 丁에 대한 소유물방해배제청구권(제214조)

　　甲은 공유자 중 한 사람으로서 공유물의 지상 건물 등의 철거를 구하는 소를 제기하는 것은 보존행위에 해당하여 단독으로 행사할 수 있다(제265조 단서). 丁은 무권리자인 乙로부터 전전매수하여 토지 X를 점유하고 있는 자에 해당하기 때문에 토지를 점유할 정당화사유를 갖고 있지 않으나, 해당 토지를 장기간 점유하였기 때문에 점유취득시효가 완성되었는지가 문제된다.

---

1) 대법원 2000. 3. 16. 선고 97다37661 전원합의체 판결 변형.

1. 점유취득시효의 성립

20년간 소유의 의사로 평온, 공연하게 부동산을 점유하는 자는 등기함으로써 그 소유권을 취득한다(제245조 제1항). 따라서 점유취득시효의 요건으로는 (1) 20년간의 점유, (2) 소유의사로 점유, (3) 평온·공연한 점유가 요구된다. 사안의 경우 丁은 자신의 점유기간만으로는 20년의 기간이 인정되지 않는다. 점유자는 점유승계의 효과로서 자신의 점유만을 주장하거나 전점유자의 점유를 합산하여 주장할 수 있다(제199조 제1항). 그런데 이처럼 점유자가 순차로 승계된 때에는 자기의 특정된 점유개시일이나 전점유자의 특정된 점유개시일을 선택할 수 있을 뿐이며, 점유기간 중 임의의 시점을 선택할 수 있는 것은 아니다.[2] 매도인인 丙의 점유개시일을 기준으로 보면 丙은 토지 X를 매수하여 점유하기 시작한 1965년 1월경부터 이 사건 토지를 점유하였으므로 1985년 1월 31일 토지 X에 관한 丙의 점유기간은 20년이 되었다. 따라서 丁은 점유기간의 합산을 주장하지 못하고 丙의 시효취득을 주장해야 한다.

결국 취득시효 요건의 충족은 丙을 기준으로 살펴보아야 한다. 그런데 기본적으로 소유의 의사로 평온, 공연하게 점유하였다고 추정되므로(제197조 제1항) 다른 특별한 사정이 없는 한 나머지 요건은 충족된 것으로 볼 수 있다. 문제는 甲 및 9인의 공동상속인 소유인 이 사건 토지를 무권리자인 乙로부터 매수하여 그 점유를 취득한 경우에 자주점유에 대한 추정이 번복되어 이 사실만으로 丙의 토지 X에 대한 점유를 타주점유라고 볼 수 있는지의 여부이다. 자주점유를 결정하는 소유의 의사는 원칙적으로 점유자가 갖는 내심의 의사를 말하지만, 판례와 학설은 소유의사의 유무를 객관적으로 점유취득의 원인이 된 권원의 성질 또는 점유와 관계가 있는 모든 사정에 의하여 외형적·객관적으로 결정되어야 한다고 보고 있다.[3] 따라서 (1) 점유자가 성질상 소유의 의사가 없는 것으로 보이는 권원에 바탕을 두고 점유를 취득한 사실이 증

---

2) 대법원 1992. 12. 11. 선고 92다9968·9975 판결.
3) 대법원 1997. 8. 21. 선고 95다28625 전원합의체 판결.

명된 경우 또는 (2) 외형적 · 객관적으로 보아 점유자가 타인의 소유권을 배척하고 점유할 의사를 갖고 있지 아니하였던 것으로 볼 만한 사정이 증명된 경우에는 자주점유의 추정은 깨어진다.

사안의 경우처럼 등기부상 권리자가 아닌 무권리자로부터 매수하였다는 사실만으로 이러한 권리추정이 깨어지는지가 문제된다. 이에 대하여 대법원은 토지의 매수인이 매매계약에 의하여 목적 토지의 점유를 취득한 경우 설사 그것이 타인의 토지 매매에 해당하여 그에 의하여 곧바로 소유권을 취득할 수 없다고 하더라도 그것만으로 매수인이 점유권원의 성질상 소유의 의사가 없는 것으로 보이는 권원에 바탕을 두고 점유를 취득한 사실이 증명되었다고 단정할 수 없다고 보았다.[4] 더 나아가 매도인에게 처분권한이 없다는 것을 잘 알면서 이를 매수하였다는 등의 다른 특별한 사정이 입증되지 않는 한, 그 사실만으로 바로 그 매수인의 점유가 소유의 의사가 있는 점유라는 추정이 깨어지는 것이라고 할 수 없다고 보았다. 따라서 丙이 매수하여 점유한 토지의 매도인 乙이 등기부상 소유자가 아니라는 사실만으로는 소유의 의사가 없는 것으로 번복되지 않는다.

2. 점유취득시효완성과 丁의 법적 지위

결국 사안의 경우 1985년 1월 31일 토지 X에 관한 丙의 점유취득시효가 완성되었으므로, 丙은 토지 소유자들인 甲과 9인의 공유자들에게 소유권을 이전받을 수 있는 등기청구권을 갖는다. 또한 이러한 지위에 있는 丙으로부터 매수하여 점유를 취득한 丁은 전 점유자인 丙의 취득시효완성의 효과를 주장하여 직접 자기에게 소유권이전등기를 청구할 수 있는 권원은 없지만, 자신의 전 점유자인 丙에 대한 매매계약에 기한 소유권이전등기청구권을 보전하기 위하여 전 점유자의 소유자에 대한 소유권이전등기청구권을 대위행사할 수 있다.[5] 그렇다면 丁은 매

---

4) 대법원 2000. 3. 16. 선고 97다37661 전원합의체 판결.
5) 대법원 1995. 3. 28. 선고 93다47745 전원합의체 판결. 이에 반하여 전원합의체 판결의
   소수의견과 유력설(하경효, "점유취득시효 완성 후의 점유이전과 소유권이전등기청구

매를 원인으로 한 소유권이전등기청구권을 보전하기 위하여 甲과 9인의 공유자들에게 丙이 갖고 있는 소유권이전등기청구권을 대위행사할 수 있는 자이다. 이러한 상태에서 소유권이전등기의무가 있는 甲이 丁에게 토지의 소유권에 기하여 그 지상 건물 등의 철거를 구하는 것은 신의칙에 반한다고 보아야 한다. 따라서 甲의 철거청구는 인정되지 않는다.

권," 고시연구 1996.11, 57면 이하)은 승계인이 직접적인 소유권이전등기청구권을 행사할 수 있다고 한다.

35. 점유취득시효와 악의의 무단점유

사 례

甲은 1965년 11월경 토지 X를 매수하여 소유권이전등기를 경료받아 이를 소유하여 오던 중, 1971년 8월 12일 토지 X 위에 건축되어 있던 기존 가옥을 철거하고 주택을 신축하면서, 위 대지에 인접한 乙 소유의 토지 일부를 침범하여 담장 및 대문을 설치하고 차고 및 물치장을 축조하였을 뿐만 아니라 신축한 주택의 마당으로 사용하였다. 甲으로부터 1991년 3월 18일 이 사건 부동산을 매수한 丙은 甲이 점유하였던 乙 소유의 토지 부분을 계속하여 차고, 물치장 및 주택의 마당 등으로 점유·사용하여 왔다. 2000년 3월경 丙은 점유취득시효가 완성하였음을 이유로 乙에게 소유권이전등기를 요구하였다.[1) 정당한가?

丙의 乙에 대한 소유권이전등기청구권(제245조 제1항)

20년간 소유의 의사로 평온, 공연하게 부동산을 점유하는 자는 등기함으로써 그 소유권을 취득한다(제245조 제1항). 사안의 경우 丙은 자신의 점유만으로는 20년을 완성할 수 없으나, 전 점유자인 甲의 점유도 함께 주장할 수 있으므로(제199조 제1항), 甲의 점유개시일로부터 20년이 경과한 1991년 8월 13일 乙 소유의 토지 부분에 대하여 취득시효가 완성되었다고 볼 수 있다.

문제는 甲이 점유개시 당시 소유권 취득의 원인이 될 수 있는 법률행위 기타 법률요건이 존재하지 않는다는 사실을 잘 알면서 점유를 개시한 악의의 무단점유자라는 사실이다. 즉, 악의의 무단점유자에게 자주점유의 추정규정이 그대로 적용되어 점유취득시효를 인정할 수 있는지의 여부가 문제된다. 대법원은 전원합의체 판결을 통하여 점유자가

---

1) 대법원 1997. 8. 21. 선고 95다28625 전원합의체 판결 변형.

점유개시 당시에 소유권 취득의 원인이 될 수 있는 법률행위 기타 법률요건 없이, 그와 같은 법률요건이 없다는 사실을 잘 알면서 타인 소유의 부동산을 무단점유한 것임이 입증된 경우, 특별한 사정이 없는 한 점유자는 타인의 소유권을 배척하고 점유할 의사를 갖고 있지 않다고 보아야 할 것이므로 이로써 소유의 의사가 있는 점유라는 추정은 깨진다고 보았다.[2] 따라서 위 사안에서 甲이 위 토지 부분을 소유의 의사로 점유한 것이라는 추정은 깨어졌다고 보아야 할 것이므로 그의 점유는 타주점유이다. 丙이 전 점유자인 甲의 점유를 승계한 이상 그 하자도 승계되므로(제199조 제2항)[3] 丙은 소유의 의사에 의한 점유가 인정되지 않아서 취득시효가 완성되었음을 주장할 수 없다. 따라서 丙의 乙에 대한 소유권이전등기 청구는 인정되지 않는다.

---

[2] 대법원 1997. 8. 21. 선고 95다28625 전원합의체 판결.

[3] 만약 丙이 甲의 점유를 승계하지 않고 독자적인 취득시효를 주장한다면 소유의 의사에 의한 점유가 인정될 수 있다. 대법원 2007. 6. 14. 선고 2006다84423 판결 : 토지를 매수·취득하여 점유를 개시함에 있어서 매수인이 인접 토지와의 경계선을 정확하게 확인해 보지 아니하고 착오로 인접 토지의 일부를 그가 매수·취득한 토지에 속하는 것으로 믿고서 점유하고 있다면 인접 토지의 일부에 대한 점유는 소유의 의사에 기한 것으로 보아야 하며, 이 경우 그 인접 토지의 점유 방법이 분묘를 설치·관리하는 것이었다고 하여 점유자의 소유 의사를 부정할 것은 아니다.

36. 점유취득시효 완성자의 법적 지위

> **사례**
>
> 甲은 장기간 해외에서 체류하고 있는 乙의 토지 위에 1990년 1월부터 개간을 하여 수목을 심는 등 정원으로 사용함으로써 점유취득시효의 요건을 모두 완성하였다. 그러던 중 2011년 3월 해당 지역에 신도시 계획이 확정되면서 해당 토지가 사업시행자에 의하여 적법하게 수용되었다. 이 경우 甲은 乙에게 무엇을 요구할 수 있는가?

I. 甲의 乙에 대한 소유권이전등기청구권(제245조 제1항)

점유취득시효가 완성된 경우 바로 부동산 소유권의 취득이 일어나는 것이 아니라, 등기해야 비로소 소유권이전의 효과가 발생한다. 즉 취득시효가 완성된 경우 점유자는 소유권을 이전할 것을 요구하는 등기청구권을 갖고 이러한 등기청구권은 채권적 청구권에 불과한 것으로 본다. 따라서 점유자가 소유권이전등기를 하기 전에 제3자가 소유자로부터 소유권이전등기를 경료하면, 점유자는 그 제3자에 대하여 시효취득완성의 효과를 주장할 수 없다.[1] 사안에서 취득시효가 완성된 후인 2011년 3월에 토지수용이 일어난 경우 토지소유권은 乙에서 사업시행자에게 이전되므로 甲은 의무자가 아닌 사업시행자에게 소유권이전등기청구권을 행사할 수 없고 乙에 대한 등기청구권은 불능이 되어 더 이상 행사할 수 없게 된다.

---

1) 대법원 2007. 6. 14. 선고 2006다84423 판결.

Ⅱ. 소유권이전등기청구권 이행불능으로 인한 구제수단

1. 甲의 乙에 대한 손해배상청구권

우선 소유권이전등기청구권이 불능이 되었으므로 채무불이행으로 인한 손해배상청구권(제390조)이 문제된다.[2] 그런데 취득시효가 완성된 후 점유자가 그 취득시효를 주장하거나 이로 인한 소유권이전등기청구를 하기 이전에는, 특별한 사정이 없는 한 그 등기명의인인 부동산 소유자로서는 그 시효취득 사실을 알 수 없다. 따라서 이러한 상태에서 제3자에게 처분하였더라도 과실이 인정될 수 없으므로 채무불이행책임이 성립하지 않는다.[3] 그런데 본 사안의 경우에 직접 乙이 토지를 매도한 것이 아니라, 수용을 당하였으므로 그 자체로 귀책사유 없는 불능에 해당하여 채무불이행책임은 부정될 것이다. 마찬가지 논리로 불법행위로 인한 손해배상책임(제750조)도 부정된다.

2. 甲의 乙에 대한 대상청구권

토지가 수용되면 수용대상 토지를 대신하여 수용보상금이 지급되므로 甲은 乙에게 지급된 수용보상금의 지급 또는 수용보상금지급청구권의 양도를 대상청구권을 통하여 요구할 수 있는지가 문제된다. 판례는 대상청구권을 행사하기 위해서는—손해배상청구권의 경우와 동일하게—이행불능 전에 등기명의사인 원소유자에 대하여 점유로 인한 부동산소유권 취득기간이 만료되었음을 이유로 그 권리를 주장하였거나

---

2) 판례에 의하면 부동산점유자에게 시효취득으로 인한 소유권이전등기청구권이 있다고 하더라도 이로 인하여 부동산소유자와 시효취득자 사이에 계약상의 채권·채무관계가 성립하는 것은 아니므로, 그 부동산을 처분한 소유자에게 채무불이행책임을 물을 수 없다(대법원 1995. 7. 11. 선고 94다4509 판결)고 하나, 채권관계는 법률규정에 의하여 발생할 수 있는 것이므로 이러한 입장은 타당하지 않다.

3) 불법행위책임에 관한 이러한 입장으로 대법원 1995. 7. 11. 선고 94다4509 판결.

그 취득기간만료를 원인으로 한 등기청구권을 행사하였어야 하고, 그 이행불능 전에 그와 같은 권리의 주장이나 행사에 이르지 않았다면 대상청구권을 행사할 수 없다고 한다.[4] 본 사안의 경우 이러한 권리의 주장 내지 행사의 사실이 없으므로 판례의 입장에 따르면 대상청구권은 인정될 수 없을 것이다. 그러나 대상청구권은 채무불이행 내지 불법행위로 인한 손해배상청구권의 경우와 달리 귀책사유를 그 요건으로 하지 않으므로 판례의 입장처럼 채무자의 귀책사유를 인정하기 위한 권리의 주장 내지 행사를 대상청구권에서 그 요건으로 설정할 필요는 없을 것이다.[5] 이러한 측면에서 취득시효완성자의 권리의 주장 내지 행사의 사실 없이도 대상청구권이 인정될 수 있으므로 본 사안에서 甲은 乙에게 수용보상금의 지급 내지 수용보상금청구권의 양도를 요구할 수 있다.

---

4) 대법원 1996. 12. 10. 선고 94다43825 판결.

5) 같은 입장으로 엄동섭, "대상청구권의 제한," 법률신문 2603호(1997.6), 15면; 윤근수, "부동산 점유취득시효완성으로 인한 등기청구권이 이행불능된 경우 대상청구권의 성부 및 요건," 판례연구 8집, 부산판례연구회(1998.5), 181면.

37. 점유취득시효 대상 목적토지의 양도와 시효중단

사 례

甲이 소유의 의사를 갖고 乙의 토지 X에 대한 점유를 1970년 1월에 개시하여 2011년 1월까지 점유하고 있다. 다음과 같은 사실이 있는 경우 甲의 점유시효취득은 인정될 수 있는가?

(1) 1980년 5월에 乙이 토지 X를 丙에게 매도한 경우

(2) 1990년 5월에 乙이 토지 X를 丙에게 매도하고 丙이 이를 다시 1999년 5월에 丁에게 매도한 경우

I. 소유자가 취득시효 완성 이전에 제3자에게 부동산을 양도한 경우 [사례 1]

원칙적으로 취득시효기산점은 점유를 최초로 개시한 때이므로 사안에서 점유취득시효 완성은 1970년 1월 후 20년이 경과한 1990년 1월 31일에 취득시효가 완성된 것으로 볼 수 있다. 취득시효가 완성되기 전인 1980년에 乙이 토지 X를 丙에게 매도한 경우에 이는 취득시효의 중단을 가져오는 사유에 해당하는지가 문제된다.

소멸시효의 중단에 관한 규정은 취득시효에도 준용된다(제247조 제2항). 따라서 시효중단의 사유와 효력은 소멸시효에 있어서와 같다. 즉 청구, 가처분, 승인은 취득시효의 중단사유가 된다.[1] 또한 재판상 청구에는 시효취득의 대상인 목적물의 인도 내지는 소유권존부 확인이나 소유권에 관한 등기청구소송, 소유권을 기초로 하는 방해배제 및 손해배상 또는 부당이득반환청구소송 등이 있다.[2] 그런데 시효취득 대상목

---

1) 압류 또는 가압류가 취득시효의 중단사유가 되지 않는 이유에 대해서는 대법원 2019. 4. 3. 선고, 2018다296878 판결 참고.

2) 대법원 1997. 4. 25. 선고 96다46484 판결.

적물의 양도는 중단사유에 없으므로 중단의 효과가 발생하지 않는다. 따라서 토지소유권의 이전여부와 상관없이 甲은 취득시효기간을 완성한 것으로 볼 수 있고 취득시효기간 완성 당시의 등기명의자인 丙에게 소유권취득을 주장할 수 있다.[3]

Ⅱ. 제2차 취득시효 기간 중 소유자가 취득시효 완성 이전에 제3자에게 부동산을 양도한 경우 [사례 2]

점유취득시효 완성 후 소유자변동이 있는 경우에 채권적 등기청구권만을 갖는 점유자는 그 제3자에게 시효취득을 주장할 수 없으므로 1990년 5월에 乙이 토지 X를 丙에게 매도함으로써 甲의 소유권이전등기청구권은 소멸하였다.[4] 그러나 이 경우에도 당초의 점유자가 계속 점유하고 있고 소유자가 변동된 시점을 기산점으로 삼아도 다시 취득시효의 점유기간이 경과한 경우에는 점유자로서는 제3자 앞으로의 소유권 변동시를 새로운 점유취득시효의 기산점으로 삼아 제2차 취득시효의 완성을 주장할 수 있다.[5] 따라서 1990년 5월을 다시 기산점으로 삼아서 20년이 지난 2010년 5월 31일 甲은 제2차 취득시효를 통하여 다시 소유권이전등기청구권을 취득할 수 있다.

문제는 제2차 취득시효기간 중인 1999년에 丙이 이 토지를 丁에게 매도한 경우에 중단의 효력이 있는지의 여부이다. 이에 관하여 기존의 판례는 중단의 효력을 인정하였으나,[6] 대법원에서 입장을 바꾸어 새로이 제2차의 취득시효가 개시되어 그 취득시효기간이 경과하기 전에 등기부상의 소유명의자가 다시 변경된 경우에도 그 사유만으로는 점유자의 종래의 사실상태의 계속을 파괴한 것이라고 볼 수 없어 취득시효를 중단할 사유가 되지 못한다고 보았다.[7] 따라서 토지소유권의 이전여부

---

3) 대법원 1977. 8. 23. 선고 77다785 판결.
4) 이러한 양도는 취득시효의 중단사유에 해당하는 것이 아니라, 발생한 소유권이전등기청구권의 불능사유에 해당하는 것이다.
5) 대법원 1994. 3. 22. 선고 93다46360 전원합의체 판결.
6) 대법원 1999. 2. 12. 선고 98다40688 판결 참고.

와 상관없이 甲은 제2차 취득시효기간을 완성한 것으로 볼 수 있고 취득시효기간 완성 당시의 등기명의자인 丁에게 소유권취득을 주장할 수 있다.

---

7) 대법원 2009. 7. 16. 선고 2007다15172 · 15189 전원합의체 판결.

38. 등기부취득시효

사 례

사무실로 사용하기 위하여 A회사는 甲으로부터 토지 X와 건물 Y를 매수하여 2001년 2월 등기이전과 인도를 모두 받았다. 경영이 악화된 A는 토지 X와 건물 Y를 乙에게 2002년 5월 매도하고 등기이전 및 인도를 하였으나, 2010년 10월 A회사와 甲 사이의 매매계약이 무효인 것으로 드러났다. 2012년 8월 甲은 乙에게 토지 X와 건물 Y의 인도 및 10년간의 임대료 상당의 부당이득반환을 요구했다.

이에 대하여 乙은 자신은 양 부동산의 등기부상 명의자로서 10년 넘게 점유하였다는 측면에서 등기부취득시효로 인하여 소유권을 취득하였다고 주장하였다. 그런데 甲은 (1) 乙이 무효인 등기를 기초로 하여 10년간 명의자로 되어 있었다는 측면 및 (2) 2010년 10월 甲과 A 사이에 매매계약이 무효라는 사실을 乙에게 알려서 선의의 점유자가 아니라는 점에서 乙은 등기부취득시효에 의하여 소유권을 취득할 수 없다고 주장한다. 이 경우 甲의 乙에 대한 청구는 성립하는가?

【변형】 乙이 2007년 5월에 매수한 경우는?

I. 甲의 乙에 대한 소유물반환청구권(제213조)

甲이 乙에게 토지 X와 건물 Y의 인도를 청구하기 위해서는 甲이 소유자이어야 한다. 사안의 경우 현재 양 부동산의 등기명의자는 乙이지만 A회사와 甲 사이의 매매계약은 무효이었기 때문에 乙은 처분권이 없는 무권리자인 A로부터 등기이전을 받은 것이므로 이 등기는 무효이다. 따라서 법률행위에 의한 물권변동 측면에서 보면 甲이 소유자인 것으로 보인다.

하지만 乙이 주장하는 바처럼 양 부동산을 모두 등기부상 명의자로서 10년 넘게 점유하였다는 측면에서 등기부취득시효로 인하여 소유권을 취득하였는지가 문제된다. 등기부취득시효에 의하여 소유권을 취득하기 위해서는 부동산의 소유자로 등기한 자가 10년간 소유의 의사로 평온, 공연하게 선의이며 과실 없이 해당 부동산을 점유해야 한다(제245조 제2항). 사안의 경우 乙은 10년 넘게 부동산의 소유자로 등기되어 해당 부동산을 점유하여 왔다. 여기서 등기는 적법·유효한 등기일 필요는 없고 무효인 등기이어도 무방하므로[1] 위 매매계약에 기하여 소유권을 취득할 수 없다 하더라도 A로부터 소유권이전등기를 받은 乙은 이러한 무효인 등기에 기초하여 등기부취득시효에 의하여 소유권을 취득할 수 있는 자에 해당한다.

　다음으로 乙은 소유의 의사로 평온, 공연하게 선의이며 과실 없이 해당 부동산을 점유했어야 한다. 점유자는 소유의 의사로 선의, 평온 및 공연하게 점유한 것으로 추정되므로(제197조) 문제가 없지만, 무과실은 추정이 안 되므로 취득시효의 완성을 주장하는 자가 입증해야 한다. 따라서 乙은 자신이 무과실이라는 사실을 입증해야 하나, 등기부상 소유명의자로부터 소유권이전등기를 받았고[2] 2010년에서야 계약당사자들이 비로소 매매계약이 무효라는 사실을 알았다는 측면에서 乙의 무과실은 인정될 수 있다고 볼 수 있다. 문제는 甲이 2010년 10월 甲과 A 사이에 매매계약이 무효라는 사실을 乙에게 알림으로써 乙이 악의의 점유자가 되었느냐는 점이다. 여기서 선의, 무과실은 점유개시 당시에 있는 것만으로 충분하여 취득시효기간을 통하여 계속될 필요가 없으므로[3] 비록 2010년 10월에 乙이 악의의 점유자가 되었더라도 취득시효가 성립하는 것을 막지 못한다.

　모든 요건이 충족되었으므로 10년의 기간이 완성된 2012년 5월에 乙은 양 부동산에 대한 소유권을 취득하였다. 따라서 甲은 乙에게 양 부동산의 인도를 청구하지 못한다.

---

1) 대법원 1998. 1. 20. 선고 96다48527 판결.

2) 대법원 1994. 6. 28. 선고 94다7829 판결. 그에 반하여 등기부상 소유명의자가 아닌 자로부터 매수하여 점유한 자는 일단 과실 있는 점유자이다(대법원 1964.10.20. 선고 64다445 판결).

3) 대법원 1993. 11. 23. 선고 93다21132 판결.

Ⅱ. 甲의 乙에 대한 부당이득반환청구권(제741조)

甲이 乙에게 임대료 상당의 부당이득을 청구하기 위해서는 乙이 법률상 원인 없이 양 부동산을 사용하였어야 한다. 그런데 취득시효가 완성된 경우 소유권 취득의 효력은 점유를 개시한 때에 소급하므로(제247조 제1항), 乙은 점유를 개시한 2002년 5월부터 소유자로서 양 부동산을 사용한 것이다. 따라서 부당이득반환청구도 성립하지 않는다.

【변형】   乙이 2007년 5월에 매수한 경우에는 독자적으로 10년의 기간을 채우지 못한다. 하지만 A의 등기와 점유기간을 합산할 수 있다면 10년을 채울 수 있다. 점유와 관련하여서는 승계규정이 있으므로 자신의 점유와 함께 전 점유자인 A의 점유를 함께 주장할 수 있어(제199조 제1항), 10년을 넘는 점유를 인정받을 수 있다. 그러나 등기에 관하여 승계를 인정하는 명문의 규정이 없어서 이전의 판례는 이를 인정하지 않았으나, 등기도 점유와 동일하게 권리표상의 방법이라는 점에는 동일하다는 측면에서 점유승계의 규정을 유추적용하는 것을 인정하는 쪽으로 판례의 입장을 변경하였다.[4] 따라서 시효취득자의 명의뿐만 아니라 앞 등기자의 명의까지 합쳐 10년간 소유자로 등기되어 있으면 본 요건을 충족하게 된다. A와 乙의 등기기간을 모두 합치면 10년이 넘으므로 乙은 등기부취득시효를 완성하였다.

따라서 이 경우에도 甲의 乙에 대한 양 부동산의 인도 및 부당이득반환청구권은 성립하지 않는다.

---

4) 대법원 1989. 12. 26. 선고 87다카2176 전원합의체 판결.

Ⅳ. 동산의 선의취득

39. 동산의 선의취득

> **사 례**
>
> 甲은 乙에게 월드컵 기념주화를 팔아달라고 부탁하였다. 그러나 실제로 이 월드컵 기념주화는 丙 소유의 것이었다. 乙과 丁은 모두 甲이 소유자라는 믿음 하에서 매매계약을 체결하게 되고 丁은 월드컵 기념주화가 들어있는 상자를 乙로부터 받았지만, 그 열쇠는 甲으로부터 인도 받았고 그와 동시에 매매대금을 지급하였다. 이 사실을 나중에 안 丙은 丁에게 기념주화의 반환을 청구할 수 있는가?

丙의 丁에 대한 소유물반환청구권(제213조)

丙이 丁에게 기념주화의 반환을 청구하기 위해서는 丙이 기념주화의 소유자이어야 한다. 그런데 사안에서 乙은 소유자가 아닌 甲으로부터 처분권을 부여받았고 丁은 이러한 乙과 매매계약을 체결하여 기념주화를 양도받았다. 이처럼 무권리자로부터 양도받았다면 원칙적으로 소유권을 취득할 수 없지만, 사안처럼 丁이 甲을 소유자로 믿고 기념주화를 양도받았으므로 선의취득 규정(제249조)에 의하여 소유권을 취득하는지가 문제된다.

선의취득이 인정되기 위해서는 (1) 객체가 동산일 것, (2) 양도인이 무권리자로서 동산을 점유하고 있을 것, (3) 양수인은 선의 · 무과실로 평온 · 공연하게 양수하고 점유를 취득하였을 것, 그리고 (4) 양도인과 양수인 사이에 유효한 거래행위가 있었을 것이 요구된다. 첫 번째 요건으로는 객체가 동산일 것을 요구하고 있다. 통상의 금전은 가치를 표상하는 것으로서 "금전은 그 점유가 있는 곳에 소유권도 있다"라는 원리에 의하여 부당이득반환청구의 문제로 해결하면 되므로 금전은 선의취득의 대상이 아니다.[1] 하지만 본 사안에서 문제되는 월드컵 기념주화는 금전의 성격을 갖는 것이 아니라 단순한 물건으로 거래되고 있는 것이므로 선의취득의 대상이 될 수 있다.

다음으로 선의·무과실로 평온·공연하게 양수하고 점유를 취득하여야 한다. 평온·공연 및 선의는 모두 추정된다(제197조 제1항). 본조의 선의는 양도인이 소유자 내지 처분권한이 있는 자라는 신뢰를 말한다. 사안에서 丁은 甲을 소유자라고 신뢰하였으므로 선의의 요건은 충족된 것으로 볼 수 있다. 한편 무과실의 입증책임에 관하여 학설은 대립하고 있지만,[2] 무과실에 대한 입증책임을 양수인이 부담한다는 판례의 입장[3]에 따르더라도 본 사안에서 丁은 甲을 기념주화의 소유자로 믿은 것에 과실이 없는 것으로 보인다.

그리고 양도인의 양수인에 대한 점유의 이전이 있어야 한다. 본 사안처럼 소유자가 아닌 자로부터 처분권을 부여받은 자에 의하여 매매계약이 체결된 경우에도 양도인으로부터 양수인에게 점유의 이전이 이루어져야 한다. 사안에서 甲은 乙에게 기념주화가 들어 있는 상자를 주었으므로 기념주화에 대하여 간접점유를 갖고 있었고 상자의 열쇠를 丁에게 넘겨줌으로써 종국적으로 점유를 상실하였다. 따라서 무권리자인 양도인의 양수인에 대한 점유이전이 인정되므로 이 요건도 충족되었다. 마지막으로 매매계약을 통하여 양도가 이루어져서 유효한 거래행위라는 요건을 충족하였다.

사안에서 선의취득에 관한 요건이 모두 충족되었으므로 丁은 기념주화의 소유권을 확정적으로 취득하였다. 따라서 소유권을 상실한 丙은 丁을 상대로 기념주화의 반환을 청구할 수 없다.

---

1) 곽윤직·김재형, 162면; 이영준 249면.
2) 제200조를 근거로 무과실 역시 추정된다는 입장(곽윤직·김재형, 165면)과 추정규정이 없는 이상 선의취득자에게 무과실에 관한 증명책임이 있다는 입장(이영준, 260면)이 있다.
3) 대법원 1981. 12. 22. 선고 80다2910 판결.

40. 점유개정 등에 의한 선의취득

사 례

(1) 甲의 자전거를 임차한 乙은 이러한 사정을 모르는 丙에게 그 자전거를 팔았다. 그리고 동시에 丙과 다시 자전거를 목적으로 하는 임대차계약을 체결하고 자전거를 丙에게 주지 않고 계속 점유하여 사용하고 있다. 이때 甲과 乙 사이의 임대차 기간이 만료한 경우 甲은 乙에게 자전거의 반환을 청구할 수 있는가?

(2) 무권리자인 甲은 乙에게 丙의 창고에 있는 철근을 매도하였다. 그리고 점유이전은 반환청구권을 양도함으로써 이루어졌으나 양도 사실을 丙에게는 알리지 않았다. 이 경우 乙은 철근의 소유권을 취득하였는가?

Ⅰ. 甲의 乙에 대한 소유물반환청구권(제213조) [사례 1]

甲의 乙에 대한 반환청구권이 인정되기 위해서는 甲이 자전거의 소유자이어야 하며 乙이 자전거를 점유할 권원이 없어야 한다(제213조). 설문에서 무권리자인 乙의 처분행위에도 불구하고 丙이 선의취득을 통해 유효하게 소유권을 취득할 수 있다면 甲은 더 이상 자전거의 반환을 청구할 수 없게 된다.

사안에서 丙은 무권리자인 乙로부터 매매계약을 통하여 동산인 자전거를 양도받았고 선의·무과실로 평온·공연하게 양수하였으므로 선의취득의 기본적 요건은 충족되었다. 다만 양도할 때 양수인이 직접 점유를 취득하지 않고 양도인과 양수인 사이에 매매계약과 동시에 임대차 계약을 체결하고 임차인이면서 양도인인 乙이 계속 점유한 상태에서 양도가 이루어졌다. 이처럼 양도인이 계약으로 동산의 점유를 계속하는 인도방식을 점유개정이라고 한다(제189조). 점유개정 방식에 의한 점유이전의 경우에도 선의취득이 적용될 수 있는지가 문제된다.

점유개정도 민법상 인도방법 중 하나로 인정된 이상 이를 통한 선의취득을 부정할 이유가 없다고 볼 수 있다. 하지만 점유개정의 경우 외부에서 실제 양도행위가 있었는지를 인식하기 어렵고 이러한 불명확한 점유이전방법을 통하여 양도를 가장할 가능성도 크므로 다수설[1]과 판례[2]는 점유개정에 의한 선의취득을 부정하고 있다. 이러한 다수설과 판례의 입장이 타당하며, 이 입장에 의하면 사안에서 丙은 점유개정의 방식으로 선의취득의 요건을 충족하지 못하므로 여전히 甲이 소유권을 갖게 된다. 따라서 소유자인 甲은 점유자인 乙에게 소유물인 자전거의 반환을 청구할 수 있다.

II. 乙의 소유권취득 [사례 2]

사안에서 甲이 무권리자이므로 선의취득에 의한 규정이 적용되지 않으면 乙은 철근의 소유권을 취득하지 못한다. 사안에서 주로 문제가 되는 것은 목적물반환청구권의 양도에 의한 방식을 통하여 이루어진 점유이전의 경우에도 선의취득이 인정될 수 있는 점유이전으로 볼 수 있는지의 여부이다.

목적물반환청구권의 양도에 의한 경우도 간이인도처럼 사실적인 물건의 이전이 이루어지지 않는 점유이전 방식이기 때문에 거래안전을 해할 여지가 있는 점은 비슷하다. 다만 목적물을 실제로 점유하고 있는 직접점유자가 있으므로 이 관계와 관련하여 대외적인 이전이 이루어질 수 있다는 측면에서 간이인도와 다르다고 할 수 있다. 이러한 측면에서 선의취득 인정에 대해 완전히 부정하는 견해는 없으며 어느 한도에서 인정할 것인지에 대하여 학설이 대립하고 있다.[3] 판례는 양도인이 소유자로부터 보관을 위탁받은 동산을 제3자에게 보관시킨 사안에서 양도인이 그 제3자에 대한 반환청구권을 양수인에게 양도하고 지명채권

---

1) 곽윤직 · 김재형, 166면; 이영준, 255면.
2) 대법원 1978. 1. 17. 선고 77다1872 판결.
3) 판례는 간이인도를 통한 선의취득을 인정하고 있다(대법원 1981. 8. 20. 선고 80다 2530 판결).

양도의 대항요건을 갖추었을 때에는 동산의 선의취득에 필요한 점유의 취득요건을 충족한 것으로 보았다.[4] 판례의 입장에 따르면 대외적인 점유이전의 사실이 필요하고 이를 지명채권양도의 대항요건인 양도인의 채무자에 대한 통지로 보고 있다. 본 사안의 경우 이러한 통지가 일어나지 않았으므로 아직 乙이 선의취득에 필요한 점유이전의 요건을 갖추지 못하여 소유권을 취득한 것으로 볼 수 없다.

---

4) 대법원 1999. 1. 26. 선고 97다48906 판결.

41. 도품·유실물의 선의취득

> **사 례**
>
> (1) 甲은 2012년 1월 乙의 노트북을 훔쳐서 사용하다가, 인터넷 경매를 통하여 2011년 1월 이러한 도난 사실을 모르는 丙에게 매도하였다. 우연한 기회에 丙이 도난당한 노트북을 갖고 있다는 사실을 알게 된 乙은 2012년 3월 丙에게 노트북의 인도를 요구하였다. 이에 대하여 丙은 1) 노트북을 선의취득하였으므로 청구권이 성립하지 않으며, 설혹 성립하더라도 2) 권리행사기간이 도과되었으므로 청구권이 소멸하였다고 항변하였다.
> 乙은 노트북을 반환받을 수 있는가?
>
> (2) 甲은 2012년 1월 乙의 노트북을 빌려서 사용하다가 잃어 버렸다. 丙이 이를 습득하였으나, 습득절차를 밟지 않고 바로 인터넷 경매를 통하여 이러한 사실을 모르는 丁에게 매도하였다. 우연한 기회에 甲은 노트북의 행방을 알게 되었고 丁에게 2013년 12월에 노트북의 인도를 요구하였다. 이에 대하여 丁은 1) 소유자가 아닌 甲에게는 청구권이 없으므로 반환하지 않아도 될 뿐만 아니라 설혹 권리가 인정되더라도 2) 대가변상을 하지 않는 한 노트북을 인도할 수 없다고 항변하였다.
> 丁의 항변은 정당한가?

I. 乙의 丙에 대한 반환청구권 [사례 1]

(1) 乙의 丙에 대한 소유물반환청구권(제213조)

乙이 丙에게 소유물반환청구권에 기하여 노트북의 인도를 요구하기 위해서는 아직 노트북의 소유자이어야 한다. 그러나 丙은 甲이 소유자가 아니라는 사실을 모르고 노트북의 소유권을 인터넷 경매를 통하여 취득하여 노트북을 선의취득하였다(제249조). 특히 도품·유실물인 경우에 제250조의 특칙이 있음에도 선의취득 규정을 통하여 선의취득자에게 소유권이 귀속되는 것으로 해석하고 있다.[1] 따라서 사안에서 노트북에 대한 소유권을 상실한 乙은 소유물반환청구권을 행사하지 못한다.

(2) 乙의 丙에 대한 물건반환청구권(제250조 본문)

선의취득이 인정되더라도 대상 물건이 도품이나 유실물인 때에는 피해자 또는 유실자는 도난 또는 유실한 날로부터 2년 내에 그 물건의 반환을 청구할 수 있다. 도품·유실물은 점유자의 의사에 기인하지 않고 그의 점유를 이탈한 물건이므로 점유자의 의사에 의한 경우와 다르게 취급하기 위함이다. 본 사안에서 노트북은 훔친 도품에 해당하므로 기본적으로 본 규정에 의한 청구권이 인정된다.

다만 물건의 반환청구권은 도난 또는 유실한 날로부터 2년 내에만 행사할 수 있다. 본 사안의 경우 인터넷 경매를 통하여 구매한 지 2년이 지나지 않았지만 도난당한 지 2년이 지났으므로 반환청구권은 더 이상 행사할 수 없다. 따라서 乙의 丙에 대한 노트북의 반환청구는 인정되지 않는다.

Ⅱ. 甲의 丁에 대한 물건반환청구권(제250조 본문) [사례 2]

丁은 선의로 과실 없이 무권리자인 丙으로부터 노트북을 양도받았으므로 선의취득에 관한 규정을 통하여 유효하게 소유권을 취득하였다(제249조). 하지만 제250조상 인정되고 있는 물건의 반환청구권은 소유자가 아닌 '피해자 또는 유실자'이므로 甲이 이에 해당한다면 250조에 기해 반환을 청구할 수 있다.

선의취득이 인정되더라도 그 동산이 도품이나 유실물인 때에는 피해자 또는 유실자는 도난 또는 유실한 날로부터 2년 내에 그 물건의 반환을 청구할 수 있다(제250조). 도품은 점유자의 의사에 반하여 점유를

---

1) 곽윤직·김재형, 169면.

상실당한 것이고, 유실물은 점유자의 의사에 기하지 않고 점유를 상실한 것이므로 점유자의 의사에 의한 경우와 다르게 취급하기 위함이다.

유실물이라고 함은 점유자의 의사에 의하지 않고서 그의 점유를 이탈한 물건으로서 도품이 아닌 것이다. 甲은 乙로부터 노트북을 빌리고 있었지만, 노트북에 대한 직접점유를 하고 있었고 그의 의사에 반하여 노트북을 잃어버렸으므로 유실자에 해당한다. 따라서 甲은 유실한 때로부터 2년간 노트북의 반환을 청구할 수 있으므로 유실물을 취득하여 현재 점유하고 있는 丁에게 그 반환을 청구할 수 있다(제250조).

하지만 취득자가 도품 또는 유실물을 경매나 공개시장에서 또는 동종의 물건을 판매하는 상인에게서 선의로 매수한 경우에는 선의취득자가 지급한 대가를 변상하지 않으면 그 물건의 반환을 청구하지 못한다(제251조). 그리고 이에 따라 선의취득자는 대가의 변상을 요구할 수 있는 청구권을 갖는다. 사안에서 丁은 인터넷 경매를 통하여 구입하였으므로 동종의 물건을 파는 공개시장에서 이를 구입하였고 유실물이라는 사실을 모르는 선의로 매수하였으므로 모든 요건이 충족되어 대가변상청구권이 인정된다. 이 대가변상의 청구권은 물건의 반환과 동시이행의 관계에 있으므로 대가변상을 하지 않는 한 노트북을 인도할 수 없다는 丁의 항변은 정당하다.

V. 선점 · 습득 · 발견

42. 소유권의 포기와 무주물 선점

사 례 조각가 甲은 봄 대청소를 하면서 골동품들을 아파트 관리사무소에 신고하고 쓰레기처리장에 버렸다. 여기에는 甲에게 마음에 들지 않는 자신의 작품도 몇 점 있었으나 이웃 乙은 이 중에서 마음에 드는 동물조각상을 자신의 집으로 가져갔다. 며칠 후 乙의 집에 들른 甲은 자신의 조각품을 발견하고 그 조각품은 폐기되었어야 할 것이라며 그 반환을 乙에게 요구한다. 정당한가?

甲의 乙에 대한 소유물반환청구권(제213조)

甲의 乙에 대한 조각품의 반환 청구가 가능하기 위해서는 甲이 그에 대한 소유권을 상실하지 않았어야 한다.

甲이 조각품들을 포함하여 골동품들을 쓰레기처리장에 버린 것이 소유권의 포기로 볼 수 있는지가 문제된다.[1] 소유권의 포기는 상대방 없는 단독행위이고 물건에 대한 점유가 있다면 점유도 포기를 해야 한다. 이러한 소유권 포기의 의사표시는 매우 엄격하게 해석해야 한다.[2]

만약 골동품들을 쓰레기처리장에 버린 것을 묵시적인 소유권의 포기로 볼 수 있다면 골동품들은 소유자가 없는 무주물이 된다. 이러한

---

[1] 따라서 불특정 제3자에 대한 소유권양도의 청약으로 해석되지는 않는다.

[2] 이영준, 301면.

상태에서 쓰레기처리업체가 이를 가져가는 경우 선점에 의하여 소유권을 취득하게 된다(제252조). 마찬가지로 제3자가 소유의 의사로 선점을 하는 경우에도 소유권을 취득할 수 있을 것이다. 이러한 입장을 취한다면 현재 甲은 조각품에 대한 소유권을 상실하였으며 乙이 선점에 의하여 소유자가 된다.

하지만 폐기물관리법상 함부로 폐기물을 버려서는 아니된다. 폐기물은 그 수집을 위하여 마련한 장소에 버려야 하며(동법 제8조 제1항), 특별자치도지사·시장·군수·구청장이 관할 구역에서 배출되는 생활폐기물을 처리할 의무를 부담하여, 일정한 자에게 이를 대행할 수 있도록 하고 있다(동법 제14조 제1항, 제2항). 이러한 규정을 기초로 해서 보았을 때 쓰레기처리장에 버리는 행위를 소유권의 포기로 해석해서는 안 되며 폐기물처리를 위탁하는 것으로 해석할 수 있을 것이다. 사안에서 甲이 아파트 관리사무소에 폐기물신고를 한 후 쓰레기처리장에 버린 것으로 보았을 때에는 이러한 폐기물처리위탁으로 보는 것이 타당하다. 이러한 측면에서 甲은 조각품에 대한 소유권을 포기하지 않은 것이다.[3] 따라서 소유자인 甲은 乙에게 조각품의 반환을 요구할 수 있다.

---

3) 물론 폐기물을 버린 甲의 의사도 고려할 수 있을 것이다. 만약 재활용의 여지가 있어서 이를 다른 사람이 다시 사용해도 된다는 의사를 갖고 버렸다면, 다른 사람이 이를 가져가는 경우 소유권의 이전의 효과가 발생할 것이다. 그런데 본 사안에서는 甲은 종국적인 폐기를 바란 것이므로 소유권의 포기 내지 이전의 의사는 없었던 것으로 해석된다.

43. 유실물의 습득

사례

甲은 백화점 A에 갔다가 복도에 떨어져 있는 봉투를 발견하였다. 거기에는 5만원권 20장이 들어 있었다. 이에 甲은 A의 관리사무실에 찾아가서 봉투를 맡겼다. 관리사무실에서는 잃어버린 주인을 찾았으나 나타나지 않자 봉투를 관할 경찰서에 제출하였다.

1) 1년이 지난 후 유실자가 나타나지 않았다는 사실을 알게 된 甲은 봉투의 반환 내지 100만원의 지급을 요구하였다. 정당한가?

2) 乙이 유실자로 신고하여 돈을 찾아간 경우 甲은 乙에게 보상금을 청구할 수 있는가?

Ⅰ. 甲의 소유물반환청구권(제213조) [사례 1]

甲이 잃어버린 봉투에 대한 소유권을 취득하기 위해서는 유실물의 습득에 관한 규정이 적용되어야 한다. 이를 위해서는 (1) 유실물 또는 이에 준하는 물건이어야 하고, (2) 이를 습득했어야 하며, (3) 유실물법에서 정하고 있는 바에 의하여 공고한 후 6개월 내에 그 소유자가 권리를 주장하지 않아야 한다(제253조). 유실물은 점유자의 의사에 의하지 않고서 그의 점유를 떠난 물건으로서, 도품이 아닌 것을 말하므로 잃어버린 봉투는 유실물에 해당하고 경찰서에 신고되어 공고가 이루어진 후 6개월이 지났다. 여기서는 甲이 봉투를 습득하였는지의 여부가 문제된다.

습득은 유실물의 점유를 취득하는 것을 말하고 단순히 발견하는 것만으로는 습득이 인정되지 않는다. 그런데 통상 백화점과 같이 사업장에서 잃어버린 물건에 대하여는 백화점이 점유자가 된다고 해석한다. 즉 백화점측에 일반적 점유의사가 있으므로 사실상의 지배를 인정할 수 있다. 이에 대하여 넓은 점유의사를 인정하는 것은 부당하다는 이유로 반대하는 견해도 있다. 그런데 유실물법은 특별규정을 두어 해석의 어려움을 해결하고 있다. 즉 관리자가 있는 선박, 차량, 건축물, 그 밖에 일반인의 통행을 금지한 구내에서 타인의 물건을 습득한 자는 그 물건을 관리자에게 인계하여야 하며, 이때 습득자는 선박, 차량, 건축물 등의 점유자로 본다(동법 제10조 제1항, 제2항). 그렇지만 이 경우 보상금을 점유자와 실제로 물건을 습득한 자가 반씩 나누어야 하며(동법 제10조 제3항), 소유권 취득도 반씩 나누어서 하게 된다(동법 제10조 제4항). 따라서 甲과 A는 봉투 안에 있는 금액에 대한 반씩의 소유권을 취득하였으므로 甲은 50만원을 지급하여 달라고 요구할 수 있다.

Ⅱ. 甲의 乙에 대한 보상금청구권(유실물법 제4조) [사례 2]

적법한 절차에 의하여 유실물을 유실자가 찾아갔으므로 습득자는 물건을 반환받는 자에게 물건가액(物件價額)의 100분의 5 이상 100분의 20 이하의 범위에서 보상금을 청구할 수 있다. 다만 본 사안의 경우 백화점 내부에서 봉투가 발견되었으므로 甲과 A가 보상금을 반씩 나누어야 하므로(유실물법 제10조 제3항) 甲은 보상금의 반만을 청구할 수 있다.

44. 매장물 발견

사 례

재건축을 위하여 건물철거작업을 하는 도중 甲 소유의 토지에서 소유자를 알 수 없는 10억원의 가치를 갖는 보물이 발견되었다. 甲은 철거작업을 A 회사에 맡겼었고 A회사의 직원 乙이 지하 토지 정재작업을 하면서 이 보물을 발견한 것이다. 이 사실을 작업장 내 방송을 통하여 알리고 다른 직원 丙이 이 보물을 바로 경찰서에 제출하였다. 이 경우 보물의 소유자는 누구인가?

【변형 1】 A회사에서 철거작업을 하면서 발생하는 철거물에 대한 소유권을 갖기로 甲과 합의가 있었던 경우는?

【변형 2】 건물철거작업이 목적이 아니라, 보물발견을 목적으로 甲이 A회사와 계약을 체결한 경우는?

소유자를 알 수 없는 매장물을 발견한 경우 발견자와 토지 소유자가 반분하여 소유권을 취득한다(제254조 단서). 사안에서 건물철거작업을 하고 있던 A회사의 직원 乙이 토지 정재작업을 하면서 보물을 甲의 토지에서 발견하였다. 乙이 A회사의 직원이더라도 건물철거작업이 주된 목적이었던 이상 매장물은 乙이 독자적인 지위에서 발견한 것으로 보아야 한다.[1] 또한 매장물 발견의 경우 매장물의 존재만을 인식하면 되고 그에 대한 점유까지 취득할 필요는 없다. 따라서 乙이 발견자이고 丙이 경찰서에 이를 제출하였더라도 상관이 없다. 매장물의 경우 공고한 후 1년 내에 소유자가 권리를 주장하지 않으면 소유권취득을 위한 요건이 충족된다(제254조). 따라서 발견자 乙과 토지 소유자 甲이 반분하여 소유권을 취득하게 된다.

---

1) 곽윤직·김재형, 274면.

【변형 1】 사안에서 발견한 보물은 철거물에 포함되지 않으므로 위 사례와 동일하게 발견자 乙과 토지 소유자 甲이 반분하여 소유권을 취득하게 된다.

【변형 2】 甲이 보물발견을 A회사에게 위탁하였다고 하더라도 甲이 사안에서 발견자가 되는 것은 아니다. 그렇지만 A회사와 乙의 관계에서는 A가 보물발견을 위한 작업에 乙을 투입한 것이므로 乙이 발견하였더라도 A가 사용자로서 발견자가 될 것이다.[2] 따라서 A회사와 甲이 반분하여 소유권을 취득하게 된다(다만 甲은 A회사에 대하여 계약상 보물의 소유권이전청구권이 있다).

---

2) 곽윤직 · 김재형, 273면.

VI. 첨 부

45. 부동산에의 부합

사 례

가스공급업자 甲은 A아파트에 액화석유가스(LPG)를 계속적으로 공급할 수 있도록 하는 가스공급계약을 체결하고 액화석유가스 저장설비(저장탱크 포함) 등 공급시설을 설치하였다.

1) 공사를 위하여 甲은 인부들이 사용할 수 있는 작업실을 A아파트 토지 위에 설치하였다. 작업을 마친 후 甲은 A아파트의 구분소유자들의 의사와 상관없이 이 작업실을 철거할 수 있는가?

2) 가스공급계약이 해지된 후 A아파트에 새로운 가스공급사업자 乙이 甲이 설치한 공급시설을 사용하고 있다. 이 경우 甲은 乙에게 공급시설을 사용하지 말라고 요구할 수 있는가?[1]

Ⅰ. 부합의 규정에 의한 소유권귀속 [사례 1]

甲이 작업실의 소유자라면 작업실을 철거할 수 있다. 하지만 작업실이 토지소유자인 A아파트 구분소유자들의 소유에 속한다면 甲의 철거를 거부할 수 있을 것이다. 작업실 소유권 귀속에 대한 물권적 합의가 없었으므로 작업실을 A아파트 토지 위에 설치함으로써 부합에 관한 법률규정(제256조)에 의하여 A아파트 구분소유자들이 그에 대한 소유권을 취득했는지가 문제된다.

---

1) 대법원 2007. 7. 27. 선고 2006다39270, 39287 판결 변형.

토지의 정착물이 토지와 별도의 공시방법을 갖춘 경우(건물)에는 별도의 부동산으로 인정되지만, 별도의 공시방법을 갖추지 않은 경우에는 그 정착물은 토지의 구성부분으로서 그 일부에 지나지 않게 된다. 다만 부합한 물건이 타인의 권원에 의하여 부속된 경우 그 타인이 소유권을 보유하는 예외가 인정되는 때에는 공시방법이 없더라도 토지의 구성부분으로 되지 않는다. 이에 따라 학설은 타인의 권원에 의한 경우에도 부합과 부속을 구별하고 있으며, 부속은 부동산의 본질적 구성부분으로 되지 않을 정도로 결합된 것을 의미하고, 이른바 강한 부합은 독립성을 잃고 부동산의 구성부분이 되는 것을 말한다.[2] 부합물이 거래상 독립성을 잃을 정도로 결합되었다고 보기 위해서는 분리·복구시키는 것이 사실상 불가능하거나 분리에 과다한 비용을 요하는 경우는 물론 경제적 가치를 현저히 감소하게 하는 경우이어야 한다(동산간의 부합에 관한 제257조의 유추적용).[3]

사안에서 甲은 공사를 위하여 토지의 일부를 사용할 수 있는 권원을 갖고 있었기 때문에(본 사안에서는 사용대차) 독립성을 잃을 정도로 본질적 구성부분이 되었는지가 문제된다. 그런데 작업실은 임시건물에 불과하므로 그 철거에 많은 비용이 들지 않을 뿐만 아니라, 단지 일시적인 기간만을 위하여 토지에 세운 구조물은 토지의 구성부분이 되지 못한다고 보는 것이 일반적이다. 작업실은 설치작업을 마친 후에 다시 철거될 것이 예정되어 있었으므로 그 결합정도로 보아서는 토지의 구성부분이 되었다고 보기 어렵다. 따라서 작업실은 권원에 의하여 부속되어 있었을 뿐이므로 작업실의 소유자인 甲은 이를 철거할 수 있다.

---

2) 이영준, 540면; 이상태, 276면; 지원림, [3-177a]. 판례는 명시적으로 부합과 부속을 구별하지는 않지만, "부동산에 부합된 물건이 사실상 분리복구가 불가능하여 거래상 독립한 권리의 객체성을 상실하고 그 부동산과 일체를 이루는 부동산의 구성부분이 된 경우에는 타인의 권원에 의하여 이를 부합시켰더라도 그 물건의 소유권은 부동산의 소유자에게 귀속된다(대법원 2008. 5. 8. 선고, 2007다36933·36940 판결)"고 하여 학설과 같은 입장을 취하고 있다.

3) 이영준, 538면; 이은영, 497면; 대법원 2007. 7. 27. 선고 2006다39270·39278 판결.

Ⅱ. 甲의 乙에 대한 소유물반환청구권(제213조) [사례 2]

甲이 乙에게 공급시설의 사용을 금지하기 위해서는 甲이 공급시설의 소유자이어야 한다. 사안에서 甲은 가스공급계약을 통하여 토지를 이용할 수 있는 권원은 있었으나, 가스공급시설을 철거하는 데에는 상당한 비용이 들고 철거한 상태에서는 가스공급시설의 가치가 상당히 하락하므로, 가스공급시설은 설치함으로써 토지에 부합되었다고 보아야 한다. 이로 인하여 甲은 가스공급시설에 대한 소유권을 상실하였으므로 乙에게 가스공급시설 사용의 중단을 요구할 수 있는 지위에 있지 않다.

46. 동산의 부합

사례 甲의 고급시계에 대하여 수리업자 乙은 대금을 완전히 지급할 때까지 부품의 소유권을 유보한 채 부품을 교체하여 주었다. 그 다음 날 甲은 이러한 사실을 모르는 丙에게 해당 시계를 매도하였다. 甲이 乙에게 부품비용을 지불하지 못한 상태에서 파산하자 乙은 丙에게 부품의 반환을 요구한다. 정당한가?

乙의 丙에 대한 소유물반환청구권(제213조)

乙이 丙에게 부품의 반환을 요구하기 위해서는 乙이 부품의 소유자이어야 한다. 사안에서 부품의 인도 및 소유권이전에 관한 물권적 합의가 있었으나, 소유권이 유보된 경우에는 대금을 완납할 것을 정지조건으로 하는 물권적 합의가 있으므로 대금지급이 이루어져야만 소유권이 이전하게 된다. 사안에서 아직 甲이 乙에게 대금을 완전히 지급하지 않았으므로 대금완납이라는 조건이 충족되지 않아 甲은 소유권이전의 물권적 합의에 기한 소유권을 취득하지 못하였다.

그러나 乙은 동산 사이의 부합에 의한 규정(제257조)에 의하여 소유권을 상실할 수 있다. 동산에 동산이 부합하여 훼손하지 아니하면 분리할 수 없거나 그 분리에 과다한 비용을 요할 경우에는 그 합성물의 소유권은 주된 동산의 소유자에게 속한다. 그러나 시계부품은 비교적 적은 노력과 비용으로 손쉽게 시계로부터 분리되어 다른 시계에 설치될 수 있으므로 시계에 설치되었다는 이유만으로 부합으로 시계의 구성부분이 되었다고 보기 힘들다. 따라서 소유권 유보가 이루어짐으로써 아직 부품의 소유권은 乙에서 甲으로 이전되지 않았다.

결국 甲은 무권리자인 상태에서 丙에게 시계 안에 있는 부품을 매도한 것이다. 하지만 사안에서 甲이 선의인 丙에게 소유권을 이전함으로써 선의취득에 의하여 丙은 부품의 소유권을 유효하게 취득하였다 (제249조). 따라서 乙은 더 이상 부품의 소유자가 아니므로 부품의 반환을 丙에게 청구하지 못한다.

47. 첨부로 인한 소유권상실과 부당이득반환(1)

사 례 甲은 자신 명의로 건축허가를 받고 건설업자 乙과 집을 건설하는 계약을 체결하였다. 乙은 사업자 丙에게 창틀작업을 맡겼고 丙은 자신의 재료를 갖고 창틀작업을 완성하였다. 집 건설이 완공된 직후 乙은 丙에게 보수를 지급하지 않은 채 파산하였다. 이 경우 丙이 보수에 해당하는 금액을 甲에게 청구할 수 있는가?

丙의 甲에 대한 부당이득반환청구권(제261조, 제741조)

丙은 도급계약에 기한 보수를 계약당사자인 乙에게만 요구할 수 있다. 하지만 부합에 의하여 창틀의 소유권이 甲에게 귀속하였다면, 丙은 제261조에 근거하여 甲에게 부당이득반환을 청구할 수 있는지가 문제된다.[1] 丙이 창틀을 건물에 설치함으로써 창틀은 건물에 부합하여 건물의 구성부분이 되었으므로 건물의 소유자인 甲은 창틀의 소유권도 취득하였다. 부합에 의하여 甲이 소유권을 취득하였다고 하더라도 이로 인한 이익취득이 정당화되는 것이 아니므로 제261조에 의한 부당이득반환이 검토되어야 한다.

첨부에 관한 규정(제256조 내지 제260조)을 통한 권리변동은 실제적이거나 경제적인 이유로 원상회복할 수 없도록 규정한 것이다. 그렇다고 하여 이러한 법정의 소유권취득사유가 재산상의 이득을 누릴 수 있는 법적 원인에 해당하는 것은 아니므로 채권법적인 이익환원절차가

---

[1] 급부부당이득과 침해부당이득으로 규정을 나누고 제261조는 침해부당이득의 경우에만 적용된다는 견해(이영준, 551면)에 의하더라도 본 사안은 급부관계를 기초로 하므로 제261조 자체가 적용되지 않는 것으로 보게 된다. 이 견해에 의하면 계약 기타 권원 없이 제3자의 물건을 사용한 경우에만 제261조가 문제된다.

필요하게 된다. 이러한 목적으로 제261조는 부당이득법에 의하여 반환을 청구할 수 있는 법적 근거를 지시하는 규정(Rechtsgrundverweis)이라고 할 수 있다.[2] 따라서 제261조는 독자적인 청구권규정이 아니라 별도로 부당이득법의 요건과 효과(제741조 이하)가 모두 충족되어야만 이득의 반환을 청구할 수 있다.[3] 그렇기 때문에 항상 소유권취득을 근거짓는 법적 원인, 특히 급부관계에 기한 소유권 취득사유가 존재하였는지를 검토해야 한다.

    사안에서 甲이 창틀의 소유권을 취득하게 된 것은 甲-乙, 乙-丙 사이에 체결된 유효한 계약관계에 의해서이다. 따라서 甲이 乙의 급부를 통하여 소유권을 취득하였으므로 甲은 정당한 권원에 의하여 취득한 것이다. 이러한 급부관계가 우선하므로 丙의 甲에 대한 직접적인 부당이득반환청구권은 인정되지 않는다.[4]

---

2) 주석민법 물권(1)/정권섭, 795면.

3) 대법원 2009. 9. 24. 선고 2009다15602 판결.

4) 김형배, 사무관리 · 부당이득, 178면. 이와 관련하여 전용물소권에 관한 대법원 2002. 8. 23. 선고 99다66564, 66571 판결도 참고할 필요가 있다.

48. 첨부로 인한 소유권상실과 부당이득반환(2)

 사 례 소도둑 甲은 A농협으로부터 소 20마리를 훔쳐서 이 사실을 모르는 햄 제
조업자 B에게 소를 팔았다. 이 소들은 B에 의하여 햄으로 가공되었다. A
가 B에게 부당이득반환을 청구할 수 있는가?

A의 B에 대한 부당이득반환청구권(제261조, 제741조)

A가 B에게 부당이득반환을 청구하기 위해서는 B가 법률상 원인
없이 소들에 대한 권리를 취득했어야 한다. 사안에서 甲은 소들의 소유
자는 아니었으므로 물권적 합의를 통하여 B가 소들의 소유권을 취득하
지는 못하였다. 또한 소들은 도품이었기 때문에 B가 선의이었다고 하
더라도 B는 선의취득에 의하여 소들의 소유권은 취득하지만 도난당한
날로부터 2년 내에 반환 청구가 있으면 B는 이를 반환하여야 한다(제
250조).

하지만 B는 소들을 새로운 물건인 햄으로 가공함으로써 소유권을
취득할 수 있다. 이와 같이 타인의 재료를 써서 또는 타인의 물건에 변
경을 가함으로써 새로운 물건을 제작하는 것을 가공이라고 한다. 타인
의 동산에 가공한 때에는 그 물건의 소유권은 원재료의 소유자에게 속
하는 것이 원칙이나 가공으로 인한 가액의 증가가 원재료의 가액보다
현저히 다액인 때에는 가공자의 소유로 한다(제259조 제1항). 햄을 생산
함에 있어서 필요한 다른 재료의 가액과 가공으로 인하여 생긴 가액을
합친 금액은 원재료인 소 자체의 가액보다 현저히 크기 때문에 햄으로
의 가공을 통하여 B는 소유권을 취득하였다.

B가 소유권을 취득하였다고 하여 그로 인한 이득을 취하는 것 자

체가 정당화되는지는 다른 문제이다. 사안의 경우 부당이득반환의무가 있는지는 결국 제261조, 제741조에 의하여 판단된다. 여기서 당사자 사이의 급부관계 내지 선의취득의 법리가 함께 고려되어야 한다. 그에 따르면 B가 甲의 급부를 통하여 소들의 소유권을 취득하였거나, 선의취득 규정이 유추적용되는 경우에 A의 B에 대한 직접적인 부당이득반환청구권은 부정될 것이다.[1] 반대로 원재료의 소유자가 취득자에게 부당이득반환청구를 하기 위해서는 재료가 도난당하였거나, 취득자가 악의 또는 선의이면서 과실이 있어야 한다. 사안에서 B는 선의·무과실이었지만, 소들이 도품에 해당하기 때문에 선의취득법리에 의한 이익귀속이 부정된다. 따라서 B의 소유권 취득은 채권법적 측면에서 보았을 때 법률상 원인이 없이 이루어진 것이므로 A의 B에 대한 직접적인 부당이득반환청구는 긍정될 수 있다.

---

1) 김형배, 사무관리·부당이득, 179면.

Ⅰ. 소유물반환청구권

49. 소유물반환청구권에서 반환청구의 대상

> **사례**
>
> 축제가 열리고 있는 광장에서 甲은 5만원권 지폐를 주웠다. 이를 가지고
> 음식을 사먹고 1만원권 지폐 2장을 거스름돈으로 지급받았다.
> (1) 乙은 5만원권 지폐는 자신이 잃어버린 것이라면서 소유물반환청구권에
> 기하여 소유자인 자신에게 1만원권 지폐 2장을 반환해야 한다고 주장한
> 다. 타당한가?
> (2) 부당이득반환청구를 한 경우는?

Ⅰ. 乙의 甲에 대한 소유물반환청구권(제213조)

乙이 소유물반환청구권을 甲에게 행사하기 위해서는 1만원권 지
폐 2장에 대한 소유자이어야 한다. 乙은 5만원권 지폐의 소유자이었고
1만원권 지폐 2장은 음식을 사먹은 후 甲이 받은 거스름돈이므로 음식
점의 소유에서 甲의 소유가 된 것이다. 따라서 乙은 1만원권 지폐의 소
유자인 적이 없다.

제213조에 기한 소유물반환청구권에 의하여서는 구체적인 소유물

의 반환을 청구할 수 있는 것이지 그 소유물을 대신한 대체물을 청구할 수 없다. 또한 소유물을 대신한 가치의 청구도 허용되지 않는다. 따라서 乙은 甲에 대하여 5만원권의 대체물인 1만원권 지폐 2장을 청구하지 못한다(또한 가치의 보상으로 2만원에 해당하는 금액도 청구하지 못한다).

Ⅱ. 乙의 甲에 대한 부당이득반환청구권(제741조)

부당이득반환(제741조)을 청구하는 경우 甲은 乙의 5만원권 지폐를 통하여 음식점으로부터 2만원에 해당하는 1만원권 지폐 2장의 소유권을 취득하였고 음식을 사먹으면서 발생한 채무 3만원을 면하는 이득을 누렸으므로 5만원의 이득에 해당하는 금액을 반환청구할 수 있다.

50. 간접점유자에 대한 소유물반환청구권

> **사 례**
>
> 甲은 호텔 건물을 임차하여 운영하고 있는 乙에게 호텔 가구를 소유권유보하에서 매도하였다. 그 후 임대인 丙이 임대차계약을 해지하였고 이를 다시 10년 동안 丁에게 임대하여 주었다. 乙은 호텔과 그 안에 있는 가구를 모두 丙에게 인도하였지만, 이때 甲의 소유권 유보사실을 알리지 않았다. 그 후 乙이 대금지급을 지체하자 甲은 유효하게 매매계약을 해제하였고 丙에게 가구의 반환을 주위적으로 그리고 丁에 대한 반환청구권의 양도를 예비적으로 요구하였다. 정당한가?

甲의 丙에 대한 소유물반환청구권(제213조)

甲이 소유물반환청구권을 행사하기 위해서는 가구의 소유자이어야 한다. 사안에서 甲이 소유권유보하에서 인도하였으므로 乙은 인도만으로 가구의 소유권을 취득하지 못하였다. 또한 乙이 호텔에 가구를 비치하더라도 가구들은 호텔에 부속되어 있는 종물에 불과하여 부합은 일어나지 않으므로 丙이 소유권을 취득한 것도 아니다.

임대차계약에 기한 점유매개관계를 통하여 가구의 직접점유자는 丁이고 丙은 간접점유자이다. 그런데 간접점유자도 소유물반환청구권의 상대방이 될 수 있다는 점에는 이견이 없으나, 이때 반환청구권의 내용이 무엇인지에 대하여 견해가 대립하고 있다. 기본적으로 소유자에게 직접점유를 이전할 수 없다는 측면에서 소유자는 간접점유의 이전을, 즉 간접점유자가 직접점유자에 대하여 가지는 반환청구권의 양도만을 청구할 수 있다는 견해가 있다.[1] 그러나 당장은 집행불능의 판결이 있더라도 앞으로 소유자가 직접점유를 취득하는 것을 대비하여 직

---

1) 곽윤직·김재형, 231면; 이상태, 283면.

접점유의 반환을 요구하는 소를 제기할 수 있다는 견해도 유력하게 주장되고 있다.[2]

　본 사안의 경우 가구에 대한 직접적인 반환은 丙에게 당분간은 불가능하다. 왜냐하면 丙은 丁에게 10년의 임차권을 부여하였으므로 丙의 반환청구에 대하여 丁은 10년 동안은 정당한 점유권원이 있기 때문이다. 따라서 丙을 통한 직접점유의 이전은 현재로서는 실현가능하지 않다. 다만, 甲이 소유물반환청구권을 행사하여 간접점유자인 丙에게 반환청구권의 양도를 요구하는 것은 가능하다. 한편, 甲이 丁에게 직접 소유물반환청구권을 행사하는 경우라면 丁의 임차권은 소유자인 甲에게 대항할 수 있는 채권적 권리가 아니므로 제213조의 점유할 권리가 되지 못한다. 따라서 甲이 丁에게 소유물반환을 직접 청구하는 것은 가능하다.

---

2) 이영준, 561면; 이은영, 447면.

Ⅱ. 점유자 · 회복자 관계

51. 선의점유자의 과실취득권

> **사례**
>
> 甲은 건물 X를 취득한 다음 냉장 · 창고업을 시작하면서 그 아들인 乙에게 위 사업과 관련한 실무를 담당하게 하였다. 그런데 乙은 甲의 허락 없이 건물 X 중 일부를 이러한 사실을 모르는 丙에게 임대하여 주었다. 이 사실을 알게 된 甲은 丙의 건물 X에 대한 점유가 乙의 무권대리에 의한 임대차계약에 기인한 것으로서 법률상 원인이 없는 것이므로 丙은 해당 건물 X에 대한 점유 부분을 인도하고 그 점유 부분에 상응하는 부당이득을 반환할 의무가 있다는 주장을 하며 이 사건 소송을 제기하였다.[1] 이 경우 甲의 건물인도 및 부당이득반환청구권은 인용될 수 있는가?

Ⅰ. 甲의 丙에 대한 소유물반환청구권(제213조)

건물 X의 소유자인 甲이 점유자인 丙에 대하여 건물 X의 인도를 요구하기 위해서는 丙에게 점유권원이 없어야 한다. 丙의 점유권원은 무권대리인 乙과의 계약체결에 의한 임차권이므로 甲의 추인이 없는 한 효력이 없다(제130조). 따라서 甲은 丙에 대하여 소유물반환청구권을 행사하여 건물의 인도를 요구할 수 있다.

---

1) 대법원 2002. 11. 22. 선고 2001다6213 판결 변형.

II. 甲의 丙에 대한 부당이득반환청구권(제741조)

丙은 무효인 임대차계약에 기하여 건물을 사용·수익하였으므로 이에 대한 부당이득반환이 인정될 수 있는지 문제된다. 통상 과실이라고 함은 모두 물건에 해당하므로 타인의 부동산을 점유함으로써 얻은 수익, 즉 사용이익은 무형의 재산상의 이익에 해당하므로 과실이 아니다. 그러나 통설과 판례는 물건의 점유로 인한 사용이익도 '과실'에 준하여 해석하고 있으므로[2] 본 사안의 경우 과실을 취득할 법률상 원인이 존재하는지가 문제된다.

(1) 제201조 제1항의 적용범위

과실반환과 관련하여 일반원칙인 제748조에 대한 특칙으로 제201조가 있다. 선의인 경우 제748조 제1항에서는 현존이익의 반환을 규정하고, 제201조 제1항에서는 과실의 반환의무가 없다고 규정하고 있다. 이와 관련하여 이득자가 법률상의 원인 없이 점유를 취득한 경우 이득자와 손실자 사이의 재산적 가치의 이동을 조정하는 제도는 일반적으로 부당이득이지만, 그 조정이 원물의 반환이라는 형식으로 행하여지는 경우에는 물권적 청구권이라는 특수한 제도에 따라서 이루어지므로, 이 경우에는 제201조 내지 제203조에 의하여 판단해야 하고, 가액반환의 경우에는 부당이득의 일반원칙에 따라 제748조에 의하여 반환범위를 결정해야 한다고 보는 것이 다수의 견해이다. 그에 반하여 부당이득의 유형론을 기초로 하여 급부부당이득의 경우에는 제748조에 의하고 침해부당이득의 경우에는 제201조 이하를 적용해야 한다는 견해도 있다.[3] 판례는 학설다툼과 무관하게 선의점유자에 대하여 제201조

---

2) 곽윤직·김재형, 207면; 대법원 1981. 9. 22. 선고 81다233 판결.

3) 이 견해는 급부부당이득을 계약관계를 매개로 이루어진 재산적 이익의 이동을 무효·취소하고 원상회복시키는 경우로 보고, 계약법과의 기능상 연속성이 인정되어야 하는 영역으로 이해하므로 당해 계약관계에 관한 개별법규에 의하여 문제가 해결되어야 한

제1항이 제748조 제1항보다 항상 우선 적용된다고 보고 있다.[4] 본 사안의 경우 기본적으로 무권대리행위에 의한 임대차계약관계가 존재하기는 하지만, 甲에 의한 급부는 없었고 원물이 반환되었다는 측면에서 어느 입장을 취하든 제201조 제1항이 적용되는 사례에 해당한다.

(2) 제201조의 적용요건

제201조 제1항에 의하면 선의점유자는 점유물의 과실을 취득한다. 본조가 적용되기 위해서는 과실을 취득할 당시에 선의일 것이 요구된다. 여기서 선의라고 함은 과실을 취득할 수 있는 본권(소유권, 전세권, 임차권)을 가지고 있다고 잘못 생각하는 점유자를 말하며, 과실을 취득할 수 없는 본권(질권, 유치권)을 가지는 것으로 잘못 믿고 있다고 하더라도 이에는 해당하지 않는다. 일반적으로 선의란 일정한 사실을 알지 못하는 상태, 즉 소극적인 부지를 말하는 것으로 이해되나, 제201조에서 의미하는 선의는 적극적인 오신, 즉 실제로는 없는 권리를 존재하는 것으로 적극적으로 믿고 있을 것을 요구한다.[5] 또한 선의인지의 판단 시기는 과실에 대하여 독립한 소유권이 성립하는 때이므로 천연과실은 원물로부터 분리할 때이고(제102조 제1항) 법정과실은 과실을 취득한 때이다(제102조 제2항). 본 사안의 경우 소송이 제기되기 전까지는 丙은 과

다고 본다. 특히, 계약 이전의 상태로 회복시켜야 하는 경우라면 급부목적물로부터 생긴 이익을 원칙적으로 반환하도록 하는 것이 공평에 맞는다고 본다. 즉, 이 경우 부당이득반환에 관한 제748조를 적용하여야 한다고 보고 있다. 그에 반하여 침해부당이득은 권리귀속 질서의 침해를 통하여 얻은 이익이므로 그 반환관계도 물권법적 관점에서 규명되어야 한다는 점에서 기본적으로 제201조 이하가 적용될 수 있다고 본다(김재형, "점유자의 소유자에 대한 부당이득반환범위: 민법 제201조와 제748조의 관계를 중심으로," 법조 제52권 6호, 2003년 6월, 47면).

4) 대법원 1976. 7. 27. 선고 76다661 판결; 대법원 2002. 11. 22. 선고 2001다6213 판결. 사용이익의 반환과 관련하여 이에 찬성하는 견해로 이영준, 351면.

5) 대법원 1969. 9. 30. 선고 69다1234 판결. 오신하는 데에 과실이 있더라도 민법 제201조 제1항의 적용을 받는다고 하는 것이 다수설이나(이영준, 342면; 곽윤직·김재형, 207면; 민법주해 IV/양창수, 381면), 정당한 근거가 있어야 한다는 견해가 유력하게 제시되고 있고 판례도 이러한 입장이다(대법원 1995. 8. 25. 선고 94다27069 판결).

실을 취득할 수 있는 본권인 임차권을 유효하게 취득한 것으로 믿었기 때문에 여기서 선의의 점유자에 해당한다.

따라서 丙은 사용이익을 취득할 수 있는 선의의 점유자에 해당하므로 반환의무가 없다. 다만 선의의 점유자라도 본권에 관한 소에서 패소한 때에는 그 소가 제기된 때부터 악의의 점유자로 보게 되므로(제197조 제2항) 甲이 제기한 건물인도소송에서 패소한다면 소가 제기된 때부터 丙은 악의의 점유자로 간주되어 제201조 제2항에 의하여 사용이익을 반환할 의무를 부담한다.

52. 악의점유자의 과실반환범위

> **사 례**
>
> 토지 X의 소유자인 甲은 토지 X 상공에 아무런 권원 없이 송전선을 설치한 피고 한국전력공사를 상대로 하여 구분지상권 침해에 따른 부당이득반환 내지 손해배상을 청구하면서, 송전선 설치부분에 상응하는 임료 상당액과 점유일 이후 법정이자 및 그 이자에 대한 지연손해금을 요구하였다. 정당한가?

Ⅰ. 甲의 한국전력공사에 대한 부당이득반환청구권(제741조)

(1) 성 립

사안에서 한국전력공사는 아무런 권원 없이 甲 소유 토지의 상공에 송전선을 설치하여 소유함으로써 여기에 사용된 면적에 해당하는 부분을 사용·수익하였으므로 그 구분지상권에 상응하는 임료 상당액을 반환할 의무가 있는지가 문제된다. 한국전력공사는 토지를 사용·수익할 권원이 없다는 사실을 알았던 자에 해당하므로 악의의 점유자이다. 따라서 제201조 제1항에 의하여 과실을 수취할 지위에 있지 않으므로 이를 반환할 의무를 부담한다. 다만 어느 한도에서 반환해야 하는지가 문제된다.

(2) 반환 범위

악의의 수익자(점유자)의 경우 제748조 제2항과 제201조 제2항을 비교해 보면 '받은 이익'에 대하여는 '수취한 과실'(소비한 것 포함)이 대응하고, '손해가 있으면 배상'에 대하여는 '과실로 훼손하거나 수취하지 못한 경우에는 그 과실의 대가를 보상'이 대응하여 별 차이가 없는 것으로 보이지만, 이자에 대하여는 제748조 제2항과 달리 제201조 제2항은 아무런 언급을 하고 있지 않아 적어도 외형상으로는 차이가 난다. 이에 따라 '이자'를 지급해야 하는지의 여부와 관련하여 학설이 대립하고 있다. 제201조 이하가 제748조의 특칙으로 기능하는 이상 반환범위는 항상 제201조 이하에 의하여 정해지므로 제201조 제2항에 따라서 이자반환의무가 없다는 견해가 있다.1) 그에 반하여 선의 수익자의 경우 제201조 제1항에 의하여 과실수취권이 인정되는 이상, 제748조 제1항이 적용되지 않는 점을 인정하지만, 악의 수익자의 경우에는 제201조 제2항과 제748조 제2항을 충돌되지 않도록 해석하여 이자부분은 제748조 제2항이 적용되고 따라서 이를 반환해야 한다는 견해가 있다.2) 판례는 악의 점유자는 과실을 반환하여야 한다고만 규정한 제201조 제2항이 제748조 제2항에 의한 악의 수익자의 이자지급의무까지 배제하는 취지는 아니기 때문에, 악의 수익자의 부당이득금 반환범위에 있어서 제201조 제2항이 제748조 제2항의 특칙이라거나 우선적으로 적용되는 관계를 이루는 것은 아니라고 보고 양 조항을 조화롭게 해석해야 한다는 입장을 취하여 이자지급을 인정하고 있다.

따라서 甲은 한국전력공사에게 임료상당의 부당이득 및 점유일 이후의 법정이자 및 그 이자에 대한 지연손해금을 청구할 수 있다.

Ⅱ. 甲의 한국전력공사에 대한 손해배상청구권(제750조)

한국전력공사는 아무런 권원 없이 고의로 송전선을 설치하여 甲에게 임료 상당액에 해당하는 손해를 끼쳤으므로 불법행위에 기한 손해배상을 청구할 수 있다.3)

---

1) 주석민법 물권(1)/김오섭, 365면; 배병일, "점유자의 과실취득과 부당이득반환청구," 판례실무연구Ⅶ, 2004, 104면 이하.

2) 김재형, "점유자의 소유자에 대한 부당이득반환범위: 민법 제201조와 제748조의 관계를 중심으로," 법조 제52권 6호, 2003년 6월; 민유숙, "부당이득반환청구권과 점유자에 대한 회복자의 과실반환청구권의 관계," 대법원판례해설 46호, 2003년(하), 2004, 602면 이하; 홍성주, "민법 제201조 제2항과 민법 제748조의 관계," 판례연구 16집(부산판례연구회), 2005, 310면 이하.

3) 악의점유자의 과실반환의무에 관한 제201조 제2항은 불법행위 책임과 경합적으로 적용된다(대법원 1961. 6. 29. 선고 4293민상704 판결).

53. 악의 점유자의 멸실 · 훼손에 대한 책임

사 례

A 전자회사의 창고를 지키는 수위 甲은 창고에 있는 A의 전자기기를 2년 간 가전제품판매회사 B에게 팔았다. B의 구매팀 직원 乙은 이러한 사정을 알고 있었으나 팀장 丙 등은 이러한 사정을 모르고 있었다. B는 위 전자 기기를 다양한 고객에게 판매하였다. 이 경우 A는 B에게 판매대금의 반환 과 영업이익상실로 인한 손해의 배상을 청구할 수 있는가?

I. A의 B에 대한 부당이득반환청구권(제741조)

전자기기가 무권리자인 甲에 의하여 판매되었으나, B법인이 고객에게 판매하여 더 이상 반환받는 것이 불가능하다. 이 경우 원권리자인 A는 무권리자의 처분행위를 추인하고 그 물건에 대한 소유권을 포기한 후,[1] 무권리자에 대하여 부당이득반환을 청구할 수 있다.

II. A의 B에 대한 손해배상청구권(제202조)

B가 A에게 전자기기를 반환하지 못하면 제202조에 기한 책임이 문제된다. 이에 의하면 점유물이 점유자의 책임 있는 사유로 인하여 멸

---

[1] 대법원 2001. 11. 9. 선고 2001다44291 판결: 무권리자가 타인의 권리를 자기의 이름으로 또는 자기의 권리로 처분한 경우에, 권리자는 후일 이를 추인함으로써 그 처분행위를 인정할 수 있고, 특별한 사정이 없는 한 이로써 권리자 본인에게 위 처분행위의 효력이 발생함은 사적 자치의 원칙에 비추어 당연하고, 이 경우 추인은 명시적으로뿐만 아니라 묵시적인 방법으로도 가능하며 그 의사표시는 무권리자나 그 상대방 어느 쪽에 하여도 무방하다.

실 또는 훼손한 경우에는, 본권이 없는 점유자는 점유물의 회복자에 대하여 그 손해를 배상할 의무가 있다. 그런데 여기서 말하는 멸실에는 제3자에게 양도하여 그 반환이 불가능한 경우도 포함되기 때문에 사안에서 B가 전자기기를 다양한 고객에게 판매함으로써 반환이 불가능하게 되었으므로 멸실이라는 요건이 충족되었다.[2]

사안의 경우 문제가 되는 것은 B가 선의 또는 악의의 점유자인지의 여부이다. 소유의 의사가 있는 점유자가 선의인 경우 현존이익 한도로만 배상책임이 있음에 반하여 악의의 점유자는 점유물의 멸실·훼손에 의한 모든 손해를 배상하여야 하기 때문이다. 본 사안에서는 B의 팀장 丙이 선의이었으므로 직원 乙의 악의를 B의 책임으로 귀속시킬 수 있는 경우에만 B가 악의의 점유자가 된다.

이행보조자에 관한 제391조는 채권관계가 존재하는 경우만 적용할 수 있고 더 나아가 점유취득에서는 고려될 수 없을 것이다. 그러나 직원 乙은 B의 피용자라는 관점에서 제756조 내지 제116조를 유추적용하여 직원 乙의 악의를 B의 악의로 볼 수 있다. 또한 2년간 계속하여 도난된 전자기기를 구매하였다는 측면에서 乙을 감독한 丙도 이를 알았거나 알 수 있었다고 보아야 한다. 사실관계를 어떻게 파악하든지 간에 A는 B에 대하여 악의의 점유자로서의 책임을 물을 수 있다. 따라서 모든 손해를 청구할 수 있으므로 상실된 영업이익도 손해배상을 통하여 청구할 수 있다.

---

[2] 곽윤직·김재형, 208면.

54. 점유자의 회복자에 대한 유익비상환청구권

사 례 건물 X는 A회사가 볼링장을 운영하기 위하여 지었으나 이에 필요한 시설자금이 부족하여 이를 甲에게 임대하여 주었다. 甲은 시설자금을 마련하기 위하여 은행으로부터 자금을 빌리면서 A회사가 이에 연대보증을 하고 X에 관하여 근저당권설정등기를 경료하였다. 그런데 甲이 대차금의 반환을 연체함에 따라 건물 X에 관한 임의경매가 진행되어 경락인 乙명의로 소유권이전등기가 경료되었고 乙은 건물 X를 명도받아서 볼링장을 경영하게 되었다. 이에 甲은 볼링장 영업을 위한 내장공사 등에 지출한 비용은 건물 X의 개량 기타 그 효용의 적극적인 증진을 위하여 투입한 비용에 해당한다고 주장하면서, 乙에 대하여 제626조 및 제203조에 기하여 유익비의 상환을 청구하였다.[1] 정당한가?

사안에서 A회사가 건물 X의 소유자이자 임대인이었는데, 임차인인 甲이 건물에 대하여 유익비를 지출하고 난 후 경매를 통하여 건물의 소유권이 乙에게 이전되었고, 소유자가 된 乙은 인도명령을 통하여 甲으로부터 건물을 인도받았다. 이 경우 甲이 乙에 대하여 임차인으로서 임대인에 대하여 제626조 제2항의 유익비상환을 청구할 수 있는 한편, 점유자로서 회복자에 대하여 제203조 제2항에 의한 유익비상환청구를 행사할 수 있는지가 문제된다.

Ⅰ. 甲의 乙에 대한 임대차계약상의 유익비상환청구권(제626조 제2항)

사안에서 甲이 건물에 비용을 지출할 당시에 임대차계약관계에 있

---

[1] 대법원 2003. 7. 25. 선고 2001다64752 판결 변형.

었기 때문에 甲이 임차인으로서 乙에 대하여 임대인의 지위에 있다는 이유로 제626조 제2항에 따른 유익비상환청구권을 행사할 수 있는지가 문제된다. 유익비상환청구권은 필요비상환청구권과 달리 임대차계약이 종료한 때 비로소 청구할 수 있기 때문에 비용이 지출된 시기와 상관없이 종료시 임대인에게 청구할 수 있다. 그런데 유익비의 지출 후 목적물의 소유권이 이전되어 신소유자가 임대인의 지위를 승계하고 있다면 임차인은 매수인인 신소유자에 대하여 유익비상환을 청구할 수 있다.[2] 이 경우 매수인은 상환청구권의 존재를 이미 예상할 수 있기 때문에 매수인에 대하여 유익비상환을 청구하여도 문제가 없다. 그런데 본 사안에서 乙이 임대건물인 건물 X의 소유권을 취득하였지만, A의 임대인으로서의 지위를 승계한 것은 아니기 때문에[3] 임대차계약 종료시 임대인은 A라고 보아야 한다. 따라서 사안에서 甲은 A에 대하여 제626조 제2항에 따른 유익비상환청구권을 행사할 수 있다고 보아야 하고 乙에 대하여는 청구할 수 없다.

II. 甲의 乙에 대한 점유자 · 회복자 관계상의 유익비상환청구권
(제203조 제2항)

A에 대한 유익비상환청구와 별도로 甲이 점유자로서 회복자인 乙에 대하여 제203조 제2항의 유익비상환청구권을 행사할 수 있는지가 문제된다. 점유자의 유익비상환청구권은 점유자가 회복자로부터 점유물의 반환을 청구받거나 회복자에게 점유물을 반환할 때에 행사할 수 있다.[4] 유익비상환청구권은 유익비를 지출한 때가 아니라, 물건의 점

---

2) 민법주해 XV/민일영, 101면; 주석민법 채권각론(3)/김종화, 432면; 대법원 1990. 2. 23. 선고 88다카32425 판결.

3) 임차권의 승계가 있기 위해서는 임차권의 양도계약이 있거나, 상가임대차보호법이 적용되어 법률규정에 의한 승계가 있어야 하나, 본 사안의 경우는 두 가지 모두 해당 사항이 존재하지 않는다.

4) 대법원 1993. 12. 28. 선고 93다30471, 30488 판결; 민법주해 IV/양창수, 427-429면.

유를 회복하는 단계에서 청구할 수 있으므로 본 사안에서처럼 점유자가 유익비를 지출한 후 소유자가 교체된 경우 누구를 상대로 비용상환청구권을 행사할 수 있는지가 문제될 수 있다. 그런데 우리 학설5)과 판례6)는 모두 본권에 의하여 점유물의 반환을 구하는 회복자의 지위에 있는 신소유자가 비용상환의무를 부담한다고 보고 있다. 제203조는 점유자가 그 점유물을 반환함에 있어서 그 반대권리로서 비용상환청구권을 인정하는 것이다. 그 비용지출이 전 소유자의 소유기간 동안에 일어났다고 하여 현재 물건의 반환을 구하고 있는 현재의 권리자에 대하여 이 권리를 주장할 수 없다고 한다면, 그 규정의 취지가 몰각될 수 있기 때문이다. 따라서 사안에서는 점유자인 甲이 회복자인 乙에게 점유물을 반환한 후에 유익비상환청구권을 행사할 수 있다.

Ⅲ. 임차인의 유익비상환청구권과 점유자의 유익비상환청구권의 관계

위 두 청구권이 모두 성립한 경우 甲이 이 두 청구권을 각각 A와 乙에게 모두 행사할 수 있는지가 문제된다. 건물의 소유자인 임대인의 지위의 변동이 없는 경우에는 임대차계약관계가 소유물반환관계보다 우선하므로 계약법적인 유익비상환청구권만을 행사할 수 있고 제203조의 유익비상환청구권을 행사할 수 없다는 점에는 의문이 없다.7) 문제는 본 사안에서처럼 임차인이 유익비를 지출한 후 소유자 변동이 있었고 신소유자가 임대인의 지위를 승계하지 않은 경우이다.

우선 제203조에서 말하는 점유자의 개념을 무권원 점유자로 파악

---

5) 민법주해 Ⅳ/양창수, 422면; 주석민법 물권(1)/김오섭, 372면; 이영준, 386면.

6) 대법원 1965. 6. 15. 선고 65다598 · 599 판결.

7) 김대원, "점유자가 유익비를 지출할 당시 계약관계 등 적법한 점유권원을 가진 경우 계약관계 등의 상대방이 아닌 점유회복 당시의 상대방에 대하여 민법 제203조 제2항에 따른 지출비용의 상환을 구할 수 있는지 여부(소극)," 대법원판례해설 47호, 2003년 (하), 2004, 16면.

하면,[8] 점유할 권리에 기하여 점유하고 있는 점유자는 아예 처음부터 제203조 제2항의 유익비상환청구권을 행사할 수 없게 된다. 그런데 사안과 같이 적법한 점유권원이 직접적으로 회복자와의 사이에 존재하지 않고 제3자인 임대인 사이에만 존재하는 경우 최소한 제3자와의 관계에서는 점유권원이 있는 것이 되므로 권원 있는 점유자로 보아 제203조의 적용을 부정할 수도 있지만, 소유자와의 관계에서는 점유권원이 없는 것으로 제203조의 적용을 인정할 수 있다.[9] 그런데 이 경우에도 점유자가 유익비를 지출할 당시 계약관계 등 적법한 점유의 권원을 가진 경우에 그 지출비용의 상환에 관하여는 그 계약관계를 규율하는 법조항이나 법리 등이 적용되는 것이어서, 점유자는 그 계약관계 등의 상대방에 대하여 해당 법조항이나 법리에 따른 비용상환청구권을 행사할 수 있을 뿐 계약관계 등의 상대방이 아닌 점유회복 당시의 소유자에 대하여 제203조 제2항에 따른 지출비용의 상환을 청구할 수는 없다.[10] 따라서 사안에서 유익비를 지출할 당시에 甲은 임차권을 갖고 있는 점유권원이 있는 점유자이었기 때문에 제203조 제2항에 의한 유익비상환청구권을 행사할 수 없고 임대차계약에 기한 유익비상환청구권만을 행사할 수 있다. 그러므로 乙에 대한 제203조에 기한 유익비상환청구권도 인정되지 않는다.

---

8) 민법주해 IV/양창수, 359-360면.

9) 이러한 가능성과 그에 따른 결과에 관하여 김대원, 앞의 글(주 7), 24면.

10) 대법원 2003. 7. 25. 선고 2001다64752 판결.

Ⅲ. 방해제거 및 예방청구권

55. 소유물방해배제청구권에서 방해의 개념

사 례

P시는 황무지로 방치되어 있는 甲 소유의 토지 X에 연탄재 등 쓰레기를 매립하여 양질의 농지로 만들어 주겠다는 제의를 하여 甲은 이에 동의하였다. P시는 연탄재를 포함한 쓰레기 등으로 약 3m가량을 매립한 후 2m가량을 양질의 토양으로 복토하여 쓰레기매립공사를 완공하였다. 공사완료 직후 甲은 '지표로부터 1-2m 정도는 토사로 볼 수 있으나, 그 아래 부분에는 유해한 혼합폐기물이 매립되어 있는 사실'을 발견하였다. 甲은 위 사실을 발견한 후 5년이 지나서 P시에게 토지 X에 매립된 쓰레기를 제거하여 토지를 원상회복하는 데 소요되는 비용 상당을 '쓰레기 매립의 불법행위에 따른 손해배상금'으로 지급하거나 쓰레기가 토지 X의 지하에 잔존하여 자신의 소유권을 침해하고 있으므로 소유권에 기한 방해제거청구권으로서 쓰레기의 수거 및 원상복구를 청구하였다.[1) 정당한가?

Ⅰ. 甲의 P시에 대한 불법행위를 이유로 한 손해배상청구권(제750조)

(1) 성립요건

甲이 P시에 대하여 불법행위를 이유로 손해배상을 청구하기 위해서는 P시가 고의·과실의 위법한 가해행위로 손해를 야기했어야 한다.

---

1) 대법원 2003. 3. 28. 선고 2003다5917 판결 변형.

사안에서 P시가 甲을 속이고 유해한 혼합폐기물을 토지 X에 매립함으로써 토지를 원상회복하는 데 소요되는 비용이 발생토록 하는 손해를 야기하였으므로 불법행위로 인한 손해배상청구권은 성립한 것으로 볼 수 있다.

(2) 소멸시효의 완성

다만 甲은 손해 및 가해자를 안 날로부터 이미 3년이 지났으므로 손해배상청구권에 대하여는 소멸시효가 완성되어 손해배상청구권을 더 이상 행사하지 못한다(제766조 제1항).

Ⅱ. 甲의 P시에 대한 방해배제청구권(제214조)

甲이 P시에 대하여 방해배제청구권을 행사하기 위해서는 P시가 방해자로서 甲 소유 토지 X를 방해하고 있어야 한다. 방해라고 함은 현재 지속되고 있는 침해를 의미하며 점유침탈 이외의 방법으로 소유권을 방해하고 있어야 한다.[2] 그리고 방해는 타인의 행위 자체가 소유권에 대한 방해상태를 이루는 '행위에 의한 방해'와 타인이 소유 내지 점유하는 물건의 공간적 위치 내지 상황에 기인하는 방해인 '물건의 상태에 의한 방해'로 나눌 수 있다.

판례는 이와 관련하여 "소유권에 기한 방해배제청구권에 있어서 '방해'라 함은 현재에도 지속되고 있는 침해를 의미하고, 법익 침해가 과거에 일어나서 이미 종결된 경우에 해당하는 '손해'의 개념과는 다르다 할 것이어서, 소유권에 기한 방해배제청구권은 방해결과의 제거를 내용으로 하는 것이 되어서는 아니 되며(이는 손해배상의 영역에 해당한다 할 것이다) 현재 계속되고 있는 방해의 원인을 제거하는 것을 내용으로 한다"고 보았다. 그리고 이러한 법리를 기초로 하여 쓰레기 매립으로

---

2) 곽윤직 · 김재형, 234면.

조성한 토지에 소유권자가 매립에 동의하지 않은 쓰레기가 매립되어 있다 하더라도 이는 과거의 위법한 매립공사로 인하여 생긴 결과로서 소유권자가 입은 손해에 해당한다 할 것일 뿐, 그 쓰레기가 현재 소유권에 대하여 별도의 침해를 지속하고 있다고 볼 수 없다는 이유로 소유권에 기한 방해배제청구권을 행사할 수 없다고 판단하였다.[3]

하지만 방해자가 방해행위 자체를 중지 내지 종료했지만, 그 방해행위로 인한 결과가 남아 있는 경우에는 행위에 의한 방해는 없지만, 상태에 의한 방해는 존재하는 것으로 보는 것이 타당할 것이다.[4] 이러한 측면에서 보면 본 사안의 경우에 방해상태가 존재하는 것이므로 방해배제청구권을 행사할 수 있다고 보는 것이 타당하다. 따라서 甲은 P시에 대하여 쓰레기의 수거 및 원상복구를 청구할 수 있다(특히 방해배제청구권의 경우 권리행사기간의 제한이 없다).

---

3) 대법원 2003. 3. 28. 선고 2003다5917 판결.
4) 이러한 타당한 지적으로 김규완, "소유권방해배제청구권에 있어서 방해의 개념," Jurist 제410호: 2006년 2호(통권 410호), 272면.

56. 승계인에 대한 방해배제청구권

> **사례** 토지 X의 소유자인 甲은 공장부지를 만들기 위하여 토지 평탄화 작업을 진행한 후 옆 乙 소유의 토지 Y 쪽으로 토사가 흘러내리지 않게 하기 위하여 토목공사업자 A에게 도급을 주어 乙의 토지와의 경계지점에 법면[1] 및 석축 설치공사를 하였다. 그런데 A가 토지 X와 토지 Y의 경계를 잘못 판단하여 토지 Y 안에 법면 및 석축을 설치하였다. 그 후 甲은 토지 X를 丙에게 매도하였다. 석축이 방치되어 붕괴위험에 처하자 乙은 丙에게 석축의 제거를 청구하였다.[2] 타당한가?

乙의 丙에 대한 방해배제청구권(제214조)

(1) 부합과 방해의 인정여부

乙이 丙에게 방해배제청구권에 기하여 석축의 제거를 청구하기 위해서는 석축이 방해에 해당해야 한다. 그런데 판례는 부합여부를 따져서 석축이 乙 소유의 토지에 부합되었다면 乙 소유에 속하는 것은 더 이상 방해에 해당하지 않는다고 판단한다. 사안의 경우 乙 소유의 토지 Y 내에 설치되어 있는 석축과 법면은 乙의 토지에 정착된 공작물로서, 이를 乙의 토지로부터 분리할 경우 과다한 비용이 소요될 뿐만 아니라 토사의 붕괴로 인하여 乙의 토지의 경제적 가치가 현저히 손상될 것이므로 이 사건 석축과 법면은 乙의 토지에 부합된 것이다. 따라서 판례의 입장에 의하면 석축은 더 이상 방해에 해당하지 않기 때문에 방해배제청구권의 대상이 되지 않는다.

---

1) 법면이란 인위적인, 즉 사람에 의하여 생긴 경사면을 말한다.
2) 대법원 2009. 5. 14. 선고 2008다49202 판결 변형.

하지만 방해배제청구권에서의 기본적인 요건인 '방해' 개념 자체를 보았을 때 소유권의 귀속여부가 방해배제청구권을 부정할 수 있는 필연적 요소는 아니다. '방해'란 소유권에 의하여 법적으로 보장되는 물건에 대한 전면적인 지배의 권능 내지 가능성이 타인의 개입에 의하여 실제에 있어서는 실현되지 못하고 있는 상태를 의미하기 때문에3) 방해라는 사실적인 개념에서 그 방해물의 소유권의 귀속 여부는 개념적으로 판단요소가 되지 않는다. 즉 사안에서와 같이 석축이 건축되어 있는 이상 그 소유권의 귀속여부와 상관없이 석축이 토지를 이용함에 있어서 방해가 되는 것은 변함없는 사실이다. 따라서 일단 방해배제를 청구하려는 자에게 해당 방해물의 소유권이 귀속되었더라도 방해배제청구권을 인정하는 것은 그 개념 자체로 보았을 때는 문제가 없다고 보아야 한다. 따라서 사안의 경우 석축의 부합 여부와 상관없이 석축은 방해에 해당한다고 판단된다.

(2) 방해물의 승계와 방해자의 확정

사안의 경우에 석축을 설치하였던 甲이 아니라 甲으로부터 인접 토지 X를 양도받은 丙이 방해배제청구권의 상대방으로 되어 있다. 소유물방해배제청구권은 현재의 방해자에 대하여만 청구할 수 있기 때문에4) 방해토지의 소유권자로부터 토지소유권을 양도받은 자가 방해배제청구권에서 방해자의 지위를 어떠한 요건하에서 승계하는지가 문제된다.

방해제거청구권의 상대방 지위의 승계라는 법률효과가 인정되기 위해서는 새로운 양수인이 이전 방해자의 지위를 이어받아야 한다. 그리고 방해자로서의 지위가 승계되면 이전 방해자는 더 이상 방해배제청구권의 상대방이 아니며 승계인만이 방해자로서 방해배제청구권의 상대방이 된다.5) 행위책임에 있어서는 행위자로부터 방해가 발생하기

---

3) 이와 같은 개념정의로 민법주해(V)/양창수, 241면.

4) 이은영, 466면.

5) 학설에서는 토지소유권을 방해하는 건물을 건축한 자라도 이를 제3자에게 양도하였다

때문에 행위자가 방해의 원천이라고 할 수 있다. 따라서 방해자의 사망으로 인하여 방해원천은 소멸하고 그에 따라 방해제거청구권도 소멸한다고 볼 수 있다. 그렇기 때문에 상태책임에 의하여 발생한 방해상태에 대한 승계는 몰라도 순수한 행위책임에 있어서 방해자 지위의 승계문제는 기본적으로 발생할 여지가 없다고 할 수 있다. 결국 방해자 지위의 승계가 문제가 되는 것은 상태책임에 있어서이다. 상태책임의 경우 방해는 물건 내지 시설로부터 발생하므로 방해원천에 대한 책임 있는 자가 방해자가 된다고 볼 수 있다. 따라서 상태책임이 발생하기 위해서는 (1) 방해원천에 대한 지배와 (2) 경제적 이익의 취득이라는 요건이 충족되어야 한다. 그렇다면 이러한 방해상태를 승계하여 위의 요건을 충족하는 자는 방해자로서의 지위를 승계하게 된다. 이러한 입장을 취한다면 부동산이나 그 밖의 위험시설이 양도된 경우 비록 양도인이 위험야기행위를 하였더라도 양수인이 그 위험상태를 계속 지배 또는 유지시킨 경우에는 양수인만이 제거책임을 진다고 볼 수 있다.[6)]

　　사안의 경우 석축의 건축이 이미 완료된 상태였으므로 상태책임이 발생하고 丙이 방해원천인 토지 X에 대한 지배를 이전받고 이 석축으로부터 경제적 이익을 취득하고 있다면 현재의 방해자로서 방해배제청구권의 상대방이 될 수 있다. 하지만 사안에서 석축은 이미 乙의 토지에 부합하여 乙의 소유가 되었으므로 丙이 토지 X의 소유권을 양도받더라도 당연히 해당 석축에 대한 지배를 이전받은 것은 아니라고 할 것이다. 즉 방해자 소유의 토지를 이전받았다고 하더라도 방해행위를 통하여 건축된 석축의 지배권을 취득한 것은 아니므로 단순히 승계취득한 자에 불과하여 丙은 방해배제청구권의 상대방이 되지 않는다고 보는 것이 타당하다.

면 그 건축자는 현재 그 방해상태를 지배하지 않고 있기 때문에 방해배제청구의 상대방이 되지 않는다고 한다(곽윤직·김재형, 233면; 이영준, 567면). 판례도 분묘가 A에 의하여 무단으로 설치된 것이라도 현재 그 분묘의 관리처분권이 다른 사람에게 있다면 A를 상대로 하여 분묘의 철거를 청구할 수는 없다고 한다(대법원 1967. 12. 26. 선고 67다2073 판결).

　6) 이은영, 466면.

57. 행위가 개입되지 않은 상태책임으로 인한 방해

 사 례   폭풍으로 인하여 甲의 정원에 있던 나무가 뿌리 채 뽑혀서 乙의 집 지붕 위로 날아갔고 이로 인하여 지붕이 손상되었다. 乙은 甲에게 나무의 제거 및 수리비의 지급을 요구한다. 정당한가?

Ⅰ. 乙의 甲에 대한 방해배제청구권(제214조)

乙이 甲에게 지붕에 있는 나무의 제거를 청구하기 위해서는 이러한 방해를 甲의 책임으로 귀속시킬 수 있어야 한다.

방해를 사람의 의사작용에 의한 것이라고 보면서 방해는 사람의 행위에 의한 방해 또는 의무위반적 행위에 의한 방해상태의 야기로 보는 견해가 있다.[1] 이 견해에 의하면 순수한 자연력에 의한 불가항력적 사유에 의한 것은 방해로 보지 않으며 최소한 방해물의 소유자에 의한 의사가 간접적으로나마 연관되어 있어야 한다고 본다. 이 견해를 취한다면 사안에서는 순수한 자연력에 의하여 지붕에 나무가 날아갔으므로 방해를 인정하기 힘들 것이다.

그에 반하여 소유권 자체는 일정한 보증적 지위를 부여하고 기대가능한 한도에서는 소유물에 의한 방해의 제거를 요구할 수 있다고 보는 견해도 있다. 따라서 이 견해에서 중요한 것은 소유권을 방해하는 상태를 제거할 지위에 있는지의 여부가 중요한 것이며 귀책사유가 필요하지 않기 때문에 자연력에 의한 경우에도 방해를 인정하고 있다.[2] 따라서 이 견해는 자연력에 의하여 나무가 지붕 위로 날아갔어도 나무

---

1) 이러한 견해로 이영준, 567면: 방해자는 침해에 대하여 원인을 부여하는 의사적 행위를 하는 자이다.

2) 이러한 견해로 김상용, 392면.

가 甲의 소유인 이상 그 제거 책임을 인정하는 것은 기대가능하다고 본다. 이 견해에 따르면 위 사안에서 乙은 甲의 비용으로 나무의 제거를 요구할 수 있다.

Ⅱ. 乙의 甲에 대한 불법행위로 인한 손해배상청구권(제750조)

　　방해배제청구권에 기하여는 방해상태의 제거만을 요구할 수 있으므로 손해배상청구권을 통하여 수리비의 지급을 요구해야 한다. 따라서 불법행위로 인한 손해배상청구권이 성립해야 하는데, 甲에게 고의·과실이 없으므로 손해배상청구권은 인정되지 않는다. 따라서 乙은 甲에게 수리비의 지급을 청구하지 못한다.

58. 공유물의 관리

> **사례**
>
> 甲과 乙은 각각 3억원과 2억원을 투자하여 공동으로 건물 X를 구매하고 각각 지분 3/5과 2/5로 소유권이전등기를 하였다. 그런데 甲은 乙과 상의도 없이 건물 X를 丙에게 임대하여 주고 차임으로 월 5천만원을 받고 있다.
>
> (1) 이 사실을 나중에 안 乙은 丙에게 퇴거 및 건물 X의 인도를 요구할 수 있는가?
>
> (2) 乙은 甲에게 이미 지급받은 차임 중 자신의 지분비율에 해당하는 월 2천만원씩을 달라고 요구할 수 있는가?
>
> **【변형】** 甲과 乙의 지분이 각각 1/2인 경우는?

Ⅰ. 乙의 丙에 대한 소유물반환청구권(제213조), 방해배제청구권(제214조)

乙이 丙에게 건물 X의 인도를 요구하기 위해서는 건물 X의 소유자이어야 한다. 乙은 공유자로서 2/5의 지분만을 갖고 있는 소수지분권자이며, 소수지분권자가 건물 전체의 인도를 요구할 수 있는지가 문제 된다. 이와 관련하여, 지분권은 공유물의 어느 부분에 특정되어 있는 것이 아니고 공유물 전체에 미치는 것이므로, 다른 공유자에게도 이익이 되는 한 소수지분권자인 공유자 1인이 공유물의 보존행위로서 공유물 전체의 인도청구를 하는 것은 가능하다.[1]

그런데 사안의 경우 소수지분권자 乙의 임차인 丙에 대한 인도청구는 임대인인 다른 공유자 甲의 이해와 충돌하므로 乙의 청구가 민법 제265조 단서에서 정하는 보존행위가 될 수 있는지 문제 된다. 기존판례는 이 경우에 보존행위가 될 수 있다고 보았으나,[2] 현재 우리 법원은 입장을 변경하여 乙의 청구가 민법 제265조 단서에서 정하는 보존행위가 되지 못한다고 보고 있다.[3] 다만, 소수지분권자 역시 공유물 전부를 지분의 비율로 사용·수익할 권리가 있으므로(제263조), 지분권에 기한 인도청구권(제213조)과 방해배제청구권(제214조)을 검토할 필요성은 있다고 본다. 그러나 소수지분권에 기한 인도청구권(제213조)은 다수지분권자의 사용·수익권을 박탈하고 인도를 청구한 소수지분권자의 독점적 점유권원 역시 부정되기에 최종적으로 인정되지 않는다. 다만, 다수지분권자 또는 그로부터 임차한 자가 공유물을 독점하고 있는 상태를 시정하기 위하여 지분권에 기한 방해배제청구권을 행사하는 것은 가능

---

[1] 대법원 1995. 4. 7. 선고 93다54736 판결. 그 근거로 판례는 방해배제 및 반환청구가 보존행위에 속하므로 단독으로 청구할 수 있다고 하나(대법원 1993. 5. 11. 선고 92다52870), 다수설은 불가분채권에 관한 규정을 유추적용하여 동일한 결과를 달성하고 있다(곽윤직·김재형, 288면).

[2] 대법원 1974. 6. 11. 선고 73다381 판결; 대법원 1994. 3. 22. 선고 93다9392, 9408 전원합의체 판결; 대법원 2014. 5. 16. 선고 2012다43324 판결 등.

[3] 대법원 2020. 5. 21. 선고 2018다287522 전원합의체 판결. 이러한 판례의 변경에 대해서는 다양한 찬반의견이 있다. 찬성하는 입장으로 장보은, "공유자간 이해의 충돌, 해결방안과 그 한계 ―소수지분권자의 배타적 공유물 점유 사안을 중심으로― ―대법원 2020. 5. 21. 선고 2018다287522 전원합의체 판결―", 법조 제69권 제4호, 2020, 384면; 소유권과 지분을 구별해야 한다는 전제에서 반대하는 입장으로 이진기, "'대법원 전원합의체 판결'과 법이론의 부조화 ― 대판 (전합) 2020.05.21, 2018다287522의 평석", 민사법학 제92호, 2020, 3면; 소수지분권자 간의 관계가 아닌 다른 관계를 모호하게 만들었다는 점에서 비판적인 입장으로 이준현, "공유물을 점유하지 못한 공유자를 위한 구제수단으로서 방해배제와 인도청구 ― 대법원 2020. 5. 21. 선고 2018다287522 전원합의체판결을 중심으로", 재산법연구 제38권 제3호, 2021, 69면.

할 수 있다.

그러나 사안과 같이 점유자 丙이 공유자 1인인 甲과 체결한 임대차
계약상의 임차권을 다른 공유자인 乙에게 적법한 점유권원으로 주장할
수 있다면, 방해배제청구로서의 퇴거 청구는 받아들여질 수 없다. 공유
물의 임대는 공유물의 이용방법 중 하나에 해당하므로 이는 관리행위
에 해당한다. 공유물의 관리행위는 지분의 과반수로 결정하게 되므로
(제265조), 과반수를 넘는 지분을 가진 甲이 다른 공유자들과 협의 없이
배타적으로 그 전부나 일부에 대하여 사용・수익하는 것은 공유물의
관리 방법으로 유효하다.4) 따라서 과반수를 넘는 지분을 가진 甲이 단
독으로 丙과 체결한 임대차계약은 다른 공유자들에게도 주장할 수 있
다. 결국 乙의 丙에 대한 건물 X의 퇴거 및 인도 청구는 모두 인정되지
않는다.

II. 乙의 甲에 대한 부당이득반환청구권(제741조)

과반수에 의하여 정하여진 관리방법이 적법하다고 하여 그 이득을
한 명의 공유자가 전부 취득하는 것까지 정당화되는 것은 아니다. 왜냐
하면 각 공유자는 각자 가진 지분비율로 공유물을 이용할 권리를 갖기
때문이다.5) 따라서 甲이 건물을 임의 사용함으로 인하여 얻은 이득 중
乙의 지분에 해당하는 부분은 乙에게 부당이득을 이유로 반환해야 한

---

4) 대법원 2001. 11. 27. 선고 2000다33638・33645 판결: 공유자 사이에 공유물을 사용・
수익할 구체적인 방법을 정하는 것은 공유물의 관리에 관한 사항으로서 공유자의 지분
의 과반수로써 결정하여야 할 것이고, 과반수의 지분을 가진 공유자는 다른 공유자와 사
이에 미리 공유물의 관리방법에 관한 협의가 없었다 하더라도 공유물의 관리에 관한 사
항을 단독으로 결정할 수 있으므로, 과반수의 지분을 가진 공유자가 그 공유물의 특정
부분을 배타적으로 사용・수익하기로 정하는 것은 공유물의 관리방법으로서 적법하다.

5) 대법원 1995. 7. 14. 선고 94다15318 판결: 부동산의 공유자 중 1인이 타 공유자의 동
의 없이 그 부동산을 타에 임대하였다면 이로 인한 수익 중 자신의 지분을 초과하는 부
분에 대하여는 법률상 원인 없이 취득한 부당이득이 되어 이를 반환할 의무가 있고, 이
경우 반환하여야 할 범위는 그 부동산의 임대차로 인한 차임 상당액이며, 임대차의 내
용이 미등기 전세이거나 보증금이 있는 경우에는 전세금이나 보증금의 이자 상당액이
차임에 해당되거나 차임에 보태어지는 것이다.

다. 따라서 월 2천만원씩을 달라고 요구한 乙의 청구는 정당하다.

【변형】 甲과 乙의 지분이 각각 1/2인 경우라면 어느 누구도 지분의 과반수를 갖지 못하여 모두 소수지분권자가 된다. 이때 소수지분권자 乙이 다른 소수지분권자 甲으로부터 건물 X를 임차한 丙에게 퇴거와 인도를 청구할 수 있는지가 문제 된다. 공유자 간에 공유물을 사용 · 수익할 구체적 방법을 정하는 것은 공유물의 관리에 관한 사항으로 공유자의 지분 과반수로 결정해야 하므로(제265조), 공유물의 1/2 지분권자라 할지라도 나머지 1/2 지분권자와의 협의가 없다면 건물 X를 독점적으로 사용할 수 없기 때문이다. 즉, 소수지분권자인 甲이 단독으로 丙과 체결한 임대차계약은 다른 공유자 乙에게 유효하지 않으므로,6) 乙은 자신의 지분권에 근거하여 丙에게 퇴거 및 건물 X의 인도를 청구할 수 있는지 문제 된다.

현재 우리 법원은 ① 공유물의 소수지분권자가 다른 공유자와 협의하지 않고 공유물의 전부 또는 일부를 독점적으로 점유하는 경우, 또는 ② 소수지분권자로부터 임대차를 통해 점유할 권리를 이전받은 임차인이 공유물의 전부 또는 일부를 독점적으로 점유하는 경우, 다른 소수지분권자는 독점적인 점유를 하고 있는 소수지분권자 또는 임차인에게 공유물의 인도를 청구하지 못한다고 보고 있다.7) 공유자들 간에 공유물의 관리에 관한 결정이 없더라도 소수지분권자는 공유자로서 공유물 전부를 점유하여 사용 · 수익할 권리가 있기 때문이며, 소수지분권자로부터 공유물을 임차한 임차인 역시 임대차계약을 통해 소수지분권자로부터 점유할 권리를 이전받았기 때문이다.8) 이러한 입장에 따르

---

6) 소수지분권자가 제3자에게 공유물을 임대한 경우, 공유지분의 과반수로 결정된 것이 아니라면 이러한 임대행위는 다른 공유자에게 효력을 가질 수 없다(대법원 2010. 5. 27. 선고 2010다569 판결).

7) 대법원 2020. 5. 21. 선고 2018다287522 전원합의체 판결.

8) 공유물의 소수지분권자가 다른 소수지분권자를 상대로 공유물의 인도를 청구하지 못하는 이유는, 이러한 청구가 (1) 다른 소수지분권자의 이해에 반하고, (2) 지분의 범위에서 공유물 전부를 사용 · 수익할 다른 공유자의 권리를 침해하기 때문이며, (3) 인도를 청구하는 공유자 역시 소수지분권자에 불과하고, (4) 인도 판결의 결과는 또 다른 소수

면, 사안에서 1/2 지분권자인 乙은 임차인인 丙에게 건물 X의 인도를 청구할 수 없게 된다.

그러나 乙은 자신의 지분권에 기초하여 건물 X의 방해 상태를 제거하거나 건물 X의 공동점유를 방해하는 행위의 금지 등을 청구할 수 있다(제214조). 공유자들 간에 공유물의 관리에 관한 결정이 없더라도 다른 공유자의 사용·수익권을 침해하지 않는 비독점적인 공동의 사용·수익 상태를 자신의 지분권에 기초하여 청구하는 것이 가능하기 때문이다. 즉, 乙이 임차인인 丙의 퇴거를 청구하는 것은 가능하다. 그 외에도, 乙은 甲의 임의사용에 따른 이익 중에서 자신의 지분인 1/2에 대하여 부당이득반환청구를 할 수 있음은 물론이다.

지분권자의 독점적 점유상태가 될 뿐이며, (5) 지분권에 기한 방해배제청구권을 통해 위법상태를 시정하는 것이 가능하기 때문이다(대법원 2020. 5. 21. 선고 2018다287522 전원합의체 판결).

59. 공유지분의 양도와 공유물분할

사 례   甲과 乙은 각각 지분 1/2로 지방에 있는 토지를 구매하였으나 특별한 계획을 세우고 있지는 않았다. 甲은 택지조성 후 전원주택을 조성하려고 하는 丙에게 자신의 지분을 이전등기함으로써 토지를 양도하였다. 丙은 택지조성과 관련하여 乙과 협의를 하였으나 협의가 이루어지지 않자 법원에 공유물분할을 청구하였다. 정당한가?

(1) 공유지분 양도의 효력

丙이 공유물분할을 청구하기 위해서는 일단 甲으로부터 지분을 양도받은 것이 유효하게 이루어졌어야 한다. 공유물 자체를 처분하려고 하는 경우에는 공유자 전원의 동의가 있어야 하나(제264조), 공유지분을 양도함에 있어서는 특별한 제한이 없어 자유로이 처분할 수 있다(제263조). 따라서 丙이 甲으로부터 토지 지분의 1/2을 양도받기로 합의를 하고 이에 기하여 지분이전등기를 하였으므로 丙은 유효하게 지분을 양도받아 乙과 토지를 공유하게 되었다.

(2) 공유물 분할 청구의 정당성

丙의 택지 조성 계획이 공유물의 관리 또는 처분·변경행위 중 어디에 해당하는지 문제된다. 공유물의 관리는 지분의 과반수로 결정해야 하고(제265조 본문) 공유물의 처분 내지 변경은 공유자 전원의 동의가 있어야 한다(제264조).

공유물의 이용은 공유물을 그 경제적인 사용방법에 따라 활용하는 것을 말한다. 따라서 토지를 택지로 조성하는 것도 토지의 이용방법 중

하나이기 때문에 관리행위라고 볼 수도 있으나, 택지 조성으로 인하여 토지의 성질 자체에 변화가 생기는 것이므로 관리의 범위를 넘어선 변경이 일어나는 것으로 보아야 한다. 따라서 택지 조성은 공유물의 변경에 해당하므로[1] 전원의 동의가 있어야 한다. 그런데 사안에서 乙과 협의가 이루어지지 않아서 丙은 결국 乙의 동의를 얻지 못하였다.

이러한 경우에 丙은 공유물의 분할을 청구하여 지분에 상응하는 토지 부분 한도에서 택지조성을 할 수 있다. 공유의 경우 공유물의 분할은 자유롭게 청구할 수 있으며 공유자의 분할청구권은 형성권으로 파악하는 다수설의 입장에 의하면 丙의 분할 청구에 의하여 분할을 실현해야 하는 법률관계가 발생하게 된다. 이때 공유물의 분할은 협의에 의하여 정해지나(제268조 제1항, 제269조 제1항), 협의가 이루어지지 않은 경우에는 법원에 그 분할을 청구할 수 있다(제269조 제1항). 따라서 협의가 이루어지지 않은 상태에서 丙이 법원에 공유물 분할을 청구한 것은 정당하다.

---

1) 대법원 2001. 11. 27. 선고 2000다33638 · 33645 판결.

60. 상호명의신탁의 법률관계

사 례

甲이 면적이 50㎡인 토지 X의 일부인 약 20㎡를 특정하여 乙에게 매도하였으나, 분필절차를 밟지 않고 乙에게 특정된 면적비율에 상응하는 공유지분등기를 하기로 약정하였다. 그 결과 甲이 3/5의 공유지분을 乙이 2/5의 공유지분을 갖는 것으로 등기가 되었다. 토지 X 중 乙이 특정하여 매수한 부분에 丙이 위법하게 건물을 짓고 사용함으로써 1000만원의 부당이득을 누리고 있다면, 甲은 단독으로 丙에게 건물의 철거 및 점유·사용으로 인한 부당이득 전부의 반환을 청구할 수 있는가?

甲과 乙 사이의 합의는 하나의 토지에서 특정한 부분을 개별적으로 소유하기로 하는 것이었으나, 형식적으로 등기는 전체 토지에 대하여 각 3/5과 2/5의 공유지분을 설정하였다. 이러한 경우 이를 구분소유적 공유(상호명의신탁)라 한다. 이러한 상호명의신탁에 의한 구분소유적 공유관계는 甲과 乙 사이의 대내적 관계에서는 이들이 설정한 특정 부분에 대하여 단독으로 소유하나, 다른 사람들과의 대외적 관계에서는 형식적으로 등기에 지분적 공유관계가 설정되어 있는 이상 이러한 등기에 기초하게 된다.

Ⅰ. 甲의 丙에 대한 소유물방해배제청구권(제214조)

甲이 丙에 대하여 건물의 철거를 청구하기 위해서는 해당 부분의 소유자이어야 한다. 사안의 경우 대내적으로 乙이 소유하고 있는 토지에 丙이 무단으로 건물을 짓고 사용하고 있기 때문에 이 부분에 대한 반환청구권도 甲이 소유자로서 행사할 수 있는지가 문제된다. 상호명의신탁에 의한 구분소유적 공유관계에서 각 지분권자는 내부관계에 있어서는 특정부분에 한하여 소유권을 취득하고 이를 배타적으로 사용·수익할 수 있고, 다른 구분소유자의 방해행위에 대하여는 소유권에 기해 그 배제를 구할 수 있다. 그러나 외부관계에 있어서는 1필지 전체에 관하여 공유관계가 성립하고 있어서 공유자로서의 권리만을 주장할 수 있으므로, 제3자의 방해행위가 있는 경우에는 자기의 구분소유 부분만이 아닌 전체 토지에 대한 방해의 배제를 요구할 수 있다.[1] 따라서 丙과의 관계에서는 甲은 전체 토지에 대하여 지분을 갖는 공유자이므로 공유자로서 단독으로 방해배제청구권을 행사하여 건물의 철거를 요구할 수 있다.

Ⅱ. 甲의 丙에 대한 부당이득반환청구권(제741조)

甲이 丙에게 부당이득반환을 청구하기 위해서는 자신의 재산으로부터 이득을 얻었어야 한다. 그런데 사안의 경우 丙은 대내적 관계에서 乙의 소유에 속하는 토지부분만을 점유하여 사용하고 있으므로 실제로 甲의 재산으로 이득을 누린 바가 없다. 그러나 대외적 관계에서 甲은 전체 토지의 3/5 지분을 갖고 있는 공유자이므로 이러한 한도에서 자신의 재산으로부터 丙이 이득을 누린 것으로 주장할 수 있다. 결국 甲은 토지 전체에 대한 지분비율로만 부당이득반환청구를 할 수 있다.[2] 그리고 乙의 지분비율에 해당하는 부당이득부분은 甲이 丙에게 직접 청구하거나 대위행사할 수도 없다. 甲은 자신의 지분비율인 3/5인 600만원을 부당이득을 이유로 반환청구할 수 있다.

---

1) 대법원 1994. 2. 8. 선고 93다42986 판결.
2) 대법원 1993. 11. 23. 선고 93다22326 판결.

61. 상호명의신탁관계의 해소

> **사 례**
>
> 甲과 乙은 토지 X에 대하여 상호명의신탁관계에 있다. 乙은 甲과의 협의 없이 특정 매수한 부분을 丙에게 매도하면서 대외적으로는 토지 X에 대한 자신의 지분을 丙에게 이전등기하는 형식을 취하였다.
> (1) 이 경우 특정부분에 대한 매도는 유효한가?
> (2) 이 사실을 나중에 안 甲은 丙과의 관계로부터 벗어나기 위해서 공유물의 분할을 요구하였다. 정당한가?

Ⅰ. 상호명의신탁관계에서 특정한 소유부분의 양도 [사례 1]

사안에서 상호명의신탁에 의한 구분소유적 공유관계에 있는 자가 자신의 특정 소유부분을 자유롭게 처분할 수 있는지가 문제된다. 상호명의신탁을 하는 경우 대내적으로는 각자의 소유권을 갖고 있는 것이므로 각 공유자 상호간에는 각자의 특정 소유부분을 자유롭게 처분할 수 있는 것에 동의하고 있다고 볼 수 있다.[1] 따라서 이 경우 공유자 각자는 자신의 특정 소유부분을 단독으로 처분하고 그 형식은 공유지분의 이전등기를 통하여 이루어지게 된다. 이러한 논리에 비추어 볼 때 甲의 동의가 없더라도 乙의 丙에 대한 토지 X의 특정부분 양도는 유효하며 지분의 이전등기를 통하여 丙에게 유효하게 이전하였다.

Ⅱ. 상호명의신탁관계의 해소방법 [사례 2]

甲은 丙과의 관계로부터 벗어나기 위하여 통상의 공유관계를 해소

---

1) 대법원 2009. 10. 15. 선고 2007다83632 판결.

하는 방법인 공유물의 분할을 요구하였다(제268조). 하지만 구분소유적 공유관계의 경우에 이러한 공유관계는 대외적 관계에서만 존재하는 것이고 대내적 관계의 경우 상호명의신탁을 하고 있는 것이다. 대내적으로는 각자가 소유하는 부분이 이미 특정되어 있기 때문에 공유물 분할 청구가 아니라 명의신탁의 해지라는 방법에 의하여 지분이전등기절차의 이행을 청구하면 된다.[2] 따라서 甲의 丙에 대한 공유물분할 청구는 인정되지 않는다.

---

2) 대법원 1996. 2. 23. 선고 95다8430 판결.

62. 합유에 의한 공동소유와 상속

사 례

종중 A는 종중 소유의 X 부동산을 甲, 乙 및 丙에게 명의신탁하였고, 이들 명의로 합유등기가 마쳐졌다. 그 후 乙이 사망하였고 단독상속인 丁이 乙의 모든 유산을 상속하였다. 종중 A는 X 부동산에 대한 명의신탁약정을 해지하는 한편, 甲, 丙 및 乙의 상속인 丁을 상대로 X 부동산의 소유권이전을 청구하는 소를 제기하였다. 타당한가?

A의 甲, 丙 및 丁에 대한 소유물반환청구권(제213조)

종중 A는 유효한 명의신탁약정에 기하여 甲, 乙 및 丙에게 X 부동산의 소유권을 명의신탁하였고 이를 다시 해지하여 소유권을 반환받으려고 한다. 사안의 경우 소유물반환청구권을 행사하기 위한 모든 요건은 충족되었고 문제되는 것은 소송상 甲, 丙 및 丁을 피고로 하는 것이 타당한지의 여부이다.

사안의 경우 명의신탁약정에 기하여 甲, 乙 및 丙으로의 합유등기가 마쳐졌으므로 이들은 X부동산을 합수적으로 소유하고 있다(공동사업 목적의 조합이 아니다). 그리고 합유로 소유권이전등기가 된 부동산에 관하여 명의신탁해지를 원인으로 한 소유권이전등기절차의 이행을 구하는 소송은 합유물에 관한 소송으로서 고유필요적 공동소송에 해당하여 합유자 전원을 피고로 소송을 해야 한다.[1] 따라서 종중 A는 모든 합유자를 대상으로 소송을 진행해야 하는 것으로 생각하고 乙의 상속인 丁을 공동피고로 설정한 것이다. 그러나 합유의 경우 그 구성원의 인적 색채가 매우 강하므로 합유자의 사망으로 합유자의 지위가 당연히 승

---

1) 대법원 1996. 12. 10. 선고 96다23238 판결.

계되지는 않는다. 따라서 부동산의 합유자 중 일부가 사망한 경우 합유자 사이에 특별한 약정이 없는 한 사망한 합유자의 상속인은 합유자로서의 지위를 승계하는 것이 아니므로 해당 부동산은 잔존 합유자가 2인 이상일 경우에는 잔존 합유자의 합유로 귀속되고 잔존 합유자가 1인인 경우에는 잔존 합유자의 단독소유로 귀속된다.[2] 사안의 경우 특별한 합의가 없는 이상 乙의 사망으로 합유자는 잔존하는 甲과 丙이다. 따라서 합유자의 지위를 승계하지 못한 丁을 공동피고로 소를 제기한 것은 타당하지 못하다.

---

63. 준합유물의 처분·변경

사례

한국토지공사로부터 토지를 분양받아 그 지상에 상가건물을 신축하여 분양 및 임대할 목적으로 결성된 A 상가조합은 총회에서 선임된 임원들의 모임인 임원회를 개최하여 그 조합원으로서 이 사건 상가건물 중 어느 한 점포를 분양받은 甲에 대하여 가지고 있는 분양잔대금채권 8천 5백여만원을 乙에게 양도하는 과반수이상 찬성의 결의를 하였고, 이 사실을 甲에게 통지하였다. 乙이 양도받은 채권의 지급을 甲에게 청구하자 甲은 A 상가조합 조합원 전원의 동의 내지 조합원총회의 결의가 없었다는 이유로 양도의 효력을 부정하면서 지급을 거절한다.[1] 정당한가?

乙의 甲에 대한 분양잔대금청구권

乙이 甲에 대하여 분양잔대금을 청구하는 것이 정당하기 위해서는 A 상가조합의 채권양도가 유효하게 이루어졌어야 한다. 상가조합은 상가분양 및 임대라는 동업사업을 위하여 조합원들이 동업계약을 체결한 동업체로서 조합에 해당한다. 그리고 甲의 분양잔대금채권은 조합재산의 일부를 이루어 조합원들이 준합유를 하고 있는 것이며(제278조) 이러한 채권을 양도하는 것은 조합재산의 처분에 해당한다.

이와 관련하여 합유에 관한 규정에서는 합유물을 처분함에는 합유자 전원의 동의가 있어야 한다고 규정하고 있다(제272조 본문). 따라서 甲은 이 규정에 근거하여 조합원 전원의 동의가 필요하다고 주장하고 있는 것이다. 하지만 조합에 관한 규정에서는 조합의 사무, 특히 특별사무의 집행은 조합원의 과반수로써, 업무집행자가 선임되어 있고 그들이 수인인 때에는 그 과반수로써 결정한다고 규정하고 있다(제706조

---

[1] 대법원 2000. 10. 10. 선고 2000다28506·28513 판결 변형.

제2항). 이 규정에 따른다면 A 상가조합의 양도행위는 유효할 수 있다. 따라서 특별사무의 집행을 위해 합유물을 처분하는 경우 어느 규정을 적용하여야 하느냐가 문제된다.

한 견해는 합유물을 일반적인 합유물과 조합재산인 합유물로 나누어서 전자의 처분·변경에는 제272조를 그리고 후자의 경우에는 제706조 제2항을 특별규정으로 적용하여야 한다고 주장한다.2) 다른 견해는 업무집행조합원이 선임되었는지의 여부를 기초로 나누어서 업무집행조합원이 선임된 경우에는 제706조 제2항 2문이 적용되고 선임되지 않은 경우에는 제706조 제2항 1문에 대한 특별규정인 제272조가 적용된다고 한다.3) 이외에도 제272조는 합유자가 제3자에게 처분행위를 할 때 적용되는 것이고 제706조는 조합업무의 내부적 위임관계 및 대리권 수여관계를 규율하는 것으로서 양자는 전혀 규율의 대상이 다르다고 보면서, 합유물의 처분에는 합유자 전원의 의사표시가 있어야 한다는 견해가 있다.4) 이에 대해 판례는 조합재산의 처분·변경에 관한 행위는 다른 특별한 사정이 없는 한 조합의 특별사무에 해당하는 업무집행이며, 업무집행조합원이 수인이 있는 경우에는 조합의 통상사무의 범위에 속하지 아니하는 특별사무에 관한 업무집행은 제706조 제2항에 따라 원칙적으로 업무집행조합원의 과반수로써 결정해야 한다고 보고 있다.5)

사안의 경우 총회에서 선임된 임원들은 A 상가조합의 업무집행조합원에 해당한다. 따라서 본 사안은 업무집행조합원이 선임된 상태에서 조합재산을 처분하는 경우에 해당하므로 기본적으로 제706조 제2항 2문이 적용되는 경우에 해당한다고 보는 것이 타당하다. 사안에서 업무집행조합원들의 의사결정기관인 임원회의 과반수 결의로 이루어진 채권의 양도는 유효한 업무집행에 해당하며 채권양도의 통지를 통하여 채무자인 甲에 대한 대항요건도 모두 갖추었다(제450조 제1항). 채권양도의 효력이 유효하므로 乙의 甲에 대한 분양잔대금청구는 정당하다.

---

2) 송덕수, 「신민법강의」, 1334면.
3) 곽윤직, 「채권각론」, 311면.
4) 이은영, 「채권각론」, 811면.
5) 대법원 2000. 10. 10. 선고 2000다28506·28513 판결.

64. 총유물의 처분 및 보존행위

사 례

A 종중의 대표자였던 甲은 A를 대표하여 B에게 종중 소유의 토지 X를 매도하는 계약을 체결하고 소유권이전등기를 마쳤다. A 종중의 규약에는 종중재산의 매도에 관한 사항은 총회의 결의를 거치도록 규정되어 있었으나, 甲은 토지 X를 매도하기 위하여 600명이 넘는 종원들에게 총회를 소집하는 통지도 하지 아니하고 약 10여명의 종원들을 소집하여 "토지 X에 대한 매도와 제반 사정의 처리에 관한 일체의 권한을 甲에게 위임한다"는 결의를 한 후 참석하지 않은 다른 종원들을 참여한 것으로 총회의결서를 작성하고, "토지 X에 대한 처분권한을 甲에게 위임한다"는 임원결의서를 작성하여 등기원인서류로 B에게 교부하였다. A 종중은 이에 반발하여 종중총회를 개최하여 乙을 종중대표자로 선임하고 甲이 처분한 토지 X를 되찾기로 결의하였다. 이에 乙은 종중의 종원 자격으로서 B를 상대로 甲의 처분행위가 종중총회의 결의를 거치지 않은 것으로 무효라는 이유로 B명의의 소유권이전등기의 말소를 청구하는 소송을 제기하였다. 정당한가?

乙의 B에 대한 소유물방해배제청구권(제214조)

(1) 종중총회의 결의 없는 처분행위의 효력

乙이 B에게 B명의의 소유권이전등기의 말소를 청구하기 위해서는 총회결의를 거치지 않은 甲의 처분행위가 무효이어야 한다. 종중은 권리능력 없는 사단에 해당하며 그 재산의 소유에 관하여는 총유에 관한 규정이 적용된다. 총유물의 관리·처분은 반드시 사원총회의 결의에 의하도록 하고 있고(제276조 제1항), 이는 강행법규에 해당한다. 사안에서 종전 종중대표 甲이 적법한 종중총회의 결의 없이 토지 X의 처분에 대한 위임을 받아 B에게 매도하였으므로 이는 무효이다. 따라서 소유권이전의 효력이 없으므로 B명의의 등기는 무효인 등기이므로 이 등기는 방해배제청구권의 대상이 된다.

(2) 종중의 대표 또는 종중원 1인이 단독으로 행한 보존행위의 효력

사안의 경우 乙은 종중의 대표로서 단독으로 소유권이전등기의 말소를 청구하는 소송을 제기하였다. 이처럼 권리능력 없는 사단의 경우 보존행위로서 종중의 대표 또는 종원 1인이 이러한 권리행사를 단독으로 할 수 있는지가 문제된다.

공유 및 합유의 경우 공유자 또는 합유자 각자가 보존행위를 단독으로 할 수 있는 것으로 규정하고 있으나(제265조 단서 및 제272조 단서), 총유에서는 이러한 명문의 규정이 없다. 이처럼 보존행위를 단독으로 할 수 있다는 명문의 규정을 두고 있지 않은 것은 법인 아닌 사단은 그 단체성이 강하고 그 소유형태인 총유에서 구성원 개인들의 총유재산에 대한 지분권이 인정되지 아니하는 데에서 나오는 논리적 귀결이라고 할 수 있다. 따라서 총유재산에 관한 소송은 법인 아닌 사단이 그 명의로 사원총회의 결의를 거치거나 또는 그 구성원 전원이 당사자가 되어 필수적 공동소송의 형태로 제기할 수 있을 뿐 그 사단의 구성원은 설령 그가 사단의 대표자라거나 사원총회의 결의를 거쳤다 하더라도 그 소송의 당사자가 될 수 없다. 그리고 이러한 법리는 총유재산의 보존행위로서 소를 제기하는 경우에도 마찬가지다.[1] 따라서 乙이 종중의 대표자 자격으로 B를 상대로 B명의의 소유권이전등기의 말소를 청구하는 소송을 제기하는 것은 적법하지 않다.

---

1) 대법원 2005. 9. 15. 선고 2004다44971 전원합의체 판결.

Ⅱ. 명의신탁에 의한 소유

65. 양자간 등기명의신탁

> **사 례**
>
> 부동산 개발업자 甲은 투기지역의 토지 X를 구매하여 소유자로 등기되어
> 있었다. 자신과 관련된 나쁜 소문이 돌고 있다는 사실을 알게 된 甲은 사
> 촌형인 乙에게 부탁하여 명의만 乙의 소유로 하기로 약정하고 乙명의로
> 소유권이전등기를 하여 주었다.
>
> (1) 1년 후 甲이 乙에게 부동산 X의 소유권이전등기를 해줄 것을 요구하
> 였으나, 乙이 이를 거부하는 경우 甲은 乙로부터 소유권이전등기를 받을
> 수 있는가?
>
> (2) 乙이 토지 X의 등기명의가 자신에게 있는 것을 이용하여 명의신탁관계
> 를 알고 있는 丙에게 매도한 경우 甲은 丙에게 이전등기의 말소 또는 소
> 유권이전등기를 요구할 수 있는가?

Ⅰ. 甲과 乙 사이의 대내적 관계 [사례 1]

(1) 甲의 乙에 대한 명의신탁약정에 따른 소유권이전등기청구권

　　甲과 乙 사이에는 乙이 명의만 빌려주어서 소유자로 등기되어 있
고 실질적으로는 甲이 소유자로 남는 약정을 하였다. 이러한 약정을 명
의신탁약정이라고 한다. 甲이 乙에게 명의신탁약정에 기하여 부동산 X
의 소유권이전등기를 청구하기 위해서는 명의신탁약정이 유효하고 甲
이 당해 명의신탁약정을 해지해야 한다.

부동산 명의신탁의 경우 투기·탈세·탈법행위 등 반사회적 행위가 많이 발생하여 부동산실명법(부동산실권리자명의등기에 관한 법률)이 제정되었고, 그 취지는 소유권 등 물권을 실체적 권리관계와 일치하도록 실권자 명의로 등기를 유도하기 위한 것이다. 부동산실명법상 명의신탁약정이라 함은 부동산에 관한 소유권 기타 물권을 보유한 자 또는 사실상 취득하거나 취득하려고 하는 자가 타인과의 사이에서 대내적으로 실권리자가 부동산에 관한 물권을 보유하거나 보유하기로 하고 그에 관한 등기는 그 타인 명의로 하기로 하는 약정을 말한다(부동산실명법 제2조 제1호). 사안의 경우 甲은 등기명의만을 乙로 하기로 하는 부동산실명법상 명의신탁약정을 乙과 하였으므로 본법에 따라 이들의 법률관계를 판단해야 한다.

부동산실명법은 기본적으로 이러한 명의신탁관계를 금지하고 있으므로 원칙적으로 이러한 명의신탁약정은 부동산실명법에 기하여 무효이다(부동산실명법 제4조 제1항). 다만, 종중이 보유한 부동산에 관한 물권을 종중 이외의 자의 명의로 등기한 경우, 배우자 명의로 부동산에 관한 물권을 등기한 경우, 종교단체의 명의로 그 산하 조직의 부동산에 관한 물권을 등기한 경우에 조세 포탈, 강제집행의 면탈 또는 법령상 제한의 회피를 목적으로 하지 않는다면 예외적으로 명의신탁약정은 무효가 아니다(부동산실명법 제8조). 사안의 경우 甲과 乙 사이에 체결된 명의신탁약정은 이러한 예외적인 사유에 해당하지 않으므로 무효이다.

명의신탁약정이 무효인 이상 甲은 乙에게 이러한 명의신탁약정 해지에 기한 소유권이전등기를 청구할 수 없다.[1]

(2) 甲의 乙에 대한 소유물방해배제청구권(제214조)

명의신탁약정이 무효인 경우, 이 등기가 실체관계에 부합하지 않기에 명의신탁약정에 따른 등기로 이루어진 부동산 물권변동 역시 무효가 된다(부동산실명법 제4조 제2항). 따라서 乙 명의의 이전등기는 무

---

1) 대법원 1999. 1. 26. 선고 98다1027 판결.

효이므로 甲이 소유자가 된다. 이처럼 무효인 등기를 통하여 소유자의 소유권행사에 지장을 주는 것도 방해에 해당하므로 신탁자는 수탁자를 상대로 소유권에 기한 방해배제청구권을 행사하여 수탁자 명의의 등기 말소를 구하거나 진정명의회복을 원인으로 하는 소유권이전등기를 구할 수 있다.2) 따라서 甲은 乙로부터 소유권이전등기를 받을 수 있다.3)

Ⅱ. 대외적 관계: 甲의 丙에 대한 방해배제청구권(제214조) [사례 2]

甲이 丙에게 이전등기의 말소 또는 소유권이전등기를 요구하기 위해서는 아직 토지 X의 소유자이어야 한다. 그런데 부동산실명법상 무효는 제3자에게 대항하지 못한다(동법 제4조 제3항). 여기서 제3자라고 함은 명의수탁자가 물권자임을 기초로 그와의 사이에 새로운 이해관계를 맺은 사람을 말하고4) 선의·악의인지의 여부는 따지지 않는다. 사안에서 丙은 수탁자인 乙과 매매계약을 체결하여 소유권을 이전받은 제3자에 해당하므로 甲은 명의신탁약정 및 乙의 등기가 무효인 것을 갖고 丙에게 대항하지 못한다. 따라서 丙이 유효하게 토지 X의 소유권을 취득하였으므로 甲은 丙에게 이전등기의 말소 또는 소유권이전등기를 요구할 수 없다.

---

2) 대법원 2002. 9. 6. 선고 2002다35157 판결.
3) 한편, 이 경우 부동산실명법을 위반하여 무효인 명의신탁약정에 따라 乙에게 행해진 등기는 특별한 사정이 없는 한 민법 제746조의 불법원인급여에 해당하므로 甲의 乙에 대한 소유권이전등기 청구는 적법하지 않다는 주장도 존재한다. 그러나 판례는 당연히 불법원인급여에 해당하는 것은 아니라고 보고 있다(대법원 2019. 6. 20. 선고 2013다218156 전원합의체 판결).
4) 대법원 2004. 8. 30. 선고 2002다48771 판결.

66. 3자간 등기명의신탁

사 례 재벌총수 甲은 乙로부터 부동산 X를 5억원에 매수하면서 땅값이 오를 것을 걱정하여 자신의 명의가 아닌 丙명의로 등기하기로 합의하였다. 그리고 乙과 丙의 동의를 얻어 부동산 X의 소유권이전등기를 직접 乙에서 丙으로 경료하였다. 그 후 甲은 부동산 X를 인도받아 사용하고 있다.

(1) 이 경우 乙은 丙에게 소유권이전등기의 말소를 청구할 수 있는가?

(2) 乙이 丙에게 소유권이전등기의 말소를 청구하지 않고 있는 경우에 甲은 乙의 丙에 대한 소유권이전등기말소청구를 대위행사할 수 있는가?

(3) 만약 丙이 제3인 丁에게 부동산 X에 근저당권을 설정해 주었다면, 甲은 丙에게 직접 부당이득의 반환을 청구할 수 있는가?

I. 乙의 丙에 대한 소유물방해배제청구권(제214조)

사안에서 부동산 X에 대한 매매계약은 신탁자인 甲이 체결하고 등기이전은 수탁자인 丙에게로 이루어졌다. 이처럼 명의신탁자가 매도인과 매매계약의 당사자로서 매매계약을 체결하여 신탁자의 명의가 아닌 수탁자의 명의로 직접 이전등기를 하는 경우를 3자간 등기명의신탁이라고 한다. 이 경우 명의신탁약정은 무효이고(부동산실명법 제4조 제1항) 모든 당사자가 이러한 무효인 명의신탁관계에 가담하고 있으므로 명의신탁약정에 따른 등기로 이루어진 부동산에 관한 물권변동도 무효가 된다(부동산실명법 제4조 제2항). 수탁자가 소유권을 취득하지 못한 이상 수탁자 앞의 소유권이전등기가 무효의 등기이므로 매도인인 乙은 수탁자인 丙에게 직접 등기의 말소청구를 할 수 있다.

Ⅱ. 甲에 의한 乙이 丙에 대하여 갖는 소유물방해배제청구권의 대위행사

명의신탁약정과 상관없이 甲이 乙과 체결한 매매계약은 유효하다. 따라서 甲은 유효한 매매계약에 기하여 乙에 대하여 부동산 X의 소유권을 이전해줄 것을 청구할 수 있는 권리가 있으므로(제568조 제1항) 乙이 丙에 대하여 소유물방해배제청구권을 행사하지 않는 경우에는 채권자대위권의 행사를 고려할 수 있다(제404조). 즉, 매수인(신탁자)은 매매계약에 따른 소유권이전등기청구권을 보전하기 위하여 매도인을 대위해서 명의수탁자 명의의 등기말소를 청구할 수 있다.[1] 따라서 甲은 乙의 丙에 대한 소유권이전등기말소청구를 대위행사할 수 있다.

Ⅲ. 甲의 丙에 대한 부당이득반환청구권(제741조)

3자간 등기명의신탁에서 명의수탁자가 처분행위 등을 하여 제3자 명의로 소유권이전등기나 저당권설정등기가 마쳐졌다면 특별한 사정이 없는 한 이러한 등기는 유효하다(부동산실명법 제4조 제3항). 결과적으로 매도인의 명의신탁자에 대한 소유권이전등기의무는 이행불능이 되거나 저당권이 남아 있는 상태의 소유권 이전만이 가능하게 되어 명의신탁자는 손해를 입고, 반대로 처분행위 등을 한 명의수탁자는 이익을 얻게 된다. 이 경우 판례는 명의신탁자가 명의수탁자에게 직접 그 이익의 반환을 청구할 수 있다고 보고 있다.[2] 즉, 명의신탁자 甲은 명의수탁자 丙에게 부당이득반환청구권에 근거하여 丁 명의의 근저당권설정으로 얻은 이익의 반환을 직접 청구할 수 있다.

---

[1] 대법원 2002. 11. 22. 선고 2002다11496 판결.

[2] 대법원 2021. 9. 9. 선고 2018다284233 전원합의체 판결. 그러나 명의신탁자와 명의수탁자 간에 직접적인 법률관계가 없고, 명의수탁자의 처분행위로 인과관계 있는 손해를 입은 사람은 명의신탁자가 아닌 매도인이라는 점, 명의신탁자는 매도인에게 매매계약상의 권리를 행사할 수 있기에 소유권을 잃거나 소유권에 제한이 생긴 매도인에게 손해가 없다고 할 수는 없는 점을 근거로 부당이득반환관계는 매도인과 명의수탁자 간에 인정될 뿐이라는 반대견해도 있다.

67. 악의의 계약명의신탁

사 례

甲은 부인 乙의 권유에 따라 매도인 丙으로부터 X 토지를 매수하면서 X 토지가 농지인 점을 고려하여 농지취득이 가능한 乙에게 매수인 명의 및 소유권이전등기 명의를 신탁하기로 하였다. 그리고 부동산매매계약서를 작성하면서 乙을 계약서상의 매수인으로 甲은 乙의 대리인으로 각각 기재하여 매매계약을 체결하였다. 이에 따라 이러한 사실을 모두 알고 있는 丙으로부터 수탁자인 乙명의로의 소유권이전등기가 경료되었다.

그 후 명의수탁자인 乙이 사망하여 甲과 丁 등이 공동으로 재산상속인의 지위를 취득하였다. 이에 대하여 甲은 부동산실명법에 따라 甲과 乙 사이의 명의신탁약정과 乙명의의 소유권이전등기가 모두 무효라고 주장하였다. 이와 같은 주장을 기초로 매도인 丙은 무효인 乙명의의 소유권이전등기의 말소를 구할 수 있는데, 甲은 위 매매계약의 매수인으로서 매도인 丙에 대한 소유권이전등기청구권을 보전하기 위하여 매도인 丙을 대위하여 망부 乙의 상속인들인 丁 등에게 위 소유권이전등기의 말소등기절차의 이행을 청구하는 소송을 제기하였다. 정당한가?

【변형】 丙이 명의신탁관계가 무효임에 따라 소유권이전이 무효라는 사실을 안 후, 甲과 별도의 매매계약을 체결한 경우에는?

甲에 의한 丙이 乙에 대하여 갖는 소유물방해배제청구권의 대위행사

丙이 乙에 대하여 갖는 소유물방해배제청구권을 대위행사하기 위해서 甲은 매매계약의 당사자로서 매매계약상의 소유권이전청구권을 가져야 한다. 문제는 사안에서 甲이 丙과 체결한 매매계약의 당사자가 되었는지의 여부이다.

사안에서처럼 수탁자인 乙이 매매계약의 당사자로 기재되고 수탁자의 대리인으로 신탁자인 甲이 매도인과 직접 매매계약을 체결한 경우 수탁자인 乙과 신탁자인 甲 중 누가 매도인과의 매매계약 당사자인

지가 문제된다.[1] 부동산 명의신탁과 관련한 당사자 확정에 있어서는 신탁자가 계약을 체결하는 경우와 수탁자가 계약을 체결하는 경우로 사례군을 나누어서 고찰할 필요가 있다. 수탁자가 직접 계약을 체결하는 경우에는 행위주체와 명의자가 일치하므로 수탁자를 계약 당사자로 확정하는 것에 문제가 없다. 신탁자가 계약을 체결하는 경우에는 (1) 현명 없이 수탁자 이름으로 바로 계약을 체결하는 경우와 (2) 수탁자 이름으로 신탁자가 대리인으로서 현명하여 계약을 체결하는 경우로 나누어서 생각할 수 있다.

　수탁자 이름으로 바로 계약을 체결하는 경우 중, 타인의 이름 아래에서 계약을 체결하는 경우에는 명의자인 수탁자와 행위자인 신탁자 중 누구를 계약당사자로 의도했는지가 명확하지 않기 때문에 의사표시 해석의 문제가 발생한다. 이때 법률효과가 귀속되는 당사자의 확정은 의사표시의 기본원칙에 따라서 당사자의 의사가 일치하면 일치하는 의사대로 하고, 당사자의 의사가 일치하지 않으면 객관적 해석에 의하여 당사자를 확정해야 한다. 이러한 해석의 결과 계약서상의 수탁자가 계약 당사자로 표시되어 있음에도 불구하고 신탁자를 계약당사자로 보게 되는 경우에는 형식적으로 계약명의까지 신탁하는 약정이 있더라도 3자간 등기명의신탁으로 보아야 한다.[2] 그에 반하여 신탁자가 계약을 체결하였더라도 계약당사자가 수탁자로 확정되면 이는 계약명의신탁에 해당한다.[3]

　수탁자 이름으로 신탁자가 계약을 체결하나, 대리인으로서 현명한

---

1) 다른 사람의 이름으로 계약을 체결하여 계약을 실제로 체결하는 자와 계약증서상의 명의자가 다른 경우는 실제 법률관계에서 자주 등장한다. 명의신탁에서 당사자 확정의 문제가 중요한 이유는 명의신탁자와 명의수탁자 중 누구를 계약당사자로 보느냐에 따라 명의신탁의 유형이 결정되고 그에 따라 물권의 취득주체가 달라질 수 있기 때문이다. 수탁자가 계약당사자인 계약명의신탁의 경우 부동산실명법 제4조 제2항 단서가 적용되면 해당 부동산에 관한 물권변동이 유효하고 명의수탁자가 해당 부동산의 소유권을 유효하게 취득하는 데 반하여, 신탁자가 계약당사자인 3자간 등기명의신탁에서는 물권변동이 언제나 무효이기 때문에 그 부동산 소유권은 매도인에게 환원된다.

2) 대법원 1995. 5. 11. 선고 98다56874 판결; 박동진, "부동산명의신탁 중 소위 '계약명의신탁'의 법률관계," 민사법학 제26호, 288면.

3) 박동진, "부동산명의신탁 중 소위 '계약명의신탁'의 법률관계," 민사법학 제26호, 289면.

경우에는 앞의 사례군과 전혀 다른 경우로서 이때에는 특별한 사정이 없는 한 당연히 수탁자가 본인으로서 계약의 당사자가 된다고 보아야 한다. 왜냐하면 신탁자가 대리인으로 계약을 체결하면 매매계약의 당사자가 본인인 수탁자로 명백히 표시되기 때문이다. 따라서 여기서도 법률행위의 해석문제로서 당사자의 확정은 큰 문제가 되지 않는다.

사안의 경우 신탁자 甲이 대리인으로서 수탁자 乙명의로 계약을 체결한 경우로서 규범적 해석에 의하면 당연히 수탁자가 계약의 당사자가 된다. 여기서 신탁자와 매도인 모두 신탁관계를 알고 있다는 사실로 인하여 수탁자를 계약당사자로 하려는 계약체결 당사자들의 주관적 의사가 있는지가 문제될 수 있다. 그러나 신탁관계는 내부관계에 불과하여 당사자 확정에 영향을 미치지 않고 그에 따라 기본적으로 계약을 체결하는 신탁자가 수탁자를 계약당사자로 하려는 의사가 있는 것으로 볼 수 있다. 또한 매도인이 명의신탁관계를 알고 신탁자와 계약을 체결하였더라도 특별한 사정이 없는 한 신탁자가 아니라 수탁자를 계약당사자로 보려고 하는 의사가 매도인에게 있다. 따라서 신탁관계의 존재를 전제로 하여 신탁자와 매도인이 계약을 체결하더라도 그것만으로 자연적 해석에 의하여 수탁자를 계약의 당사자로 볼 수 없다고 판단해서는 안 된다. 사안에서 매매계약의 당사자가 수탁자인 乙로 확정되었으므로 신탁자 甲은 매매계약상의 권리가 없으므로 피보전채권이 존재하지 않으며 채권자대위권의 행사도 인정되지 않는다.

【변형】   매도인 丙이 명의신탁약정이 부동산실명법에 의하여 무효가 됨을 알고서도 명의신탁인 甲과 다시 매매계약을 체결한다면 매매계약상의 소유권이전청구권이 피보전채권으로 기능할 수 있으므로 대위청구가 가능하다.

68. 선의의 계약명의신탁

사 례

甲은 乙과 부동산 X를 乙명의로 경락받기로 하는 명의신탁약정을 하고 낙찰보증금 명목으로 1억원을 乙에게 지급하였다. 그 후 乙은 경매법원을 통해 부동산 X를 낙찰받은 즉시 낙찰보증금으로 1억원을 납부하고, 甲으로부터 받은 낙찰대금 11억원을 납부하고 등기를 경료하였다. 또한 乙은 명의신탁자인 甲으로부터 취득세 및 등록세 등 비용조로 1억 3천만원을 수령하여 납부하였다.

(1) 이 경우 乙은 부동산 X의 소유권을 취득하였는가?

(2) 甲이 무력이 되자 甲의 채권자 丙은 甲의 명의신탁약정 무효에 따른 매매대금 부당이득반환채권에 대해 甲을 대위하여 피고 乙을 피고로 소송을 제기하였다. 이 경우 매매대금으로 지급한 12억원 외에 취득세 및 등록세 등 비용조로 지급한 1억 3천만원도 함께 청구할 수 있는가?

【변형】 부동산실명법 시행 전에 부동산 X에 대한 위 등기가 乙에게 경료되었지만 부동산실명법 소정의 유예기간(동법 시행일로부터 1년) 내에 甲명의의 실명등기는 이루어지지 못하였다. 유예기간이 지난 후 12년이 경과하여 甲은 乙에게 소유권의 반환 또는 매매대금 상당액의 반환을 청구할 수 있는가?

Ⅰ. 선의의 계약명의신탁과 물권변동의 효력 [사례 1]

甲과 乙 사이의 명의신탁약정에 따라 乙명의로 부동산 X를 경락받았으므로 수탁자인 乙이 계약당사자가 되는 계약명의신탁이 이루어졌다. 또한 매도인은 이러한 사실을 모르는 선의에 해당할 것이므로 선의의 계약명의신탁관계가 성립하였다. 명의신탁자와 명의수탁자가 이른바 계약명의신탁약정을 맺고 명의수탁자가 당사자가 되어 명의신탁약정이 있다는 사실을 알지 못하는 소유자와의 사이에 부동산에 관한 매매계약을 체결한 후 그 매매계약에 따라 당해 부동산의 소유권을 수탁

자 명의로 마친 경우에는 명의신탁자와 명의수탁자 사이의 명의신탁약
정이 무효임에도 불구하고(부동산실명법 제4조 제1항) 명의신탁약정에 따
른 등기로 이루어진 부동산에 관한 물권변동의 효력은 유효하다(부동산
실명법 제4조 제2항 단서). 따라서 명의수탁자는 당해 부동산의 완전한 소
유권을 취득하게 되므로 사안에서 乙은 유효하게 부동산 X의 소유권을
취득하였다.

Ⅱ. 丙에 의한 甲이 乙에 대하여 갖는 부당이득반환청구권의 대위 행사 [사례 2]

甲이 乙에 대하여 갖는 부당이득반환청구권을 丙이 대위행사하기
위해서는(제404조) 피대위채권인 甲의 乙에 대한 부당이득반환청구권
이 성립해야 한다.[1] 명의신탁약정이 무효이므로 이를 기초로 지급한
매수자금 등은 모두 수탁자의 부당이득에 해당한다. 그런데 선의의 계
약명의신탁의 경우에는 명의신탁자는 애초부터 당해 부동산의 소유권
을 취득할 수 없었으므로, 위 계약명의신탁약정의 무효로 인하여 명의
신탁자가 입은 손해는 당해 부동산 자체가 아니라 명의수탁자에게 제
공한 매수자금이고, 따라서 명의수탁자는 당해 부동산 자체가 아니라
명의신탁자로부터 제공받은 매수자금 상당액을 부당이득한 것이다.[2]
이때 명의수탁자가 소유권이전등기를 위하여 지출하여야 할 취득세,
등록세 등을 명의신탁자로부터 제공받았다면 이러한 자금 역시 위 계
약명의신탁약정에 따라 명의수탁자가 당해 부동산의 소유권을 취득하
기 위하여 매매대금과 함께 지출된 것이므로, 당해 부동산의 매매대금

---

1) 당연히 채권자대위권의 요건도 갖추어야 한다. 특히 피보전채권이 금전채권이라면 채
　무자의 무자력이 요구된다(대법원 1969. 11. 25. 선고 69다1665 판결).

2) 그에 반하여 부동산실명법 시행 전에 계약명의신탁에 따라 명의신탁약정이 있다는 사
　실을 알지 못하는 소유자로부터 명의수탁자 앞으로 소유권이전등기가 경료되고 같은
　법 소정의 유예기간이 경과하여 명의수탁자가 당해 부동산의 완전한 소유권을 취득한
　경우에는 당해 부동산 자체를 부당이득을 이유로 반환해야 한다(대법원 2002. 12. 26.
　선고 2000다21123 판결).

상당액 이외에 명의신탁자가 명의수탁자에게 지급한 취득세, 등록세 등의 취득비용도 특별한 사정이 없는 한 위 계약명의신탁약정의 무효로 인하여 명의신탁자가 입은 손해에 포함되어 명의수탁자는 이 역시 명의신탁자에게 부당이득으로 반환하여야 한다.[3] 따라서 丙은 매매대금으로 지급한 12억원 외에 취득세 및 등록세 등의 비용조로 지급한 1억 3천만원도 함께 대위청구할 수 있다.

【변형】 부동산실명법 시행 전에 명의수탁자인 乙이 명의신탁약정에 근거하여 부동산 X의 소유권을 취득하였다면 부동산실명법 시행 후 1년 내에 실명등기를 하여야 한다(동법 제11조 제1항). 즉, 甲은 해당 유예기간 중이라면 언제라도 명의신탁약정을 해지하고 부동산 X의 소유권을 취득할 수 있었다. 그러나 이러한 조치 없이 유예기간이 도과하였고 명의신탁약정은 무효가 되었고, 반면에 명의수탁자 乙은 부동산 X의 소유권을 취득하게 되었다(동법 제12조 제1항, 제4조).

판례는 이 경우 명의수탁자가 명의신탁자에게 자신이 취득한 부동산을 부당이득으로 반환할 의무가 있다고 본다.[4] 즉, 乙은 甲에게 부동산 X를 부당이득으로 반환해야 한다. 다만, 甲의 乙에 대한 소유권이전등기청구권은 부당이득반환청구권의 성질을 갖고 있기에 10년의 시효기간이 경과하면 소멸하게 된다(민법 제162조 제1항).[5] 따라서 유예기간이 도과한 후 12년이 지나서 甲이 乙에게 소유권의 반환 또는 매매대금 상당액의 반환을 청구하는 것은 정당하지 않다.

---

3) 대법원 2010. 10. 14. 선고 2007다90432 판결.
4) 대법원 2002. 12. 26. 선고 2000다21123 판결; 대법원 2008. 11. 27. 선고 2008다62687 판결; 대법원 2016. 9. 28. 선고 2015다65035 판결.
5) 대법원 2009. 7. 9. 선고 2009다23313 판결; 대법원 2016. 9. 28. 선고 2015다65035 판결.

제6장 용익물권

69. 지상권의 존속기간

사례 甲은 1층 건물 X 위에 2, 3층의 증축도급계약을 체결하면서 건물주 乙로부터 존속기간의 제한이 없는 영구한 지상권을 설정받았다. 증축이 끝난 후 甲은 분양을 통하여 丙 등의 수분양자들에게 증축된 부분의 소유권을 이전하였으나, 당시(1977년경) 구분 지상권의 이전등기 방법이 없었던 관계로 이를 이전하지 못하고 甲이 지상권자로 남았다. 분양이 이루어진 후 20년이 지나서 乙은 丙 등의 수분양자들에게 증축된 부분의 철거 및 그 사이 지급하지 않은 지료를 청구하였다. 타당한가?

I. 丙 등의 수분양자들에 대한 乙의 방해배제청구권(제214조)

乙이 丙 등의 수분양자들에게 증축부분의 철거를 요구하기 위해서는 丙 등의 수분양자들이 권원 없이 증축된 부분의 공간을 이용하고 있어야 한다. 사안에서 甲은 乙로부터 2, 3층 부분을 증축하여 추가로 건물을 신축하기 위한 공간을 사용할 수 있는 내용의 구분지상권을 설정받았다(제289조의2 제1항). 그리고 지상권은 물권인 한도에서는 자유로 이 제3자에게 양도할 수 있다(제282조). 그런데 甲이 분양을 통하여 丙 등의 수분양자들에게 증축된 부분의 소유권을 이전하면서 이 구분지상권을 이전해야 하나, 당시 이전등기 방법이 없어서 이전하지 못하였다. 따라서 이러한 구분지상권에 대하여 甲이 丙 등의 수분양자들에게 등기이전을 하지 않은 이상 구분지상권은 이전된 상태가 아니다. 하지만 甲은 분양계약을 통하여 丙 등의 수분양자들에게 구분지상권을 이전할 의무가 있으며, 이를 이전하지 못한 이상 이 지상권을 계속하여 수분양자들이 증축된 부분에 대하여 이용할 수 있도록 활용해야 할 채권적 의무를 부담하고 있다. 따라서 丙 등의 수분양자들에게 甲의 구분지상권을 기초로 한 채권적 권리는 최소한 인정된다.

　　문제가 되는 것은 존속기간의 제한이 없는 영구한 지상권을 설정할 수 있는지의 여부이다. 존속기간의 제한이 없는 지상권설정이 허용되지 않으면 이 약정은 무효가 되고, 지상권설정기간의 정함이 없는 때에는 통상의 건물인 경우 15년이 된다(제281조 제1항, 제280조 제1항 제2호). 따라서 20년이 지난 후라면 존속기간이 만료하여 지상권이 소멸하였을 수 있다. 그런데 특히 사안에서처럼 설정된 구분지상권의 경우는 존속기간이 영구라고 할지라도 대지의 소유권을 전면적으로 제한하지 아니한다는 점에 비추어 보면 지상권의 존속기간을 영구로 약정하는 것은 허용된다고 보는 것이 타당하다.[1] 따라서 丙 등의 수분양자들은 점유권원이 있으므로 乙의 증축된 부분에 대한 철거청구는 정당하지 않다.

II. 丙 등의 수분양자들에 대한 乙의 지료지급청구권

　　지료의 지급은 지상권의 요소가 아니므로 당사자 사이에 지급의 약정이 있는 경우에만 지료지급의무가 있다. 따라서 지료에 관한 약정

---

[1] 대법원 2001. 5. 29. 선고 99다66410 판결. 그러나 현재는 부정설이 다수설이다(곽윤직·김재형, 309면).

이 없으면 무상의 지상권을 설정한 것으로 인정된다. 또한 지상권에 있어서 유상인 지료에 관하여 지료액 또는 그 지급시기 등의 약정은 이를 등기하여야만 그 뒤에 토지소유권 또는 지상권을 양수한 사람 등 제3자에게 대항할 수 있고, 지료에 관하여 등기하지 않은 경우에는 무상의 지상권으로서 지료증액청구권도 발생할 수 없다.[2] 따라서 丙 등의 수분양자들에 대한 乙의 지료지급 청구는 인정되지 않는다.

---

2) 대법원 1999. 9. 3. 선고 99다24874 판결.

70. 분묘기지권

사 례

甲은 친구 乙의 승낙을 얻어 분묘를 乙 소유의 토지 위에 설치하였다. 이들 사이에는 특별한 약정이 없었으며 甲은 그 분묘의 수호와 봉사를 계속하여 왔다. 10년 후 친구 乙이 사망하자 乙의 상속인 중 아들 丙과 甲 사이에 다음과 같은 다툼이 발생하였다.

(1) 분묘기지권의 존속기간은 어떻게 되는가?

(2) 분묘기지권을 통하여 사용할 수 있는 토지의 범위는 어떻게 되는가?

(3) 분묘기지권이 성립하면 지료를 지급해야 하는가?

Ⅰ. 분묘기지권 존속기간에 대하여 약정이 없는 경우

甲과 乙 사이에는 분묘를 설치하여 소유하기 위하여 乙 소유의 토지를 사용할 수 있는 분묘기지권에 관한 합의가 있었다. 이러한 분묘기지권(관습상의 지상권)은 판례에 의하여 인정된 관습법상 지상권 유사의 물권이다.

분묘기지권의 존속기간과 관련하여 약정이 있으면 그에 따르지만, 약정이 없는 경우에 이를 어떻게 정할 것인지가 문제된다. 지상권에 관한 규정을 유추적용한다면 5년의 존속기간만이 인정되는데 이는 매우 부당하다(제281조, 제280조 제1항 제3호). 따라서 학설과 판례는 권리자가 분묘의 수호와 봉사를 계속하며 그 분묘가 존속하고 있는 동안 분묘기지권은 존속한다고 해석함이 타당하다고 본다.[1] 사안에서 甲이 계속하여 분묘의 수호와 봉사를 하고 있으므로 분묘기지권은 존속하고 있는 것으로 보아야 한다.

---

1) 대법원 2007. 6. 28. 선고 2005다44114 판결.

II. 분묘기지권을 통하여 사용할 수 있는 토지의 범위

분묘기지권은 분묘를 수호하고 봉사하는 목적을 달성하는 데 필요한 범위 내에서 인정된다. 따라서 분묘가 설치된 기지에 국한되는 것이 아니라, 분묘의 수호 및 제사의 봉행에 필요한 주위의 빈 땅에도 효력이 미친다.[2]

III. 분묘기지권에 의한 지료청구권

분묘기지권이 성립하는 경우 지료를 지급해야 하는지는 분묘기지권의 취득원인에 따라 달라진다. 자기 소유의 토지에 분묘를 설치하고 토지를 양도하면서 분묘이장의 특약을 하지 않아 분묘기지권이 성립한 경우라면 특별한 사정이 없는 한 분묘기지권이 성립한 때부터 지료를 지급할 의무가 있다고 한다.[3] 분묘기지권을 시효로 취득한 경우라면 토지소유자가 분묘기지에 대한 지료를 청구한 때부터 지료를 지급할 의무가 있다고 한다.[4] 토지소유자의 승낙에 의하여 성립하는 분묘기지권이라면 분묘의 수호·관리자와 토지소유자 간의 약정에 의하여 지료의 지급여부나 범위 등이 결정될 것이지만,[5] 약정이 없거나 불분명하다면 지료의 지급의무를 인정하는 의견과 부정하는 의견으로 나뉜다. 지료에 대한 약정이 없거나 불분명한 경우는 대부분 묵시적 승낙이나 묵시적 용인하에 분묘가 설치된 경우이고 이러한 경우들은 승낙이 있었음을 증명하는 것조차 어려워 시효제도의 도움을 받게 되므로 분묘기지권을 시효로 취득한 경우와 유사하게 토지소유자가 지료를 청구한

---

2) 대법원 1965. 3. 23. 선고 65다17 판결; 대법원 1997. 5. 23. 선고95다29086, 29093 판결.
3) 대법원 2021. 5. 27. 선고 2020다295892 판결.
4) 대법원 2021. 4. 29. 선고 2017다228007 전원합의체 판결.
5) 대법원 2021. 9. 16. 선고 2017다271834, 271841 판결.

때부터 지료를 지급할 의무가 있다고 볼 필요가 있다.[6] 이 사건은 甲이 친구 乙의 승낙하에 분묘를 설치하고 지료에 관한 별도의 약정이 없는 경우이므로 乙의 상속인인 丙이 지료를 청구한 때부터 지료를 지급할 의무가 발생한다고 보아야 한다.

---

[6] 지상권과 달리 지료를 분묘기지권의 원칙적 요소로 보는 견해로는 이진기, 360면; 지원림, 민법강의, 701면.

71. 법정지상권과 관습법상의 법정지상권

사례

甲으로부터 그 소유의 대지와 그 지상건물을 매수한 乙이 건물에 대하여는 그것이 미등기건물이라 소유권이전등기를 받지 못하고 대지에 대하여만 소유권이전등기를 경료받은 뒤 대지에 관하여 丙에게 저당권을 설정해 주었고, 이에 丙이 위 저당권의 실행에 의한 경락으로 대지소유권을 취득하였다. 그 후 丙이 乙에게 건물의 철거를 청구하였다.[1] 정당한가?

丙의 乙에 대한 소유물방해배제청구권(제214조)

丙이 乙에게 건물의 철거를 청구하기 위해서는 乙에게 토지를 점유할 수 있는 권원이 없어야 한다. 사안에서 乙이 약정에 의하여 토지를 이용할 수 있는 권원을 설정받은 적이 없지만, 법률규정 내지 관습법에 의한 권원이 인정될 수 있는지를 검토해 보아야 한다. 본 사안의 경우 제366조의 법정지상권과 관습법상의 법정지상권이 문제된다.

(1) 제366조의 법정지상권

제366조의 법정지상권은 저당권 설정 당시에 동일인의 소유에 속하는 토지와 건물이 저당권의 실행에 의한 경매로 인하여 각기 다른 사람의 소유에 속하게 된 경우에 건물의 소유를 위하여 인정된다. 따라서 본조의 법정지상권이 성립하기 위해서는 (1) 저당권설정 당시에 건물이 존재할 것, (2) 저당권설정 당시에 토지와 건물이 동일한 소유자에게 속할 것, (3) 토지와 건물 중 하나 이상에 저당권이 설정되어 그 실행으

---

1) 대법원 2002. 6. 20. 선고 2002다9660 전원합의체 판결 변형.

로 인하여 토지와 건물의 소유자가 달라질 것이 요구된다. 사안의 경우 원래 토지와 건물은 동일한 소유자인 甲에게 속하였다가 이를 모두 乙이 매수하는 과정에서 건물이 미등기건물이어서 토지에 관하여만 소유권이전등기를 이전받았고 건물에 대하여 이전등기를 받지 못하였다. 이 상태에서 저당권이 토지에 설정되었다면, 그 저당권의 설정 당시에 대지는 乙의 소유, 건물은 甲의 소유하에 있어서 이미 각각 다른 사람의 소유에 속하고 있었다. 따라서 저당권의 실행으로 토지와 건물의 소유자가 달라진 것이 아니므로 본조의 법정지상권이 성립할 여지가 없다.

(2) 관습법상의 법정지상권

매매계약을 통하여 토지와 건물의 소유자가 달라진 경우에 건물을 철거한다는 특별한 약정이 없다면 관습법상의 법정지상권이 인정될 수 있다. 그렇다면 甲과 乙 사이의 매매계약을 통해 토지와 건물의 소유자가 달라졌으므로 관습법상 법정지상권이 성립하였는지를 검토해 보아야 한다.

관습법상의 법정지상권은 동일인의 소유이던 토지와 그 지상건물이 매매 기타 원인으로 인하여 각각 소유자를 달리하게 되었으나 그 건물을 철거한다는 등의 특약이 없으면 건물 소유자로 하여금 토지를 계속 사용하게 하려는 것이 당사자의 의사라고 보아 판례법상 인정된 법정지상권을 말한다.[2] 따라서 토지의 점유·사용에 관하여 당사자 사이에 약정이 있는 것으로 볼 수 있는 경우에는 이 약정에 의한 점유·사용권원이 있다는 측면에서, 그리고 토지 소유자가 건물의 처분권까지 함께 취득한 경우에는 점유·사용권원이 필요하지 않다는 측면에서 관습법상의 법정지상권을 인정할 이유가 없다. 사안에서 甲이 乙에게 미등기건물을 그 대지와 함께 매도하였다면 비록 매수인 乙에게 그 대지에 관하여만 소유권이전등기가 경료되고 건물에 관하여는 등기가 경료되지 아니하여 형식적으로 대지와 건물이 그 소유 명의자를 달리하게 되

---

2) 대법원 1988. 9. 27. 선고 87다카279 판결.

었다 하더라도, 매수인에게 토지의 점유·사용은 토지소유권을 통하여 이미 보장되어 있으므로 당사자 사이의 토지이용에 있어서 별도의 점유사용권이 필요하지 않다는 측면에서 관습법상의 법정지상권을 인정할 이유가 없다.

따라서 乙에게는 점유권원이 인정되지 않으므로 건물의 철거를 요구한 丙의 주장은 타당하다.

72. 관습법상의 법정지상권과 건물의 양도

사 례

甲은 자신의 토지 X 위에 건물 Y를 소유하고 있었다. 甲은 토지 X를 乙에게 매도한 후 소유권이전등기를 경료해 주었고 다시 건물 Y를 丙에게 매도한 후 소유권이전등기를 경료하여 주었다.

(1) 토지 소유자인 乙은 丙에게 건물의 철거를 요구하고 있다. 타당한가?

(2) 건물의 철거를 요구할 수 없다면 乙은 丙에게 지료의 지급을 요구할 수 있는가?

Ⅰ. 乙의 丙에 대한 소유물방해배제청구권(제214조)

소유자인 乙이 丙에게 건물의 철거를 요구하기 위해서는 丙에게 토지를 이용할 수 있는 권원이 없어야 한다. 사안의 경우 甲은 토지 X와 건물 Y를 소유하다가 토지 X를 乙에게 매도하여 소유권을 이전할 때 관습법상의 법정지상권을 취득하였는지가 문제된다.

(1) 관습법상 법정지상권의 성립

관습법상의 법정지상권이 성립하기 위해서는 (1) 토지와 그 위의 지상 건물이 동일한 소유자에게 귀속하다가 (2) 특별한 철거의 약정이 없는 상태에서 (3) 매도 등의 원인으로 소유자를 각각 달리하게 되는 경우이어야 한다. 사안에서 특별한 철거의 합의가 없었던 이상 이러한 관습법상의 법정지상권은 甲이 토지 X를 乙에게 매도함으로써 甲이 소유하고 있는 건물 Y를 위하여 성립하였다. 또한 관습법상의 법정지상권은 법률규정에 의한 물권취득이므로 등기 없이 곧바로 취득하게 된다(제187조 본문).

(2) 관습법상 법정지상권의 양도

그런데 甲이 취득한 관습법상의 법정지상권을 丙이 양도받기 위해서는 甲이 지상권설정등기를 한 후 丙에게 이전등기를 할 때 지상권이전의 부기등기를 해야 한다. 그러나 사안에서 건물 소유권의 이전등기만 하였고 지상권이전과 관련하여서는 등기를 하지 않았으므로 丙은 甲으로부터 지상권을 이전받지 못하여 이를 권원으로 주장하지 못한다.[1]

(3) 신의칙에 의한 제한

하지만 丙은 건물 Y를 甲으로부터 매수하면서 지상권을 이전받을 수 있는 권리는 취득한 것으로 볼 수 있다. 왜냐하면 사안에서처럼 타인의 토지 위에 건물을 소유하고 있는 자로부터 건물을 매수하면서 건물을 철거하기로 하는 특약 등의 사정이 없는 한 건물의 이용을 목적으로 하는 권리를 건물 양수인이 이전받는 것으로 해석할 수 있기 때문이다.[2] 따라서 丙은 甲에게 지상권의 이전을 요구할 수 있는 채권적 권리를 갖고 있고 이 권리를 피보전채권으로 하여 甲이 乙에 대하여 갖고 있는 지상권설정등기 이행청구권을 대위행사할 수 있다(제404조).

결국 토지소유자 乙은 지상권의 부담을 용인하고 그 설정등기절차를 이행할 의무 있는 자의 지위에 있게 되어 乙이 그 권리자인 丙을 상대로 건물철거 청구를 한다면 이는 신의성실의 원칙상 허용될 수 없을 것이다.[3] 따라서 乙은 丙에게 건물의 철거를 요구할 수 없다.

---

1) 대법원 1970. 7. 24. 선고 70다729 판결.
2) 대법원 1988. 9. 27. 선고 87다카279 판결.
3) 대법원 1988. 9. 27. 선고 87다카279 판결.

II. 乙의 丙에 대한 지료지급청구권

(1) 제366조 단서의 유추적용

관습법상의 법정지상권이 성립한 상태에서 지료의 지급에 관한 명시적인 합의는 없었으나, 지상권에 관한 제366조 단서가 유추적용될 수 있다. 따라서 원칙적으로 지료지급의무는 있는 것이며 지료에 관한 합의에 이르지 못하면 지료는 당사자의 청구에 의하여 법원이 이를 정하게 된다. 문제는 사안에서 법정지상권이 발생함으로써 甲과 乙 사이에는 법정채권관계가 발생하여 이러한 한도에서 지료지급의무가 있으므로 乙은 甲에 대하여만 지료의 지급을 청구할 수 있고 법정지상권자가 아닌 丙에게는 이에 기한 지료지급청구권이 인정되지 않는다.

(2) 부당이득반환청구권(제741조)

하지만 건물을 양도받아 법정지상권을 취득할 지위에 있는 자 역시 지료 또는 임료 상당의 이득을 누리고 있으므로 乙은 丙에게 부당이득반환청구를 통하여 임료 상당의 부당이득을 청구할 수 있다.[4]

---

4) 대법원 1988. 10. 24. 선고 87다카1604 판결.

73. 통행지역권의 시효취득

사 례

A시는 1984년 각각 소유자가 다른 인접토지 X, Y, Z에 대하여 하나의 도로를 개설하여 사용하였다. 2006년 A시는 토지 Y, Z의 소유자에 대하여 20년의 취득시효기간이 경과되어 취득시효가 완성되었다는 이유로 승소판결을 받았고 이는 확정되었다. 토지 X는 토지 Y, Z를 통행하기 위한 승역지인데, A시가 토지 X를 계속 점유·사용하여 이에 대한 통행지역권을 시효취득하였다는 이유로 토지 X의 소유자인 甲에 대하여 지역권설정등기절차의 이행을 요구하였다. 정당한가?[1]

A의 甲에 대한 등기청구권(제294조, 제245조)

A가 甲에게 지역권설정등기절차의 이행을 요구하기 위해서는 시효취득을 통하여 지역권을 취득할 수 있는 지위에 있어야 한다.

제294조에 의하면 지역권의 시효취득은 그 점유가 '계속되고 표현된 것'에 한하여 제245조의 규정을 준용하도록 되어 있다. 따라서 지역권을 시효취득하기 위해서는 (1) 타인의 토지를 가지고 토지의 편익에 이용할 의사로 (2) 20년간 평온, 공연하게 점유하고 (3) 그 점유가 '계속되고 표현된 것'이어야 한다. 본 사안에서 A는 타인의 토지인 甲 토지 X(승역지)를 토지 Y, Z(요역지)의 편익인 도로로 이용할 의사로 점유하여 왔다. 또한 20년간 평온, 공연하게 도로로 사용하였다는 점에서 두 번째 요건도 충족된 것으로 볼 수 있다.

문제는 점유가 '계속되고 표현된 것'인지의 여부이다. 이와 관련하여 판례는 이 요건을 좁게 해석하여 통행지역권의 경우 요역지의 소유

---

1) 대법원 1991. 10. 22. 선고 90다16283 판결 변형. 이에 관한 평석으로 유원규, "통행지역권의 시효취득," 민사판례연구 제15집, 1993, 86면 이하.

자가 승역지상에 통로를 개설하여 승역지를 항시 사용하고 있는 객관적인 상태가 취득시효기간 동안 계속된 사실이 있어야 하며,[2] 통로개설이 요역지 소유자에 의하여 행하여졌어야 한다고 한다.[3] 사안의 경우 도로가 계속하여 개설되어 있어서 '계속되고 표현된 점유'는 인정될 수 있으나, 문제는 A가 요역지의 소유자 기타 사용권자의 지위에서 도로를 개설하였는지의 여부이다. 사안에서 A는 점유를 시작할 당시에 요역지인 토지 Y, Z에 대한 소유자는 아니었고 소유의 의사로 점유를 개시하였을 뿐이다. 하지만 그 후 취득시효기간의 만료로 이들 토지 소유권의 시효취득 요건이 완성됨으로써 등기이전을 받았으므로 소유권취득의 소급효가 있는 이상 점유개시 당시부터 소유자로 취급된다(제247조 제1항). 따라서 A를 점유개시 당시의 요역지 토지 Y, Z의 소유자로 볼 수 있다.

모든 요건이 충족되어 A가 토지 X에 대한 지역권을 시효취득한 이상, 甲에게 지역권설정등기절차의 이행을 요구한 것은 정당하다.

---

2) 대법원 1995. 6. 13. 선고 95다1088 판결.
3) 대법원 1979. 4. 19. 선고 78다2482 판결.

74. 전세권의 성립과 그 담보물권성

> **사 례** A건설회사는 아파트 단지의 건설을 수주받아 B건설회사에 일부 아파트의 건축을 하도급 주었다. 아파트가 완공된 후 A가 B에게 공사대금의 상당부분을 지불하지 못하자, B의 요구로 공사대금 3억원을 담보하기 위하여 전세권이 아파트 X에 설정되었다. 그 후 아파트 X에 대하여 임의경매가 실행되어 甲이 이를 낙찰받아서 소유자로 등기를 하였다. 甲은 아파트 X에 대하여 설정된 전세권은 전세금을 수수한 적이 없다는 점, 아파트 X의 인도가 없었고 순수하게 담보목적으로 설정되었다는 점에서 무효라고 주장하면서 B에게 전세권설정등기의 말소를 청구하였다. 타당한가?

甲의 B에 대한 소유물방해배제청구권(제214조)

甲이 B에게 전세권설정등기의 말소를 청구하기 위해서는 등기된 전세권이 무효이어야 한다.

전세권은 전세금의 지급을 그 요소로 한다(제303조 제1항). 따라서 전세금의 지급이 없으면 그 전세권은 효력이 없다. 다만 전세금의 지급이 반드시 현실적으로 수수되어야만 하는 것은 아니고 기존의 채권으로 전세금의 지급에 갈음할 수도 있다.[1] 따라서 사안에서 전세금의 수수는 없었지만, 기존에 존재하였던 공사대금채권 3억원을 전세금의 지급에 갈음할 수 있으므로 이 요건은 충족되었다.

전세권은 기본적으로 용익물권적 성격과 담보물권적 성격을 동시에 갖고 있다. 그렇지만 그 주된 목적은 부동산의 사용·수익에 있으므로 용익물권적 성격이 더 강하며 담보물권적 성격은 전세금의 반환을 확보하기 위한 측면에서 의미가 있는 것이다. 그런데 사안처럼 전세목

---

[1] 대법원 1995. 2. 10. 선고 94다18508 판결.

적물의 인도 없이 주된 목적이 담보권의 설정에 있는 전세권의 유효성을 인정할 수 있는지가 문제된다. 하지만 당사자가 주로 채권담보의 목적으로 전세권을 설정하였고, 그 설정과 동시에 목적물을 인도하지 아니한 경우라 하더라도, 장차 전세권자가 목적물을 사용·수익하는 것을 완전히 배제하는 것이 아니라면, 그 전세권의 효력을 부인할 수는 없을 것이다.[2] 이러한 측면에서 사안의 경우 아파트의 인도 없이 현재 주로 담보물권적 성격이 부각되어 있지만, 앞으로 전세목적물의 사용·수익이 완전히 배제되어 있는 것은 아니므로 이러한 전세권의 효력은 유효하다.

B에게 유효한 전세권이 있으므로 甲이 B에게 전세권설정등기의 말소를 청구한 것은 부당하다.

---

2) 대법원 1995. 2. 10. 선고 94다18508 판결.

75. 전세권의 무단양도와 소멸청구

사례 甲은 乙 소유의 아파트에 대하여 전세금을 3억원으로 하는 전세권설정계약을 체결하고 전세권설정등기가 이루어졌다. 지방으로 전근을 가게 된 甲은 乙의 동의 없이 이 아파트를 丙에게 임대를 하고 이사를 하였다. 이 사실을 안 乙은 자신의 동의 없이 丙이 아파트에 살고 있다는 이유로 전세권의 소멸청구를 하였다. 정당한가?

乙의 甲에 대한 전세권소멸청구권(제311조 제1항)

乙이 甲에 대하여 전세권의 소멸청구를 하기 위해서는 전세권자가 설정계약 또는 목적부동산의 성질에 의하여 정하여진 용법으로 이를 사용·수익하지 않았어야 한다.

전세권은 전세금을 지급하고 타인의 부동산을 점유하여 그 부동산의 용도에 좋아 사용·수익하는 용익물권을 말한다(제303조 제1항). 사안에서 전세금을 3억원으로 하는 아파트에 대한 전세권설정계약이 체결되고 등기까지 이루어짐으로써 甲은 전세권을 유효하게 취득하였다(제186조). 그런데 甲이 취득한 전세권은 물권이므로 채권인 임차권과는 달리 원칙적으로 자유롭게 양도하거나 담보로 제공할 수 있고, 또한 전세권의 존속기간 내에서 그 목적물을 타인에게 전전세 또는 임대할 수 있다(제306조 본문). 다만 설정행위로 이를 금지할 수 있으나(제306조 단서), 이를 등기하여야 대항력이 생긴다. 사안에서 설정행위를 통하여 전전세 내지 임대를 금지하는 특별한 사정이 없으므로 원칙적으로 甲은 유효하게 丙에게 아파트를 임대할 수 있다. 甲의 임대행위는 전세권설정자인 乙의 동의 없이 할 수 있는 것이므로 설정계약 또는 목적부동산의 성질에 의하여 정하여진 용법에 부합하는 사용·수익에 해당한다. 따라서 乙은 甲에 대하여 전세권의 소멸을 청구하지 못한다.

76. 전세금반환청구권의 양도

사 례

甲은 乙 소유의 건물 X 전체를 사용하는 것을 목적으로 하고 전세금을 12억원으로 하는 전세권설정계약을 체결하고 전세권설정등기가 이루어졌다. 전세기간이 만료하기 6개월 전에 甲이 직원들의 임금을 지급하지 못하자, 본 전세권의 전세금반환청구권을 전세권이 소멸하는 것을 조건으로 직원들에게 양도하기로 하고 곧바로 乙에게 확정일자부 우편으로 채권양도 사실을 통지하였다. 다음의 경우 甲의 직원들은 乙에게 전세금반환청구를 할 수 있는가?
(1) 전세권이 소멸한 경우
(2) 전세기간 만료 전에 갱신거절의 통지 등이 없었고 甲이 만료 후에도 계속하여 건물 X를 이용하고 있는 경우

Ⅰ. 전세권이 소멸한 경우 [사례 1]

甲의 직원들이 乙에게 전세금반환청구권을 행사하기 위해서는 전세금반환청구권이 유효하게 甲으로부터 직원들에게 양도되었어야 한다. 사안에서처럼 전세금반환청구권이 전세권과 분리하여 양도될 수 있는지에 관하여 학설은 긍정설[1]과 부정설[2]로 나뉘고 있다. 판례는 원칙적으로 전세권이 존속하는 동안에는 전세금반환청구권만을 분리하여 양도하는 것은 허용되지 않지만, 전세권이 소멸하거나 전세권이 존속 중이더라도 장래 전세권의 소멸로 전세금반환청구권이 발생하는 것을 조건으로 하는 경우에는 허용된다고 본다.[3]

사안에서 甲은 전세권이 소멸할 것을 조건으로 전세금반환청구권

---

1) 이영준, 690면.

2) 곽윤직 · 김재형, 345면.

3) 대법원 2002. 8. 23. 선고 2001다69122 판결.

을 양도하기로 하였다는 측면에서 장래채권의 양도를 한 것이고 채무자인 乙에게 통지함으로써 채권양도의 대항요건까지 모두 갖추었다(제450조 제1항). 또한 전세권이 소멸하는 정지조건까지 모두 충족되었으므로 甲의 직원들이 乙에게 전세금의 반환을 청구하는 것은 정당하다.

Ⅱ. 법정갱신으로 전세권이 소멸하지 않은 경우 [사례 2]

사안의 경우 전세권설정자인 乙이 전세기간 만료 전 6개월부터 1개월까지 사이에 전세권자인 甲에 대하여 갱신거절의 통지 또는 조건을 변경하지 아니하면 갱신하지 아니한다는 뜻의 통지를 하지 않았고 그 후 기간이 만료되었다. 이 경우에는 법정갱신이 일어나서 앞의 전세권과 동일한 조건으로 다시 전세권을 설정한 것으로 본다(제312조 제4항 본문). 전세권의 법정갱신은 법률의 규정에 의한 물권변동이므로 전세권갱신에 관한 등기가 없어도 전세권설정자나 제3자에게 그 권리를 주장할 수 있다.[4] 따라서 사안의 경우 전세권이 소멸해야 한다는 조건이 아직 성취되지 않았으므로 甲의 직원들은 乙에게 전세금을 반환하라고 요구할 수 없다.

---

4) 대법원 2010. 3. 25. 선고 2009다35743 판결.

제7장 담보물권

Ⅰ. 유치권

77. 유치권의 성립요건

사 례

甲은 乙의 명의를 빌려서 이 사실을 모르는 丙으로부터 건물 X를 매수하였다. 이때 甲은 乙에게 20억원을 주면서 매매계약의 당사자는 乙로 매수하도록 하였고 등기명의도 乙의 명의로 하여 건물 X의 소유권이 이전등기되었다. 그 후 甲은 건물 X를 학원으로 사용하기 위하여 사업자금 마련을 목적으로 은행 A로부터 자금을 빌리면서 저당권을 설정하였다. 甲이 융자금을 상환하지 못하여 저당권이 실행되어 B회사가 건물 X의 소유권을 취득하였다. B회사가 甲에게 건물의 인도를 요구하자 甲은 자신이 乙에게 20억원 상당의 부당이득반환채권이 있다고 주장하면서 이를 위하여 건물 X에 대한 유치권을 행사해야 하므로 이를 인도할 수 없다고 주장한다. 누구의 주장이 타당한가?

B의 甲에 대한 소유물반환청구권(제213조)

소유자 B가 점유자 甲에게 건물 X의 인도를 요구하기 위해서는 甲에게 점유권원이 없어야 한다. 사안에서 甲은 乙의 부당이득반환채권의 확보를 위한 유치권을 점유권원으로 주장하므로 그 성립여부가 문제된다.

甲과 乙 사이의 명의신탁약정에 의하여 수탁자 乙이 당사자로서 매매계약을 체결하였고 매도인 丙이 이러한 사실을 모르고 있으므로 선의의 계약명의신탁관계가 성립하였다. 이 경우 명의신탁자와 명의수탁자 사이의 명의신탁약정은 무효이지만 그 명의수탁자는 당해 부동산의 완전한 소유권을 취득하게 된다(부동산실명법 제4조 제1항, 제2항 참조). 그 반면 명의신탁자는 애초부터 당해 부동산의 소유권을 취득할 수 없고, 다만 그가 명의수탁자에게 제공한 부동산 매수자금이 무효의 명의신탁약정에 기하여 법률상 원인 없이 지급된 것이므로 명의수탁자에 대하여 동액 상당의 부당이득반환청구권을 가진다.[1] 따라서 사안에서 甲은 乙에게 매수자금 20억원에 대한 부당이득반환청구권을 갖는다.

문제는 20억원의 부당이득반환청구권을 기초로 하여 건물 X에 대한 유치권이 성립하는지의 여부이다. 유치권이 성립하기 위해서는 (1) 타인의 물건 또는 유가증권에 대하여 점유가 있을 것, (2) 물건이나 유가증권에 관하여 생긴 채권이 있을 것(견련관계), (3) 채권이 변제기에 있을 것 등의 요건이 충족되어야 한다. 사안에서 甲은 건물에 대한 점유를 갖고 있고 부당이득반환청구권은 성립시부터 변제기에 있다. 따라서 여기서 문제가 되는 것은 이 부당이득반환채권이 물건이나 유가증권에 관하여 생긴 채권인지의 여부이다. 이와 관련하여 다수설과 판례는 이원적 기준설에 의하여 유치권제도의 본래의 취지인 공평의 원칙에 특별히 반하지 않는 한 채권이 목적물 자체로부터 발생한 경우는 물론이고 채권이 목적물의 반환청구권과 동일한 법률관계나 사실관계로부터 발생한 경우에 견련관계를 인정하고 있다.[2] 그에 반하여 유력설은 채권이 목적물 자체로부터 발생한 경우를 위주로 하여 견련성을 인정하며, 공평의 원칙상 이에 준하는 경우도 같이 취급하는 것이 타당하다고 한다.[3] 사안의 경우 명의신탁자인 甲이 명의수탁자인 乙에 대하여 갖는 부당이득반환청구권은 부동산 자체로부터 발생한 채권이 아닐 뿐만 아니라 소유권 등에 기한 부동산의 반환청구권과 동일한 법률

---

1) 대법원 2005. 1. 28. 선고 2002다66922 판결.

2) 곽윤직·김재형, 380면; 대법원 2007. 9. 7. 선고 2005다16942 판결.

3) 이영준, 709면; 이은영, 680면.

관계나 사실관계로부터 발생한 채권이라고 보기도 어렵다. 그러므로 어느 견해에 따르더라도 유치권 성립요건으로서의 목적물과 채권 사이의 견련관계를 인정할 수 없다. 甲이 주장하는 유치권이 성립하지 않으므로 B가 甲에게 건물 X의 인도를 요구한 것은 정당하다.

78. 유치권의 불가분성

사 례

한 지역의 각 토지 소유자들을 대표하는 甲은 각 토지상에 다세대 주택을 재건축하는 공사를 A에게 도급하였고 B는 A로부터 위 재건축공사 중 창호 기타 잡철부분공사를 하도급받아 그 공사를 완료하였다. 그런데 A는 총 공사대금 30억원 중 15억원만 B에게 지급하였다. 이에 B는 신축된 다세대 주택 중 7세대를 점유하면서 A에게 가지는 공사대금채권에 기한 유치권을 행사한다는 통지를 A에게 하였다. 그런데 공사는 구분건물에 대한 창호, 방화문 등뿐만 아니라 공유부분인 각 동의 현관, 계단 부분에 대한 공사도 포함되어 있었으며, 공사전부에 대하여 공사대금을 일률적으로 지급하기로 되어 있었지 구분건물의 각 동호수별로 구분하여 지급하도록 되어 있지는 않았다. 그리고 구분건물의 소유자들은 각 500만원을 공사대금으로 지급하면 되었다. B가 유치하고 있는 주택의 한 소유자 乙은 공사대금 500만원을 지급하겠다고 주장하며 B에게 주택의 인도를 청구하였다. 타당한가?

乙의 B에 대한 소유물반환청구권(제213조)

　　주택의 소유자 乙이 점유자 B에 대하여 주택의 인도를 청구하기 위해서는 B에게 점유할 권원이 없어야 한다. 사안에서 B는 공사잔대금 15억원의 지급을 받기 위하여 유치권을 행사한 것이므로 우선 유치권이 성립하였는지를 검토해야 한다.

　　유치권이 성립하기 위해서는 (1) 타인의 물건 또는 유가증권에 대하여 점유가 있을 것, (2) 물건이나 유가증권에 관하여 생긴 채권이 있을 것(견련관계), (3) 채권이 변제기에 있을 것 등의 요건이 충족되어야 한다. 우선 사안에서 B는 7세대의 주택에 대한 점유를 확보하고 있고, 건물의 창호 등의 공사를 도급받아 이를 완공하여 발생하게 된 공사잔대금채권은 건물 자체로부터 발생한 채권이므로 견련관계가 인정된다.

마지막으로 수급인 B가 도급인 A에게 목적물의 인도를 할 것을 요하지 않기 때문에 공사잔대금채권은 일을 완성한 때, 즉 공사가 종료된 때 변제기에 달하였다(제665조 제1항 단서). 모든 요건이 충족되면 유치권은 등기 없이도 바로 발생하므로 B는 적법한 유치권을 취득하였다.

　사안에서 문제되는 것은 B가 각 주택에 대하여 행사할 수 있는 유치권의 범위와 관련된다. 즉 공사잔대금 전부에 대하여 각 주택을 유치할 수 있는 것인지 아니면 각 주택에서 지불해야 하는 500만원에 대하여만 유치할 수 있는지가 문제된다. 유치권은 그 불가분성으로 인하여 채권 전부의 변제를 받을 때까지 유치물 전부에 대하여 행사할 수 있다(제321조). 이것은 채권자가 담보물로부터 피담보채권의 완전한 변제를 받도록 하는 데에 그 취지가 있는 것으로서, 피담보채권의 일부변제 등의 사유로 소멸하더라도 그에 비례하여 목적물의 일부가 감소되는 것이 아니고, 담보물이 분할된 경우에도 분할된 각 부분이 채권 전부를 담보하는 것을 의미한다. 더 나아가 그 목적물이 분할 가능하거나 수 개의 물건인 경우에도 적용된다.[1] 사안에서 각 다세대 주택에 대한 개별적인 물건으로서의 소유권이 인정되더라도 채권이 전 공사대상 주택에 모두 성립하는 채권인 경우에는 해당 주택들 모두를 유치할 수 있는 것이다. 따라서 본 사안에서 핵심은 여기서 발생한 공사대금채권이 전(全) 주택을 대상으로 발생한 채권인지 아니면 개별적인 주택별로 별도로 발생한 채권인지가 문제된다. 사안에서 본 공사가 구분건물에 대한 전유부분뿐만 아니라 공유부분에 대한 공사도 포함되어 있었으며, 공사 전부에 대하여 공사대금을 일률적으로 지급하기로 되어 있었지 구분건물의 각 동호수별로 구분하여 지급하도록 되어 있지 않았다는 측면을 고려한다면 공사 목적물 전체에 관한 공사대금채권은 하나의 법률관계에 의하여 생긴 것으로서 그 공사대금채권 전부와 공사목적물 전체 사이에 견련관계가 있다. 따라서 B에게는 공사잔대금채권 15억원에 대한 유치권이 인정되므로 바로 주택을 인도할 의무는 없으며, 잔대금채권을 지급받음과 동시에 주택을 인도할 의무가 있다.

---

1) 대법원 2007. 9. 7. 선고 2005다16942 판결.

79. 유치목적물 경락인의 지위

사 례

수급인 A회사는 2010년 8월 도급인 B로부터 공사대금 40억원의 신축공사를 맡아 건물을 완공하고 건물의 소유권을 B 앞으로 등기하였으나, 공사잔대금 20억원을 받지 못한 상태에서 완공된 공장을 유치·점유하려고 A의 현장사무실을 공장 전면에 설치하여 둔 상태에서 용역경비원으로 하여금 주야 교대로 2인씩 공장을 지키게 하는 한편 공장의 출입문도 자물쇠로 채웠다. 그런데 2011년 7월 B가 부도를 내고 도산하자, C가 공장을 경락받았다. A회사는 법원의 인도명령을 받은 공장의 경락자인 C에 의하여 공장의 점유를 빼앗기게 되었다.[1]

(1) 이에 A는 C를 상대로 점유를 빼앗았다는 이유로 공장의 인도를 요구하였다. 정당한가?

(2) A는 C에게 공사잔대금 20억원의 변제를 요구할 수 있는가?

I. A의 C에 대한 점유물반환청구권(제204조 제1항)

A가 C에게 공장의 인도를 요구하기 위해서는 점유의 침탈을 당했어야 한다. 사안에서 A는 공사잔대금 20억원의 지급을 받기 위하여 유치권을 행사한 것이므로 우선 유치권이 성립하였는지를 검토해야 한다.

유치권이 성립하기 위해서는 (1) 타인의 물건 또는 유가증권에 대하여 점유가 있을 것, (2) 물건이나 유가증권에 관하여 생긴 채권이 있을 것(견련관계), (3) 채권이 변제기에 있을 것 등의 요건이 충족되어야 한다. 우선 사안에서 B소유로 등기된 건물에 대하여 A회사의 현장사무실을 공장 전면에 설치하는 등 건물의 점유를 취득하였다. 또한 건물의 신축을 도급받아 이를 완공하여 발생하게 된 공사잔대금 채권은 건물

---

[1] 대법원 1996. 8. 23. 선고 95다8713 판결 변형.

자체로부터 발생한 채권이므로 견련관계가 인정된다. 마지막으로 공사 잔대금 채권은 수급인 A가 도급인 B에게 완공된 건물의 소유권을 이전 함으로써 변제기에 달하였다(제665조 제1항). 따라서 모든 요건이 충족 됨으로써 A는 적법한 유치권에 기한 점유를 취득하였다.

　　유치권은 물권이므로 채무자뿐만 아니라 모든 제3자에 대하여 주 장할 수 있으므로 경락을 통하여 공장의 소유권을 이전받은 C에게 A는 유치권을 갖고 대항할 수 있다(인수주의). 따라서 C는 A의 점유를 불법 하게 침탈하였으므로 A의 C에 대한 공장인도 청구는 타당하다[유치권이 존속하기 위해서는 점유가 계속되어야 하고 유치권자가 목적물의 점유를 잃으 면 유치권은 당연히 소멸하나(제328조), 본 사안처럼 불법침탈에 의하여 점유를 상실하였다가 회복하면 점유를 계속한 것으로 보게 되므로 유치권은 존속한 것 으로 본다].

II. A의 C에 대한 공사잔대금 청구권

　　A가 C에게 공사잔대금 20억원을 청구하기 위해서는 유치목적물의 경매로 인하여 경락을 받은 경락인, 즉 유치권자가 소유자에게 피담보 채권에 기한 권리를 행사할 수 있어야 한다. 민사집행법은 "매수인은 유치권자에게 그 유치권으로 담보하는 채권을 변제할 책임이 있다"라 고 규정하고 있다(동법 제91조 제5항). 따라서 이 규정의 문구만을 보면 경매를 통한 매수인이 유치권에 의하여 담보되고 있는 채권을 지급해 야 하는 것으로 이해할 수 있다. 하지만 '변제할 책임이 있다'는 의미는 부동산상의 부담을 승계한다는 취지로서 인적 채무까지 인수한다는 취 지는 아니다. 따라서 유치권자는 경락인에 대하여 그 피담보채권의 변 제가 있을 때까지 유치목적물인 부동산의 인도를 거절할 수 있을 뿐이 고 그 피담보채권의 변제를 청구할 수는 없다.[2] 따라서 A는 C에게 공 사잔대금 20억원의 변제를 요구할 수 없다.

---

2) 대법원 1996. 8. 23. 선고 95다8713 판결.

Ⅱ. 질 권

80. 동산질권과 질물에 대한 점유

> **사 례**
>
> 박물관을 운영하는 甲은 박물관에 전시할 목적으로 친구 乙로부터 고려시대의 귀한 도자기를 빌렸다. 박물관 운영이 어려워지자 甲은 乙의 도자기라는 사실을 모르는 丙으로부터 돈을 빌리면서 乙의 도자기에 질권을 설정하려고 하였다. 그런데 친구 乙이 자주 박물관에 들리기 때문에 박물관에 도자기를 계속 전시하려고 하였다. 다음의 경우 질권이 유효하게 설정되어 존속하고 있는가?
> (1) 질권설정계약을 체결한 후 점유개정의 방법으로 丙에게 인도하기로 한 경우
> (2) 점유를 丙에게 이전하였으나 전시 목적을 위하여 필요하다고 하여 임치계약을 체결하는 형태로 반환받아서 박물관에서 보관하고 있는 경우

Ⅰ. 질권의 선의취득과 점유개정에 의한 질권설정 가능성 [사례 1]

동산질권은 채권의 담보로 채무자 또는 제3자가 제공한 동산을 점유하고 그 동산에 대하여 다른 채권자보다 자기 채권이 우선변제를 받을 수 있는 권리를 부여하는 질권설정계약을 체결하고 질물을 인도받으면 성립한다(제329조, 제330조). 질권의 목적물은 소유자 또는 제3자에 의하여 담보로 제공될 수 있으나, 본 사안처럼 질권설정자인 甲이 그 소유자인 乙의 의사에 반하여 처분권이 없는 상태에서 질권을 설정하면 선의취득규정의 요건을 갖춘 경우에만 질권자가 질권을 선의취득하게

된다(제343조, 제249조). 사안의 경우 丙은 乙이 도자기의 소유자라는 사실을 모르는 선의였고, 박물관을 운영하는 甲이 도자기에 질권을 설정하였기에 무권리자의 질권설정임을 알지 못하는 데 과실이 있다고 할 수 없어 선의취득규정에 의하여 질권을 선의취득할 여지가 있다.

다만 사안에서 甲은 丙에게 질물의 점유를 이전해야 한다(제330조). 그런데 점유개정의 방법으로 점유를 이전한 경우에 질권이 성립할 수 있는지가 문제될 수 있으나, 민법은 명문의 규정을 통하여 점유개정에 의한 인도를 금지하고 있다(제332조). 따라서 사안에서 점유개정의 방법으로 丙에게 인도하였다면 질권은 성립하지 않는다.

Ⅱ. 질권설정자에 의한 대리점유의 금지 [사례 2]

사안의 경우 일단 질권자에게 인도를 하였으므로 선의취득에 의한 질권을 丙이 취득하였다. 그런데 사안에서 다시 甲에게 임치의 형식으로 반환하는 경우에는 丙은 간접점유를 갖는 한편 甲이 다시 직접점유를 취득하게 된다. 이러한 경우 질권자는 질권설정자로 하여금 질물의 점유를 하게 하지 못한다는 규정(제332조)에 위반하게 된다. 이처럼 질권설정자에 의한 대리점유를 금지하는 규정은 질권자의 유치적 효력을 담보하려는 목적이므로 질권자가 유치적 효력을 포기하면 질권 역시 소멸한다.[1]

---

1) 곽윤직 · 김재형, 400면; 이영준, 746면.

81. 질권의 유치적 효력과 질물의 반환의무

사례

甲은 그림판매상인 乙에게 유명화가의 그림을 팔아달라고 부탁하였다. 재정적 어려움을 겪고 있던 乙은 丙으로부터 5천만원을 차용하면서 甲으로부터 받은 그림에 대하여 질권을 설정하고 丙에게 인도하였다.

(1) 丙이 대여금반환소송을 乙을 상대로 제기하자, 乙은 그림을 반환할 것을 조건으로 5천만원을 지급하겠다고 항변하였다. 乙의 항변은 정당한가?

(2) 乙은 丙에게 차용금 5천만원을 전부 변제한 후 丙에 대하여 그림의 반환을 요구하였다. 이에 대하여 丙은 소유자인 甲이 그림의 반환을 청구하여 온 이상 乙에게 반환할 필요가 없다고 주장한다. 누구의 주장이 타당한가?

Ⅰ. 丙의 乙에 대한 대여금반환청구권 [사례 1]

丙이 대여금의 반환을 乙에 대하여 요구하자, 乙은 그림의 반환을 조건으로 대여금을 지급하겠다는 항변을 하고 있다. 이러한 항변이 타당하기 위해서는 대여금의 반환과 질물의 반환이 동시이행의 관계에 있어야 한다.

그런데 질권자는 그의 채권을 전부 변제받을 때까지 질물을 유치할 수 있다(제335조 본문). 따라서 질권자는 먼저 채권의 전부변제를 요구할 수 있고 채권이 전부 변제된 후에 비로소 질물을 반환해야 한다. 다르게 표현하면 질권설정자는 채권의 변제와 관련하여 선이행의무를 부담하고 이러한 의무를 이행한 경우에만 비로소 질물의 반환을 청구할 수 있는 것이다. 그러므로 질물인 그림의 반환을 조건으로 5천만원을 지급하겠다는 乙의 주장은 타당하지 않다.

II. 乙의 丙에 대한 질물반환청구권 [사례 2]

채권이 변제되었으므로 원칙적으로 질물반환청구권은 성립하였다. 즉 질권설정자인 乙은 질권설정계약에 기하여, 그리고 질물의 소유자는 소유물반환청구권에 기하여 반환청구를 할 수 있다.

그런데 사안처럼 무단으로 질권을 설정한 경우에 질권설정자와 질물의 소유자 중 누구에게 질물을 반환해야 하는지가 문제된다. 질권설정자가 더 이상 질물을 점유할 권원이 없으면 질권설정자는 이 경우에 질물의 소유자에게 반환하라고만 요구할 수 있다는 견해가 있을 수 있다. 그러나 질권자가 질권설정자에게 정당한 점유권원이 있는지를 판단할 필요가 없으므로 이러한 경우에도 질권설정자에 대한 반환을 인정하는 것이 타당하다. 따라서 乙에게 반환할 필요가 없다는 丙의 주장은 타당하지 않다.

82. 채권질권

사 례

甲은 乙로부터 5천만원을 차용하면서 丙에 대하여 갖고 있는 1억원의 채권에 대하여 질권을 설정하여 주겠다는 합의를 하였다. 甲이 차용금을 지급하지 못하자, 乙은 丙에게 5천만원의 지급을 청구하였다. 이에 대하여 丙은 채권에 대한 질권이 설정되었다는 사실을 전혀 모르고 있었다는 이유로 지급을 거절하였다. 정당한가?

질권자는 질권의 목적이 된 채권을 직접 청구할 수 있으며(제353조 제1항), 채권의 목적물이 금전인 때에는 자기의 채권액에 대한 부분에 한하여 직접 청구하고 변제에 충당할 수 있다(제353조 제2항). 따라서 사안에서 乙은 丙에게 채권액인 5천만원의 지급을 청구하기 위하여서는 질권이 유효하게 설정되었어야 한다.

지명채권의 입질은 질권설정의 합의만으로도 효력이 발생하지만 제3채무자에게 대항하기 위해서는 제3채무자에게 질권의 설정을 통지하거나 제3채무자가 이를 승낙하여야 하며, 특히 제3채무자 이외의 제3자에게 대항하기 위해서는 이 통지나 승낙은 확정일자 있는 증서로서 하여야 한다(제349조). 따라서 사안의 경우 甲이 질권설정의 사실을 입질채권의 채무자인 丙에게 통지하거나, 채무자 丙이 질권설정자 甲 또는 질권자 乙에게 승낙을 하지 않았으므로 질권자 乙은 丙에게 질권의 설정 사실을 주장할 수 없다. 따라서 丙이 채권에 대한 질권이 설정되었다는 사실은 전혀 모르고 있었다는 이유로 지급을 거절한 것은 정당하다.

83. 채권질권에 의한 방해배제청구와 그 효력범위

사 례

2019년 甲 주식회사는 자신의 모회사인 乙 주식회사의 丙에 대한 채무 30억원을 담보하기 위하여 자신의 丁에 대한 18억원의 임대차보증금 반환채권에 대한 근질권설정계약을 丙과 체결하였다. 근질권설정계약이 체결된 후 2021년 3월 丁은 甲 주식회사에 대한 임대차보증금 반환채권을 담보하기 위하여 임대차목적물 등에 대한 근저당권을 설정해 주었다. 그런데 2021년 7월 甲과 丁이 해당 근저당권설정계약의 해지를 이유로 근저당권설정등기를 말소하자 丙은 자신의 근질권이 침해되었음을 이유로 근저당권 말소등기의 회복을 甲에게 청구하였다. 정당한가?[1]

Ⅰ. 丙의 甲에 대한 방해배제청구권

우선 질권자인 丙의 甲에 대한 방해배제청구권이 어떠한 법적 근거로 인정되는지를 살펴보아야 한다. 일반적으로 질권은 물권이면서 질물에 대한 점유를 그 내용으로 하므로 그 침해에 대하여 점유보호청구권(제204조 내지 제206조)은 당연히 인정된다. 본 사안에서 丙이 설정받은 질권은 임대차보증금 반환채권을 그 내용으로 하므로 권리질권에 해당하고, 근저당권의 말소가 임대차보증금 반환채권에 대한 사실상의 권리행사인 준점유를 방해하고 있는지가 문제 된다. 그 밖에 학설상으로는 점유에 기한 물권적 청구권 외에도 질권 자체에 기한 물권적 청구권을 소유권에 기한 물권적 청구권의 유추적용을 통하여 인정할 것인지에 관하여 견해의 대립이 있다. 왜냐하면 질권의 경우 명문의 규정을 통하여 소유권에 기한 물권적 청구권을 준용하는 규정이 없기 때문이다. 다수설은 질권도 물권임에 근거하여 점유보호청구권이 행사될 수

---

[1] 대법원 2020. 4. 29. 선고 2016다235411 판결 변형.

없는 경우(예컨대, 제3자의 사기로 질물을 인도한 경우) 소유권에 기한 물권적 청구권의 유추적용을 통하여 질권 자체의 물권적 청구권을 인정해야 한다고 보나(제213조, 제214조),[2] 소수설은 점유보호청구권만으로도 충분한 보호가 달성될 수 있으므로 소유권에 기한 물권적 청구권 규정의 유추적용을 통하여 질권 자체에 물권적 청구권을 인정할 필요가 없다고 보고 있다.[3]

사안에서 근질권자 丙의 동의 없이 근저당권을 소멸시키는 甲의 행위는 임대차보증금 반환채권에 대한 丙의 사실상 권리행사를 침해한 것으로 볼 수 있으므로, 질권자의 준점유에 대한 침해가 되어 방해배제청구권이 인정될 수 있다. 또한 근저당권을 소멸시키는 행위는 丙의 근질권의 완전한 실현을 방해하는 사유가 되므로 질권 자체의 침해가 인정될 수도 있다. 따라서 丙은 甲에게 점유권에 의하여 또는 근질권에 의하여 방해배제청구권을 행사하여 말소된 근저당권등기의 회복을 청구할 수 있다. 따라서 학설의 대립과는 상관없이 어느 견해를 따르든 간에 본 사안에서는 방해배제청구권이 인정될 수 있다.

II. 채권질권의 효력범위

그런데 丙의 甲에 대한 이러한 물권적 청구권이 인정되려면 채권질권의 효력이 근질권설정계약 이후 해당 채권을 담보하기 위하여 설정된 근저당권에도 미쳐야 한다. 이 경우에만 근저당권의 말소가 준점유에 대한 침해 또는 근질권의 침해로 평가될 수 있기 때문이다. 통상적으로 채권질권의 효력은 원본채권, 이자채권에 미치며, 이러한 채권을 위하여 설정된 인적, 물적 담보에도 미친다고 본다.[4] 따라서 채권을

---

2) 곽윤직·김재형, 310면.
3) 김기선, 383면; 지원림, [3-339]; 양창수, 민법연구(1), 263면. 또한 질권에 물권적 반환청구권(제213조)은 인정되나, 방해배제청구권과 방해예방청구권(제214조)은 인정되지 않는다는 견해도 있다(이진기, 470면).
4) 지원림, [3-354].

입질한 후 그 채권을 담보하기 위한 담보물권이 설정되면 부종성에 의하여 특별한 사정이 없다면 원칙적으로 이 담보물권도 질권의 목적이 될 수 있다.

그런데 민법은 저당권부 채권을 질권의 목적으로 하는 경우라면 그 저당권등기에 질권의 부기등기를 해야 질권의 효력이 저당권에 미친다고 규정하고 있다(제348조). 저당권의 부종성만을 강조하여 채권질권이 저당권에도 당연히 효력을 미친다고 하면, 공시의 원칙에 반하고 저당권부 채권을 양수하거나 압류한 사람, 저당부동산의 양수인 등에게 예상치 못한 질권의 부담이 발생할 수 있어 거래의 안전이 침해될 수 있기 때문이다. 사안에서 甲의 丁에 대한 임대차보증금 반환채권을 담보하기 위한 근저당권에는 질권의 부기등기가 존재하지 않으므로 丙의 근질권의 효력은 근저당권에 미치지 않는다. 따라서 丙은 甲에게 근질권의 준점유가 침해되었음을 또는 근질권이 침해되었음을 주장하며 말소된 근저당권등기의 회복을 청구하지 못한다.[5]

---

5) 대법원 2020. 4. 29. 선고 2016다235411 판결.

Ⅲ. 저당권

84. 저당권의 부종성

사 례

甲은 아파트 보수공사를 하여 도급인 乙로부터 보수지급을 담보하기 위하여 해당 아파트에 저당권을 설정받았다. 위 도급계약은 甲과 乙의 대리인 丙에 의하여 체결되었는데, 공사가 완공된 후 丙에게 대리권이 없어 도급계약은 효력이 없는 것으로 드러났다. 이 경우 甲은 乙에 대한 공사대금 상당액의 부당이득반환채권을 갖고 있는데, 이 채권이 위 저당권을 통하여 담보되고 있다고 볼 수 있는가?

저당권은 그 발생 및 소멸에 관하여 피담보채권에 부종한다. 따라서 피담보채권이 무효인 경우에는 저당권도 그 효력이 발생하지 않으며, 저당권이 성립된 후에도 피담보채권이 소멸하면 부종성에 의하여 원칙적으로 저당권도 소멸한다. 사안의 경우 피담보채권인 도급계약상의 보수지급채권이 도급계약의 무효로 인하여 발생하지 않음으로써 저당권이 당연히 소멸하는지가 문제된다.

사안의 경우 도급계약상의 보수지급채권은 무권대리를 이유로 무효가 되었지만, 공사가 완공된 관계로 甲은 이를 대신하여 공사대금상당액의 부당이득반환채권(제741조)을 취득하였다. 이 부당이득반환채권은 그 발생근거가 법정채권관계를 이유로 한 채권이라는 측면에서 약정채권인 보수지급채권과 다르다고 볼 수 있다. 하지만 저당권은 원칙적으로 금전채권의 담보를 목적으로 하는 것이므로 그 피담보채권이

약정채권관계 또는 법정채권관계에서 발생하였는지를 묻지 않는다. 또한 본 사안의 부당이득반환채권의 경제적 목적은 공사로 인한 보수의 지급을 목적으로 하는 차원에서 보수지급채권의 목적과 동일하므로 저당권이 이 부당이득반환채권을 피담보채권으로 하여 성립한 것으로 볼 수 있다.

따라서 본 저당권은 甲의 乙에 대한 공사대금상당액의 부당이득반환채권을 피담보채권으로 유효하게 성립하였다.

85. 채권자가 아닌 제3자를 저당권자로 하는 저당권등기의 효력

> **사 례**
>
> 70대 중반인 甲은 동생인 乙에게 금전을 빌려주면서 담보를 요구하였고, 이에 乙은 자신 소유의 토지 X에 저당권을 설정해 주기로 하였다. 그런데 토지 X에 대한 저당권을 설정하면서 甲과 乙은 甲의 사망 후 상속문제를 간명히 해결하고 이행의 편의를 위하여 저당권자를 甲이 아닌 甲의 자녀인 丙 명의로 하기로 합의하였으며, 이에 따라 丙 명의의 저당권설정등기가 이루어졌다. 한편, 乙의 채권자인 丁 주식회사는 저당권등기와 피담보채권의 주체가 다르므로 이 저당권등기는 무효라고 주장한다. 정당한가?[1]

Ⅰ. 저당권의 부수성에 따른 부종성과 수반성

원칙적으로 저당권자와 피담보채권의 채권자는 같아야 한다. 따라서 저당권등기와 피담보채권의 주체가 다르므로 저당권등기가 무효라는 채권자 丁의 주장은 원칙적으로 타당하다. 저당권은 피담보채권의 담보를 목적으로 하므로 같은 주체에 귀속된 피담보채권의 존재를 전제하기 때문이다. 같은 이유에서 피담보채권이 시효의 완성 기타 사유로 소멸하면 저당권 역시 소멸하게 되며(제369조), 이를 저당권의 부종성이라고 한다. 또한 피담보채권이 이전되면 담보물권인 저당권 역시 이전되며, 이를 저당권의 수반성이라고 하고, 부종성과 수반성을 통칭하여 부수성이라고 한다.[2] 약정담보물권인 저당권은 법정담보물권보다 부수성이 강하고, 특히 채권을 담보하는 저당권은 담보물권의 부수성 때문에 그 주체를 달리할 수 없는 것이 원칙이다.[3] 따라서 저당권을

---

1) 대법원 2020. 7. 9. 선고 2019다212594 판결 변형.
2) 곽윤직 · 김재형, 279면.
3) 대법원 1963. 3. 14. 선고 62다918 판결; 대법원 1986. 1. 21. 선고 84다카681 판결; 대

피담보채권과 분리하여 양도하거나 다른 채권의 담보로 제공하지도 못하게 하고 있다(제361조).

II. 저당권의 부종성 완화

그러나 경제적 요구에 발맞추어 저당권의 부수성은 법률을 통해 또는 판례의 법리를 통해 여러 가지 측면에서 완화되고 있다. 우선, 근저당과 같이 채무의 확정을 장래에 보류하면 피담보채무의 소멸이나 이전이 저당권에 영향을 미치지 않는 경우가 있다(제357조 제1항). 또한, 장래에 발생할 조건부의 특정채권을 피담보채권으로 하는 저당권의 성립도 인정되고 있다.[4] 즉, 저당권 실행 시에 채권이 존재하면 족한 것으로 보아 부수성을 완화하는 것이 받아들여지고 있다.[5]

그 외에도 본 사안에서처럼 저당권자와 피담보채권의 채권자가 같지 않은 경우에도 저당권의 부종성을 완화하여 그 성립을 인정하고 있다. 즉, 제3자 명의로 저당권등기를 한다는 점에 대하여 채권자와 채무자, 그리고 제3자 간에 합의가 있었고, 피담보채권이 채권양도, 제3자를 위한 계약, 불가분적 채권관계의 형성 등을 통하여 실질적으로 제3자에게 귀속되었다고 볼 수 있는 경우라면 제3자 명의의 저당권등기도 유효하다고 보는 것이 판례의 입장이다.[6] 이와 관련하여, 판례는 채권이 제3자에게 실질적으로 귀속되었는지를 확인하는 것은 사실인정의 문제가 아닌 의사표시 해석의 문제가 된다고 본다.[7]

사안에서 채권자인 甲, 채무자인 乙, 그리고 저당권자인 丙의 관계, 저당권설정의 동기나 경위, 당사자의 진정한 의사와 목적 등을 고려하면 채권자 甲과 저당권자인 丙이 유효하게 채권의 변제를 받을 수 있는 불가분적 채권자의 관계에 있다고 볼 수 있다. 채권자 甲이 채무자

법원 1995. 9. 26. 선고 94다33583 판결.

4) 대법원 1993. 5. 25. 선고 93다6362 판결; 대법원 1996. 10. 25. 선고 96도1531 판결.

5) 송덕수, 「신민법강의」, 629면.

6) 대법원 1995. 9. 26. 선고 94다33583 판결.

7) 대법원 2014. 11. 27. 선고 2014다32007 판결.

乙과의 약정을 통해 甲의 사망 후 발생할 수 있는 상속문제를 간명히 해결하고 이행의 편의를 위하여 대여금채권을 저당권자이자 甲의 상속인인 丙에게로 귀속시키기로 합의한 것으로 볼 수 있기 때문이다. 즉, 채무자 乙은 甲은 물론 丙에게도 유효하게 대여금을 변제할 수 있는 관계에 있으므로 채권자 甲과 저당권자 丙은 불가분적 채권자의 관계에 있다고 할 수 있다. 이 경우 저당권등기와 피담보채권의 주체가 다르더라도 이 저당권등기는 예외적으로 유효하다.[8] 따라서 乙의 채권자인 丁주식회사의 주장은 타당하지 않다.

---

8) 대법원 2001.3.15. 선고 99다48948 전원합의체 판결.

86. 저당권의 효력이 미치는 범위

사 례 甲은 A은행으로부터 금전을 차용하면서 건물 X에 저당권을 설정하여 주었다. 저당권이 실행된 경우 다음 물건에 대하여 경락인이 소유권을 취득하는가?
(1) 건물 X에 증축된 부분
(2) 저당권설정 후 설치한 에어컨
(3) 甲이 乙로부터 임차하여 설치한 정수기

경락인이 저당권실행으로 저당부동산에 있는 물건에 대한 소유권을 취득하기 위해서는 이들 물건에 대하여 저당권이 효력을 미쳐야 한다. 저당권의 효력은 법률에 특별한 규정 또는 설정행위에 다른 약정이 있지 않는 한 저당부동산에 부합된 물건과 종물에 미친다(제358조). 여기서 말하는 부합물이란 저당부동산에 결합하여 독립성을 잃고 거래관념상 하나의 물건이 된 것이고, 종물은 주물의 경제적 효용에 이바지하고 있으나 주물의 소유권에 흡수되지 않는 독립한 물건을 말한다.

(1) 건물 X의 증축부분은 기존의 건물에 부합하여 기존건물과 분리하여서는 별개의 독립물로서 효용을 갖지 못하는 이상 저당권의 효력은 증축된 부분에도 미친다. 증축된 부분이 기존건물에 대한 경매절차에서 경매목적물로 평가되지 아니하였다고 할지라도 경락인은 부합된 증축부분의 소유권을 취득한다.[1] 따라서 경락인은 증축된 부분에 대한 소유권을 취득하였다.

(2) 에어컨은 건물에 고정되어 건물의 효용을 다하게 하는 기능을 갖는 독립물이므로 건물의 종물이다. 그런데 에어컨은 저당권이 설정

---

1) 대법원 2002. 10. 25. 선고 2000다63110 판결.

된 후에 설치된 것이므로 저당권의 효력이 미치는 지가 문제될 수 있으나, 학설과 판례는 저당권의 설정시기와 상관없이 저당권의 효력이 미친다고 보게 되므로 저당권이 설정된 후에 설치된 종물에도 저당권의 효력이 미친다.[2] 따라서 경락인은 에어컨에 대하여도 소유권을 취득하였다.

(3) 乙로부터 임차하여 설치한 정수기는 건물의 사용에 공한 물건이지만, 건물의 소유자가 아닌 다른 사람인 乙 소유에 속하기 때문에 종물이 아니므로 저당권의 효력이 미치지 않는다. 따라서 경락인은 정수기에 대하여는 소유권을 취득하지 못하였다.[3]

---

2) 대법원 1974. 12. 12. 선고 73다298 판결.
3) 대법원 1990. 10. 12. 선고 90다카27969 판결; 대법원 1997. 9. 26. 선고 97다10314 판결.

87. 저당권자의 물상대위와 부당이득반환청구

사 례

甲은 乙에게 3,500만원(변제기 24개월 후, 이자 월 2.5%)을 대여하였다. 乙은 이 대여금채무의 담보로 자신의 소유이던 토지 X에 관하여 甲 앞으로 채권최고액 4,600만원의 근저당권을 설정해 주었다. 그 후 乙은 처인 丙에게 위 토지를 증여하고 丙 앞으로 소유권이전등기를 마쳤는데, 한국도로공사가 토지 X를 수용하면서 丙 앞으로 수용보상금 8천만원을 공탁하였다.

(1) 이 경우 甲은 공탁된 수용보상금의 지급을 청구할 수 있는가?

(2) 甲이 위 공탁금(수용보상금)을 압류하지 않고 있는 사이에 丙이 위 공탁금 전액을 출급하였다. 이에 甲은 丙에게 채권 상당액의 부당이득반환을 청구할 수 있는가?[1]

I. 甲의 물상대위에 기한 공탁금출급청구권 (설문 1)

사안에서 甲은 丙 소유의 X토지에 대하여 저당권을 설정받았으나, 토지수용으로 인하여 甲의 저당권은 소멸하였다. 하지만 토지 X를 대신하여 수용보상금 8천만원이 공탁되었으므로 甲이 이에 대하여 어떠한 권리가 있는지가 문제된다.

사안에서와 같이 담보권의 목적물이 멸실·훼손·공용징수로 그 목적물에 갈음하는 금전 기타의 물건이 목적물소유자에게 귀속된 경우에 담보권이 그 목적물에 갈음하는 것(가치변형물)에 관하여 존속하는 것을 물상대위라고 한다(제370조, 제342조).[2] 따라서 담보물권자인 甲은

---

[1] 대법원 2002. 10. 11. 선고 2002다33137 판결 변형.

[2] 또한 「공익사업을 위한 토지 등의 취득 및 보상에 관한 법률」(토지취득보상법) 제47조는 "담보물권의 목적물이 수용되거나 사용된 경우 그 담보물권은 그 목적물의 수용 또는 사용으로 인하여 채무자가 받을 보상금에 대하여 행사할 수 있다. 다만, 그 보상금이

토지 X가 수용됨으로써 발생하게 되는 수용보상금을 받을 권리(수용보상금청구권 내지 공탁금출급청구권)에 물상대위의 권리를 갖게 된다.

하지만 물상대위의 성립 후 그 행사와 관련하여 물상대위자 이외에도 이해관계자로서 수용보상금을 취득한 담보목적물소유자, 제3채무자, 제3자가 존재하므로 이들 이해관계를 합리적으로 조정하는 것이 필요하므로 지급 또는 인도전에 '압류'가 있어야 한다. 판례와 다수설은 특정성 유지설의 입장에서, 담보권자가 물상대위권을 행사하기 위해서 그 가치변형물을 압류하여야 한다고 규정한 것은 물상대위의 목적인 채권의 특정성을 유지하여 그 효력을 보전함과 동시에 제3자에게 불측의 손해를 입히지 않으려는 데 있는 것이라고 보고 있다.[3] 규정내용만 본다면 물상대위자가 압류를 스스로 해야 하는 것으로 보는 것이 맞을지 모르지만, 이처럼 특정성 유지의 목적으로 압류를 바라보게 되면 그 압류는 반드시 물상대위권자 스스로 할 필요는 없고 제3자에 의하여 이루어진 압류로도 족하므로 이러한 상태에서 물상대위권을 행사하여 일반 채권자보다 우선변제를 받으면 된다고 한다. 마찬가지로 토지수용절차에 따른 공탁을 통해서도 특정성이 유지된다고 판례는 보고 있다.[4] 따라서 사안에서 공탁됨으로써 특정성이 유지되었고 저당권자인 甲은 물상대위자로서의 권리를 담보목적물소유자, 제3채무자에게 주장할 수 있는 지위에 있다. 甲은 물상대위에 기하여 공탁금출급청구권을 행사할 수 있다.

II. 甲의 丙에 대한 부당이득반환청구권(제741조) (설문 2)

저당권자가 물상대위권을 행사하기 전에, 제3채권자 내지 저당목

채무자에게 지급되기 전에 압류하여야 한다"고 규정함으로써 토지수용의 경우에도 담보물권자의 물상대위가 인정됨을 다시 확인하고 있다.

3) 대법원 2002. 10. 11. 선고 2002다33137 판결; 대법원 1998. 9. 22. 선고 98다12812 판결; 대법원 1994. 11. 22. 선고 94다25728 판결.

4) 대법원 2000. 6. 23. 선고 98다31899 판결.

적물 소유자가 토지수용금을 지급받은 경우에는 물상대위권자는 물상대위권을 상실하게 된다. 이러한 경우에 토지수용금을 지급받은 제3채권자 내지 저당목적물 소유자에 대하여 저당권자가 부당이득반환을 청구할 수 있는지가 문제된다. 이와 관련하여 판례는 저당권자가 물상대위권의 행사에 나아가지 아니하여 우선변제권을 상실한 이상, 다른 채권자가 그 보상금 또는 이에 관한 변제공탁금으로부터 이득을 얻었다고 하더라도 저당권자는 이를 부당이득으로서 반환청구할 수 없다고 판시하였다.5) 이러한 경우 제3채권자에 대한 부당이득반환과 관련하여서는 저당권자가 배당요구종기까지 배당요구를 하지 않음으로써 이미 물상대위권 내지 우선변제권이 소멸하였고, 배당에 참가한 다른 채권자들은 위와 같은 물상대위권 내지 우선변제권의 소멸의 결과를 토대로 하여 실체법상 하자 없는 배당을 받아간 것으로 볼 수 있다.6) 하지만 판례는 저당목적물 소유자가 지급받은 사안에서는 부당이득 반환청구를 인정하였다.7) 저당목적물 소유자가 수용보상금을 지급받는 경우 저당권자는 저당권의 채권최고액 범위 내에서 저당목적물의 교환가치를 지배하고 있다가 저당권을 상실하는 손해를 입게 되는 반면에, 저당목적물의 소유자는 저당권의 채권최고액 범위 내에서 저당권자에게 저당목적물의 교환가치를 양보하여야 할 지위에 있다가 마치 그러한 저당권의 부담이 없었던 것과 같은 상태에서의 대가를 취득하게 되는 것이므로, 그 수령한 금액 가운데 저당권의 채권최고액을 한도로 하는 피담보채권액의 범위 내에서는 이득을 얻게 된다. 저당목적물 소유자 丙은 저당권자인 甲에게 이를 부당이득으로 반환할 의무가 있다.

---

5) 대법원 2010. 10. 28. 선고 2010다46756 판결.

6) 이환승, "물상대위권의 소멸과 부당이득반환의무," 대법원판례해설 제79호 2009년 (상), 2010, 74면.

7) 대법원 2009. 5. 14. 선고 2008다17656 판결.

88. 저당권 실행과 우선변제적 효력

사 례

甲은 A은행으로부터 1억원을 차용하면서 그 담보로 부동산 X에 대하여 저당권을 설정하였다. 그 후 다시 B은행 및 C은행으로부터 각각 2억원과 3억원을 차용하면서 부동산 X에 대하여 저당권을 설정하였다. 그러던 중 甲이 B은행에 대하여 대여금을 갚지 못하자, B의 저당권이 실행되어 건물에 대한 경매가 행해져 부동산 X가 3억 5천만원에 낙찰되었다. 이 경우 A, B, C는 각각 얼마를 배당받을 수 있는가?

【변형】 저당권이 실행되기 전에 A은행에 대하여 甲이 1억원을 변제한 경우에는?

　　A, B 및 C가 배당을 받기 위해서는 우선 저당권실행의 요건이 충족되어야 한다. 이를 위해서는 (1) 저당권과 피담보채권이 존재해야 하고 (2) 피담보채권이 이행지체에 있어야 한다. 사안의 경우 모두 피담보채권의 담보로 저당권이 설정되었고 B에 대한 피담보채권이 이행지체에 있었으므로 저당권실행을 위한 모든 요건을 충족하였다.

　　문제는 저당권자인 A, B 및 C가 어떠한 순서로 어느 정도를 배당받을 수 있는지의 여부이다. 동일한 부동산에 대하여 여러 개의 저당권이 경합하는 경우에는 각 저당권의 설정등기의 선후에 따라서 우선변제의 순위가 결정된다(제370조, 제333조). 따라서 선순위의 저당권자가 먼저 채권의 전액을 변제받고 후순위의 저당권자는 남은 잔액에 대하여만 우선변제를 받을 수 있다. 따라서 A가 먼저 1억원을 배당받고, 그 다음으로 B가 2억원 그리고 마지막으로 C가 남은 5천만원을 배당받게 된다.

　　【변형】 A은행에 대하여 甲이 피담보채권인 1억원을 모두 변제

한 경우에는 저당권은 소멸하게 된다. 이때 순위승진의 원칙이 적용되어 후순위저당권은 그 순위가 승진하게 된다. 따라서 B가 1번저당권 그리고 C가 2번저당권을 갖게 된다. 이 상태에서 경매가 된 경우 B는 2억원 그리고 C는 1억 5천만원을 각각 배당받게 된다.

89. 저당토지 위의 건물에 대한 일괄경매청구권

사례

甲은 乙로부터 3억원을 차용하면서 자신의 토지 X 위에 저당권을 설정해 주었다. 그 후 甲은 토지 X를 丙에게 임대하였고 丙은 그 위에 건물 Y를 건설한 후 임대기간이 끝나면서 甲에게 이를 매각하였다.

(1) 乙은 甲이 차용금 3억원을 변제하지 못하자 토지 X만을 매각하게 되는 경우 경기 악화로 매각대금 확보가 용이해 보이지 않아서 토지 X와 건물 Y를 일괄경매를 하려고 한다. 가능한가?

(2) 일괄경매가 이루어져서 토지 X는 2억 5천만원 그리고 건물 Y는 3억원에 매각된 경우 乙은 어느 한도에서 우선변제권을 갖는가?

Ⅰ. 乙의 일괄경매청구권 [사례 1]

저당권자인 乙이 저당목적 토지와 그 위의 건물에 대한 일괄경매를 청구하기 위해서는 (1) 저당권설정 당시에 지상에 건물이 없어야 하고, (2) 저당권설정자가 축조하고 소유하는 건물이어야 한다. 사안에서 저당권 설정 당시에 건물이 없었으므로 첫 번째 요건은 충족되었다. 문제는 건물 Y가 저당권설정자가 축조하고 소유하는 건물에 해당하는지의 여부이다.

원칙적으로 토지소유자인 저당권설정자가 축조하여 소유하고 있는 건물이어야 일괄경매청구가 인정된다. 따라서 저당권설정 후 저당권설정자가 아닌 그 밖의 제3자가 건물을 축조하고 소유한 경우에는 일괄경매청구권이 성립하지 않는다. 다만 일괄경매청구권이 인정되는 이유는 저당권 설정 후 그 지상에 건물이 축조된 경우에는 제366조의 법정지상권이 인정되지 않기 때문에 그 저당권이 실행되어 토지가 제3자에게 경락되면 건물을 철거해야 하는 사회경제적 불이익이 발생하므로 이를 방지하고, 저당토지상 건물의 존재로 발생할 수 있는 경매의 어려움을 해소하는 데 있다. 따라서 저당권설정자로부터 저당토지에 대한 용익권을 설정받은 자가 그 토지에 건물을 축조한 경우라도 그 후 저당권설정자가 그 건물의 소유권을 취득한 경우에도 저당권자가 토지와 함께 그 건물에 대하여 일괄경매를 청구하는 것을 인정하는 것이 타당하다.[1] 그러므로 건물 Y를 저당권설정자인 甲이 직접 건축하지는 않았지만 용익권자인 丙으로부터 매수하여 경매 당시에 소유자로 되어 있는 이상 일괄경매청구를 인정할 수 있다.

Ⅱ. 일괄경매시 우선변제효력의 범위 [사례 2]

일괄경매가 이루어진 경우에도 저당권의 우선변제적 효력은 저당권이 설정된 토지에 대하여만 미치고 건물에 대하여는 미치지 않는다 (제365조 단서). 건물의 경매대금에 대하여는 일반 채권자의 지위에서 배당을 받을 수 있을 뿐이다. 따라서 乙은 토지의 경매대금인 2억 5천만원에 대해서만 우선변제권을 갖는다.

---

1) 대법원 2003. 4. 11. 선고 2003다3850 판결.

90. 저당부동산 제3취득자의 지위

사 례

甲은 乙로부터 1억원을 차용하면서 자신의 건물 X에 대하여 저당권을 설정하여 주었고 다시 A은행으로부터 2억원을 차용하여 저당권을 설정해 주었다. 그 후 甲은 건물 X를 丙에게 매도하였다.
(1) 건물에 저당권이 설정되어 있는 것이 마음이 걸린 丙은 변제기가 도래하기 전에 1억원을 乙에게 변제하고 저당권의 말소를 청구하려고 한다. 가능한가?
(2) 변제기가 도래한 후 甲이 1억원을 변제하지 못하고 있어 丙이 이를 변제하려고 한다. 가능한가?
(3) 甲이 A에게 차용금 2억원을 갚지 못하여 저당권이 실행되어 건물 X가 4억원에 낙찰된 경우에 丙은 변제한 1억원에 대하여 우선변제권을 행사할 수 있는가?

I. 저당부동산 제3취득자의 변제기 도래 전의 변제

丙은 저당권이 설정된 후에 저당목적물인 건물 X를 양도받은 자로서 저당목적물의 제3취득자의 지위에 있다. 이처럼 저당목적물의 소유권을 취득한 제3취득자는 경매인이 될 수 있으며(제363조 제2항) 해당 부동산으로 담보된 채권을 변제하고 저당권의 소멸을 청구할 수 있다(제364조). 사안에서 문제가 되는 것은 제3취득자가 이러한 변제권을 변제기 도래 전에도 행사할 수 있는지의 여부이다. 이와 관련하여 다수설[1]과 판례[2]는 저당권자가 갖는 투자수단으로서의 작용을 보호하기 위하여 변제기 전의 변제권을 인정하고 있지 않다. 따라서 아직 변제기가 도래하지 않은 상태에서 제3취득자인 丙은 변제할 수 없다.

---

1) 곽윤직 · 김재형, 474면.
2) 대법원 1979. 8. 21. 선고 79다783 판결.

Ⅱ. 저당부동산 제3취득자의 이해관계 있는 제3자로서의 변제

제3취득자인 丙은 변제기가 도래한 후에는 변제를 하여 저당권의 소멸을 청구할 수 있다. 더 나아가 저당부동산의 제3취득자는 저당채무가 변제되어 저당권이 소멸하면 저당목적물에 대한 자신의 권리를 보전할 수 있는 지위에 있기 때문에 변제와 관련하여 '이해관계 있는 제3자'에 해당한다. 따라서 저당부동산의 제3취득자는 채무자의 의사에 반해서도 채무를 변제할 수 있다(제469조 제2항). 따라서 丙은 저당부동산의 제3취득자 및 이해관계 있는 제3자로서 변제를 할 수 있다.

Ⅲ. 저당물 제3취득자의 법정대위와 우선변제권

제3취득자인 丙이 제1번 저당권에 의하여 담보된 저당채권을 변제한 경우에 채권자를 대위하게 되어(제481조) 저당권은 제3취득자에게 이전한다(제482조 제1항). 따라서 丙은 제1번 저당권에 의하여 담보된 채권을 대위하게 된다. 이 상태에서 제2번 저당권이 실행된 경우에 丙은 저당채권인 1억원 한도에서 우선변제권을 행사할 수 있다.

91. 저당목적물에 대한 침해와 구제방법

사례

A주식회사는 5억원의 대출금을 담보하기 위하여 시가 7억원의 공장건물에 대한 공장저당권을 설정하면서 건물 내에 있는 기계 등도 목록을 작성하여 등기하였다. 그 후 저당권설정자인 A주식회사가 해당 공장 안에 있던 시가 2천만원의 기계를 저당권자인 甲의 동의 없이 B회사에 임대하여 공장으로부터 반출하였다. 이 사실을 안 저당권자 甲은 B회사에 대하여 기계를 원래의 설치 장소인 A주식회사의 공장건물에 원상회복할 것과 손해배상을 청구하였다. 정당한가?

Ⅰ. 甲의 B에 대한 저당권침해제거청구권(제370조, 제214조)

甲이 B에게 기계를 원래의 설치 장소인 A의 공장건물에 원상회복할 것을 요청하기 위해서는 이러한 행위가 저당권에 대한 침해가 되어야 한다. 사안에서 공장건물에 대한 공장저당권이 설정되었는데, 이 경우 공장 소유자가 공장에 속하는 건물에 설정한 저당권의 효력은 그 건물에 부합된 물건과 그 건물에 설치된 기계, 기구, 그 밖의 공장의 공용물(供用物)에 미친다(공장 및 광업재단저당법 제3조). 사안의 경우 기계가 목록으로 작성되어 등기까지 되었기 때문에(동법 제6조) 이 공장저당권의 효력은 기계에 대하여도 미친다.

본 사안에서는 저당권자의 동의 없이 종물인 기계를 분리·반출하는 행위가 침해에 해당하는지가 문제된다. 저당권의 침해란 저당권의 담보를 위태롭게 하는 것으로서 저당권의 목적물을 멸실·훼손하거나 이를 부당히 방치하는 것, 종물을 부당하게 분리하는 것 등이 여기에 해당한다. 일반 저당권의 경우 부합물 또는 종물이 목적부동산으로부터 분리·반출된 경우에 그 물건에 대하여 저당권의 효력이 계속 미치는지에 관하여 학설이 대립하고 있다. 다수설은 분리된 부합물 또는 종물은 목적부동산과 결합하여 공시의 작용이 미치는 한도 내에서만 저당권의 효력이 미친다고 한다.[1] 그에 반하여 분리된 물건이 저당물건과 아직도 사회관념상 일체성을 보유하고 있으면 저당권의 불가분성에 의하여 저당권의 효력이 그 분리물에 미친다고 하는 견해도 있다.[2] 공장저당의 경우 공장저당의 효력이 미치는 범위가 목록작성을 통하여 공시되어 있으므로 이러한 목록에 기재된 기계 등에 대하여는 추급력이 있는 것으로 규정하고 있다. 따라서 공장저당권의 목적이 된 물건이 제3취득자에게 인도된 후에도 선의취득의 규정이 적용되지 않는 한도에서 그 물건에 대하여 저당권을 행사할 수 있다(동법 제7조).

따라서 공장저당권자는 분리·반출 등으로 저당권에 기하여 그 침해가 있는 때에는 그 제거나 예방을 청구할 수 있다. 이때 공장저당권의 목적 동산이 저당권자의 동의를 얻지 아니하고 설치된 공장으로부터 반출된 경우에는 저당권자는 점유권이 없기 때문에 설정자로부터 일탈한 저당목적물을 저당권자 자신에게 반환할 것을 청구할 수는 없다. 그러나 저당권자는 방해배제청구권의 행사를 통하여 저당목적물이 제3자에게 선의취득 되지 아니하는 한 원래의 설치 장소에 원상회복할 것을 청구할 수 있다. 따라서 甲이 B에게 기계를 원래의 설치 장소인 A의 공장건물에 원상회복할 것을 청구한 것은 정당하다.[3]

Ⅱ. 甲의 B에 대한 불법행위로 인한 손해배상청구권(제750조)

甲이 B에게 담보물 중 일부를 권한 없이 멸실·훼손하거나 담보가치를 감소시키는 행위로 인하여 저당권자인 甲이 나머지 저당목적물만으로 채권의 완전한 만족을 얻을 수 없는 손해를 입게 되면, 불법행위로 인한 손해배상을 청구할 수 있다. 이때 저당권자가 입게 되는 손해는

---

1) 곽윤직·김재형, 443면.

2) 이영준, 814면.

3) 대법원 1996. 3. 22. 선고 95다55184 판결.

나머지 저당목적물의 가액에 의하여 만족을 얻지 못하는 채권액과 멸실·훼손되거나 담보가치가 감소된 저당목적물 부분의 가액 중 적은 금액이 된다.[4] 판례의 입장에 의하면 피담보채무는 변제기에 이를 필요가 있고, 저당권자의 손해는 저당권 침해당시를 기준으로 산정해야 한다.[5]

이 사안에서 침해된 금액은 2천만원에 불과하여 저당권자인 甲은 채권의 만족을 얻는 데 지장이 없으므로 저당목적물의 침해에도 불구하고 손해를 인정할 수 없다. 따라서 甲이 손해배상을 청구하는 것은 정당하지 않다.

---

4) 대법원 2009. 5. 28. 선고 2006다42818 판결.
5) 대법원 1998. 11. 10. 선고 98다34126 판결.

92. 공동저당에서의 동시배당과 이시배당

사 례

甲은 乙로부터 3억원을 차용하면서 그 담보로 자신 소유의 부동산 X와 Y에 대하여 저당권을 설정하였다. 그 후 甲은 부동산 X에 대하여는 丙으로부터 1억원을 차용하면서 저당권을 설정하였고, 丁으로부터 2억원을 차용하면서 부동산 Y에 대하여는 저당권을 설정하였다.

(1) 부동산 X와 Y를 동시에 경매하여 각각 2억원과 4억원으로 낙찰된 경우에 乙, 丙, 丁이 각각 배당받는 액수는 어떻게 되는가?

(2) 부동산 X에 대하여 먼저 경매가 이루어져 2억원에 낙찰되었고 그 후 부동산 Y에 대하여 경매가 이루어져 4억원이 낙찰된 경우에는?

I. 동시배당의 경우 [사례 1]

사안에서 동일한 채권의 담보로서 수개의 부동산 위에 저당권이 설정되었으므로 공동저당권이 성립하였다. 이 경우 저당권의 등기에 있어서 다른 부동산과 함께 1개의 채권의 공동담보로 되어 있다는 사실이 아울러 기재되는 경우도 있고 공동저당목록을 첨부하여 등기하는 경우도 있다. 그러나 공동저당관계의 등기는 공동저당권의 성립요건이 아니고 동일한 채권을 중첩적으로 담보하기 위한 수개의 저당권 사이에는 공동저당관계가 성립하므로 본 사안에서도 부동산 X와 Y에 대하여 공동저당권이 성립하였다.

공동저당에서 경매대가를 동시에 배당하는 때에는 '각 부동산의 경매대가'에 비례하여 그 채권의 분담을 정한다(제368조 제1항). 그리고 비례안분액을 초과하는 부분은 후순위저당권자의 변제에 충당한다. 따라서 부동산 X와 Y의 경매대가가 2억원과 4억원이므로 乙이 배당받게 되는 비례안분액은 각각 1억원(부동산 X), 2억원(부동산 Y)이 될 것이다.

따라서 丙은 부동산 X의 경매대가 중 나머지 1억원을 배당받게 되고 丁은 부동산 Y의 경매대가 중 나머지 2억원을 배당받게 된다.

II. 이시배당의 경우 [사례 2]

공동저당의 경우 이 중 한 부동산에 대하여 경매가 먼저 이루어져 배당을 하는 경우에는 공동저당권자는 그 대가로부터 전부배당을 받을 수 있다(제386조 제2항 제1문). 따라서 乙은 먼저 부동산 X의 경매대가인 2억원 전부를 배당받는다. 그리고 후순위저당권자인 丙은 공동저당부동산을 동시에 경매하여 배당하였더라면 공동저당권자가 다른 부동산에서 변제받을 수 있었던 금액의 한도 내에서 공동저당권자를 대위하여 그 저당권을 실행할 수 있다(제368조 제2항 제2문). 따라서 부동산 Y에 대하여 경매가 이루어져 4억원에 낙찰된 경우 1순위의 공동저당권자인 乙은 채권의 나머지 금액인 1억원을 우선 배당받게 되고 부동산 X의 후순위저당권자인 丙은 동시배당시 乙이 부동산 Y로부터 우선변제받을 수 있었던 한도인 2억원의 범위 내에서 선순위인 공동저당권자 乙의 부동산 Y에 대한 저당권을 대위할 수 있다. 그런데 乙이 1억원을 이미 배당받아 갔으므로 이 중 남은 금액인 1억원을 배당받을 수 있다. 그리고 마지막으로 부동산 Y의 2번 저당권자인 丁은 나머지 금액인 2억원을 배당받게 된다.

93. 공동저당에서 물상보증인의 지위

> **사 례**
>
> 甲은 A은행으로부터 4억원을 차용하면서 그 담보로 자신 소유의 부동산 X와 물상보증인 乙 소유의 부동산 Y에 대하여 저당권을 설정하였다. 그 후 甲은 부동산 X에 대하여는 丙으로부터 2억원을 차용하면서 저당권을 설정하였다. 부동산 Y에 대하여 먼저 경매가 이루어져 4억원에 낙찰되었고, 그 후 부동산 X에 대하여 경매가 이루어져 4억원에 낙찰되었다.
>
> (1) 이 경우 A, 乙, 丙이 각각 배당받는 액수는 어떻게 되는가?
>
> (2) 乙이 B은행으로부터 2억원을 차용하면서 부동산 Y에 대하여 후순위저당권을 설정하였던 경우 B가 배당받는 액수는 어떻게 되는가?

Ⅰ. 물상보증인의 변제자대위와 후순위저당권자 대위의 관계 [사례 1]

사안에서 4억원의 채권을 담보하기 위하여 부동산 X와 Y에 공동저당권이 설정되었다. 그런데 공동의 저당부동산 중 물상보증인 소유의 부동산에 대하여 먼저 경매가 이루어져 배당을 하는 경우 공동저당권자는 그 대가로부터 전부배당을 받을 수 있으므로(제368조 제2항 제1문) 부동산 X의 1번 저당권자이자 공동저당권자인 A은행은 4억원을 모두 배당받게 된다. 이 경우 물상보증인 乙은 자신 소유의 부동산에 설정된 저당권의 실행으로 그 소유권을 상실함으로써 채무자의 채무를 변제한 것이므로 채무자에 대하여 구상권을 취득함과 동시에 변제자대위에 의하여 담보권자인 A은행이 부동산 X에 설정한 1번 저당권을 취득할 수 있다(제481조, 제482조). 그런데 그 이후 부동산 X에 대하여 경매가 이루어진 경우 변제자대위권을 행사하는 물상보증인 乙이 4억원 전액을 행사할 수 있는지 아니면 공동저당에 관한 규정이 적용되어(제368조 제2항 제2문) 공동저당부동산을 동시에 경매하여 배당하였더라면 공동저당권자가 다른 부동산에서 변제받을 수 있었던 금액의 한도 내인 2 억원에 대하여만 공동저당권자를 대위할 수 있는지가 문제된다.

물상보증인의 변제자대위도 공동저당에 관한 규정에 따른 제한을 받는나는 입장이 다수설이다.[1] 이 입장에 따르면 乙은 공동배당되었을 때 A은행이 배당받을 수 있었던 금액 한도에서만 변제자대위 규정에 의하여 배당받을 수 있으므로 2억원을 배당받게 되며 나머지 2억원은 2 번 저당권자인 丙이 배당받게 된다. 그에 반하여 제368조 제2항은 채무자 소유의 여러 부동산 위에 저당권이 존재하는 때에만 적용되는 규정이므로 기본적으로 물상보증인에 대하여는 변제자대위에 관한 규정만 적용된다는 것이 판례의 입장이다.[2] 이 입장에 따르면 공동저당에 관한 규정에 따른 제한을 받지 않으므로 乙은 4억원 전액을 변제자대위 규정에 의하여 배당받게 된다. 후순위저당권자는 등기를 통하여 선순위저당권이 변제자대위에 의해 물상보증인에게 이전될 수도 있다는 사실을 충분히 알 수 있는바, 변제자대위에 의하여 후순위저당권자보다 물상보증인을 보호하려는 판례의 입장이 타당하다고 볼 수 있다.

II. 물상보증인 소유 부동산의 후순위저당권자의 지위 [사례 2]

물상보증인 乙 소유의 부동산 Y가 먼저 경매된 경우 1번 저당권자인 A가 4억원을 전부배당을 받게 되고 후순위저당권자인 B는 이로부터 아무런 배당을 못받게 된다. 그 후 부동산 X가 경매되면 물상보증인 乙은 4억원에 대한 구상권과 부동산 X에 대한 A의 1번 저당권을 대위취득하므로 4억원을 기본적으로 배당받을 수 있게 된다. 이 경우 물상보증인 乙 소유 부동산에 대하여 2번 저당권을 갖고 있는 B는 물상보증인에게 이전한 1번 저당권으로부터 우선 변제받을 수 있다.[3] 즉 물상보증인에게 이전한 1번 저당권은 후순위저당권자의 피담보채권을 담보하는

---

1) 이영준, 841면; 김상용, 724면.
2) 대법원 1994. 5. 10. 선고 93다25417 판결.
3) 대법원 2017. 4. 26. 선고 2014다221777, 221784 판결.

것으로 되어 후순위저당권자는 마치 물상대위를 하는 것과 같이 그 순위에 따라 물상보증인이 취득한 1번 저당권으로부터 우선하여 변제를 받을 수 있다. 따라서 B는 乙이 배당받은 4억원 중 2억원에 대하여 배당을 받을 수 있다.[4]

---

[4] 이에 반하여 물상대위 규정을 적용하는 것은 근거가 없다는 이유로 2번 저당권자는 권리를 잃게 된다는 입장으로 곽윤직·김재형, 492면.

94. 근저당권의 부종성 완화

사례

새로 사업을 시작하는 甲은 도매상 乙로부터 상품을 공급받기로 하였다. 甲의 사업을 돕기 위하여 형 丙은 자기 소유 부동산 X에 채권최고액을 1억원으로 하고 존속기간은 3년으로 하는 근저당권을 설정하는 계약을 체결하고 이를 통하여 앞으로 3년 동안에 발생하는 乙의 甲에 대한 모든 상품대금의 담보로 제공하기로 하였고 이에 맞추어 등기를 완료하였다.

(1) 甲이 1억원이 넘는 채무를 부담한 상태에서 대금지급을 연체하자 乙은 부동산 X에 대한 경매를 신청하였다. 이에 丙은 한때 채무액이 0이었기 때문에 근저당권이 소멸하였다는 이유로 경매신청은 부적법하다고 주장한다. 정당한가?

(2) 甲은 사업을 丁에게 양도하면서 乙에게 부담하던 상품대금을 모두 丁이 지급하기로 하여 乙에게 변제가 이루어졌다. 그리고 丙은 원만한 사업양도를 위하여 丁의 상품거래로 인한 채무에 대하여 담보가 제공될 수 있도록 이에 대한 연대보증인이 되면서 동시에 근저당권의 채무자를 甲에서 丁으로 변경하는 것에 동의하고 변경등기를 경료하였다. 근저당권설정기간인 3년이 지나 乙이 경매를 신청하자 부동산 X의 후순위 저당권자인 A은행에서는 근저당의 채무자 변경은 무효라는 이유로 근저당권이 무효라는 이의를 제기하였다. 정당한가?

Ⅰ. 근저당권의 성립과 소멸 여부 [사례 1]

사안에서 乙과 물상보증인 丙 사이에는 피담보채권의 최고액을 1억원으로 하는 저당권설정계약이 체결되었다. 그런데 여기서 설정된 저당권은 甲과 乙 사이의 계속적인 물품공급계약으로부터 발생하는 대금채무만을 담보하는 것을 내용으로 하고 존속기간은 3년으로 하는 근저당권설정계약이었다. 그리고 이러한 내용의 근저당권 설정등기가 경료되면서 근저당권은 유효하게 성립하였다.

이러한 근저당권은 장래의 증감 · 변동하는 불특정의 채무를 담보하여 피담보채무의 확정이 있을 때까지는 채무의 소멸 · 이전이 근저당권의 효력에 영향을 미치지 못한다(제357조 제1항). 따라서 개개의 채권이 모두 변제되어 채무가 일시적으로 0으로 되는 일이 발생하여도 근저당권은 이로 인하여 소멸하지 않는다. 통상의 저당권은 부종성에 의하여 피담보채무가 소멸하면 저당권도 소멸하나, 근저당권은 이에 대한 예외에 해당한다. 그러므로 한때 채무액이 0이었기 때문에 근저당권이 소멸하였다는 丙의 주장은 정당하지 않다.

Ⅱ. 근저당채무자 변경의 유효성 [사례 2]

근저당권의 채무자변경이 무효라는 A은행의 주장은 채무자변경이 일반적으로 저당권의 피담보채권에 대한 부종성에 반하기 때문이다. 그런데 근저당권의 경우 부종성을 완화하는 규정이 있으므로(제357조 제1항 후문) 채무자변경이 이러한 완화내용에 포함되는지가 문제 된다.

근저당권은 당사자 사이의 계속적인 거래관계로부터 발생하는 불특정채권을 어느 시기에 계산하여 잔존하는 채무를 일정한 한도액 범위 내에서 담보하는 저당권으로서 보통의 저당권과 달리 발생 및 소멸에 있어 피담보채무에 대한 부종성이 완화되어 있는 관계로 피담보채무가 확정되기 이전이라면 채무의 범위나 또는 채무자를 변경할 수 있는 것이다. 그리고 채무의 범위나 채무자가 변경된 경우에는 당연히 변경 후의 범위에 속하는 채권이나 채무자에 대한 채권만이 당해 근저당권에 의하여 담보되고, 변경 전의 범위에 속하는 채권이나 채무자에 대한 채권은 그 근저당권에 의하여 담보되는 채무의 범위에서 제외된다.[1] 사안에서 근저당채무자의 변경은 채무자 乙에 대한 피담보채무가 확정되기 이전에 저당권설정자인 丙의 동의하에 이루어진 것이고 甲이 乙에 대하여 부담하는 대금채권은 丁에 의하여 모두 변제된 상태이었

---

1) 대법원 1993. 3. 12. 선고 92다48567 판결.

다. 따라서 이러한 채무자 변경은 근저당권의 부종성을 완화하는 규정의 범위 내에 있어서 유효할 뿐만 아니라, 현재의 근저당권은 채무자변경이 이루어진 후 丁이 부담하는 대금채무를 담보하고 있으므로 채무자 변경이 무효라는 A의 주장은 정당하지 않다.

95. 근저당권에서 피담보채무의 확정과 근저당권등기의 말소청구

> **사 례**
>
> 甲은 계속적 거래관계에 있는 乙에게 당해 거래에서 발생하는 채무를 담보하기 위하여 자기 소유 부동산 X에 대하여 채권최고액을 1억원으로 하는 근저당권설정계약을 체결하고 등기를 경료하였다. 그 후 乙은 甲의 채무불이행을 이유로 경매를 신청하였고 그 때까지 거래금액은 1억 3천만원 및 이자는 1천만원이었다. 이 경우 甲이 부동산 X에 대하여 경매가 실행되는 것을 막고 근저당권등기의 말소를 청구하기 위하여 甲은 乙에게 얼마를 지급해야 하는가?
>
> **【변형】** 근저당권설정 후 부동산 X가 丙에게 매도된 경우 丙은 얼마를 지급해야 하는가?

甲의 乙에 대한 근저당권의 말소청구

甲이 乙에게 근저당권등기의 말소를 청구하기 위해서는 근저당권에 의하여 담보되는 피담보채무가 확정되어 이를 채무자가 유효하게 변제하여야 한다. 이러한 요건이 충족된다면 甲은 근저당권설정계약 내지 소유물방해배제청구권(제214조)에 근거하여 그 말소를 청구할 수 있게 된다. 근저당권의 경우 피담보채무는 (1) 근저당권의 설정계약에서 정한 결산기의 도래, (2) 근저당권의 존속기간의 만료, (3) 결산기 또는 존속기간의 정함이 없는 경우에는 근저당권설정계약의 해지 또는 해제가 있는 경우에 확정된다. 사안에서는 근저당권자인 乙이 피담보채무의 채무불이행을 이유로 경매신청을 하였고 이러한 경우에는 경매신청시에 근저당권은 확정된다. 근저당권의 피담보채권이 확정되면 그 이후에 발생하는 채무는 더 이상 그 근저당권에 의하여 담보되지 못한다.1)

근저당권은 피담보채무가 확정되면 보통의 저당권으로 변하며 이때 담보되는 채무의 범위는 채권최고액이다. 최고액에는 채무의 이자가 산입되지만(제357조 제2항), 저당권의 실행비용(경매비용)은 최고액에 포함되지 않는다. 사안의 경우 경매신청 당시의 피담보채무는 원금 1억 3천만원 및 이자 1천만원으로 확정되었으나 1억원의 채권최고액을 초과했으므로 乙에게는 1억원 한도에서만 우선변제권이 인정된다. 그런데 피담보채무의 변제자가 채무자인 경우에는 최고액만을 변제하고 근저당권의 말소를 청구할 수 있는 것은 아니며 채권 전부의 변제를 해야만 말소청구를 할 수 있다.[2] 따라서 甲은 乙에게 근저당권등기의 말소를 청구하기 위해서는 원금 1억 3천만원 및 이자 1천만원을 모두 지급해야 한다.

【변형】   丙은 근저당권설정 후 저당부동산의 소유권을 취득한 제3취득자이다. 제3취득자도 근저당권자에게 그 부동산으로 담보된 채권을 변제하고 저당권의 소멸을 청구할 수 있는 지위에 있다(제364조). 그런데 제3취득자인 경우에는 채무자의 경우와 달리 근저당권에 의하여 담보되는 채권최고액만을 변제하고 근저당권의 말소를 청구할 수 있다.[3] 따라서 丙이 乙에게 근저당권등기의 말소를 청구하기 위해서는 1억원을 지급해야 한다.

---

1) 대법원 1988. 10. 11. 선고 87다카545 판결.
2) 대법원 1981. 11. 10. 선고 80다2712 판결; 대법원 2001. 10. 12. 선고 2000다59081 판결.
3) 대법원 1971. 4. 6. 선고 71다26 판결.

96. 유저당계약의 유효성

사 례

甲은 A은행으로부터 2억원의 대출을 받으면서 그 담보로 자기 소유의 아파트 X에 저당권을 설정하면서 변제기에 채무액을 변제하지 못하면, 아파트 X(시가 4억원)의 소유권을 A에게 귀속한다는 특약을 하였다. 그리고 甲은 A에게 소유권이전등기에 필요한 서류를 작성하여 주었다. 그 후 甲이 채무를 변제하지 못하자 A는 아파트 X에 대하여 소유권이전등기를 경료하였다.

(1) 이 경우 A는 아파트 X의 소유권을 유효하게 취득하였는가?

(2) 甲은 그 이후 A에게 채무를 변제하고 남은 금액 상당을 청구할 수 있는가?

Ⅰ. A의 아파트 X의 소유권 취득여부

유저당계약(流抵當契約)이란 저당채무의 불이행의 경우 저당권자가 저당목적물의 소유권을 취득(소유권이전형)하거나 민사집행법에 의한 경매가 아닌 임의의 방법으로 저당목적물을 처분·환가(임의환가형)하기로 하는 변제기 전의 약정을 말한다. 사안의 경우 甲과 A 사이에는 甲의 채무불이행시에 저당권자인 A가 저당목적물인 아파트 X에 대한 소유권을 취득하는 유저당계약을 체결하였다. 따라서 A가 유효하게 아파트 X에 대한 소유권을 취득하기 위해서는 甲과 A 사이의 저당권설정계약으로서의 유저당계약이 유효해야 한다.

우리 민법은 유질을 금지하고 있으나(제339조), 유저당에 관한 명문의 규정은 두고 있지 않다. 유질계약을 금지하는 제339조가 유저당계약에 준용되지는 않으므로 유저당계약의 유효성이 문제된다. 사안처럼 가등기를 하지 않고 소유권이전에 필요한 서류를 바로 지급하는 소유권이전형 유저당계약인 경우에는 대물변제의 예약이 있는 것으로 본다.[1] 이에 따라 대물변제예약은 그 목적 재산의 예약 당시의 가액이 차용액 및 이에 붙인 이자의 합산액을 넘지 못하고(제607조), 이에 위반한 약정으로서 채무자에게 불리한 것은 그 효력이 없게 된다(제608조). 여기서 '그 효력이 없다'라는 규정을 어떻게 해석할지에 대하여 견해가 나뉘지만 판례[2]와 학설은 이러한 약정을 전부 무효로 보지 않고 차용액 및 이에 붙인 이자의 합산액을 넘는 부분에 대한 청산의무를 부담한다는 한도에서 나머지 부분은 유효한 것으로 본다. 따라서 A의 소유권취득은 유효하다.

II. 甲의 A에 대한 청산금지급청구권

유저당계약에 의해 甲의 아파트 X가 A의 소유가 되면, A는 담보목적부동산의 가액에서 甲의 채무액을 뺀 금액을 청산금으로 甲에게 반환해야 하고 甲은 이를 청구할 수 있는지가 문제 된다. 유저당계약에 대하여 일부무효의 법리를 적용하는 견해는 제607조에 위반한 대물변제의 예약은 무효이나 전부무효는 아니고 초과부분에 한도에서만 무효가 되므로 이에 대하여 저당권자는 부당이득반환의무를 부담한다고 본다.[3] 그에 반하여 무효행위의 전환이론을 적용하는 견해는 대물변제의 예약이 전부무효이지만 당사자의 가정적 의사에 비추어 보면 약한 의미의 양도담보계약으로 전환되었다고 해석하여 청산금청구권을 양도담보계약에 따라 발생하는 계약적 청구권으로 본다.[4] 이와 별개로 유저당계약에 채권담보의 의사가 있다고 보는 견해는 제607조에 위반한 대물변제의 예약은 무효이나 그 속에 포함된 담보계약은 독립적으로

---

1) 그에 반하여 가등기가 경료된 경우에는 「가등기담보 등에 관한 법률」에 의하여 청산금을 채무자에게 지급하도록 규정되어 있다.

2) 대법원 1968. 10. 22. 선고 68다1418 판결.

3) 곽윤직·김재형, 460면.

4) 이영준, 819면; 이은영, 811면.

효력을 갖는다고 해석한다. 판례는 대물변제예약은 무효이나 그 대물변제의 예약에는 약한 의미의 양도담보계약을 함께 맺은 것으로 보아 약한 의미의 양도담보계약은 유효한 것으로 본다.[5] 어느 견해에 의하든 간에 甲의 A에 대한 청산금지급청구권은 인정된다.

5) 대법원 1968. 6. 28. 선고 68다762 판결.

Ⅳ. 비전형담보

97. 가등기담보와 담보권 실행

사 례
甲은 乙로부터 2억원을 차용하면서, 변제기에 甲이 이 채무를 변제하지 못하면 자신 소유의 부동산 X(시가 4억원)의 소유권을 乙에게 귀속하기로 하는 특약을 맺었다. 그리고 乙은 부동산 X에 대하여 소유권이전청구권보전의 가등기를 하였다. 변제기에 甲이 채무를 이행하지 않은 경우 乙이 담보권을 실행할 수 있는 방법은 무엇인가?

사안에서 甲과 乙은 변제기에 채무자 甲이 채무를 변제하지 못하는 경우에 甲 소유의 부동산 X를 乙에게 귀속하기로 하는 대물변제의 예약을 하였고 이 예약에 기하여 乙은 소유권이전등기청구권을 보전하기 위하여 가등기를 경료하였다. 이러한 가등기담보권은 「가등기담보 등에 관한 법률」(이하 '가담법')에 의하여 규제를 받고 있으며 동법에 의하여 저당권으로 취급하고 있다는 측면에서 일종의 담보물권으로 볼 수 있다.[1] 가등기담보권의 실행은 가담법에 기하여 이루어져야 한다.

Ⅰ. 권리취득에 의한 실행

가등기담보권자인 乙이 담보권의 실행으로 부동산 X에 대한 소유

---

1) 곽윤직·김재형, 546면.

권을 취득하려고 하는 경우에는 (1) 대여원리금채권의 변제기 후에 채무자에게 청산금의 평가액을 통지하고, (2) 그 통지가 채무자에게 도달한 날로부터 청산기간 2개월이 경과한 후에, (3) 채무자에게 청산금을 지급하여야 한다(가담법 제3조, 제4조). 그리고 이러한 청산절차에 반하는 특약으로서 채무자에게 불리한 것은 그 효력이 없다(가담법 제4조 제4항). 사안처럼 목적부동산의 가액(4억원)이 채무액인 2억원을 초과하여 청산금이 있을 때에는 乙은 실행통지를 하고, 실행통지 도달 후 2개월의 청산기간이 경과한 후 청산금을 지급하면 가등기에 기한 본등기를 청구하여 부동산 X에 대한 소유권을 취득할 수 있다(가담법 제4조 제2항 후단).

Ⅱ. 경매에 의한 실행

가등기담보권자인 乙이 담보권의 실행으로 부동산 X에 대한 소유권을 취득하고 싶지 않은 경우에는 부동산 X에 관하여 담보권실행경매를 청구하여 경매대금으로부터 자기 채권의 변제를 받을 수 있다(가담법 제12조 제1항 전단). 이 경우 가등기담보는 저당권으로 보게 되어 가등기설정시에 저당권이 설정된 것으로 본다(가담법 제12조 제1항 후단).

98. 양도담보

사 례

甲은 乙로부터 2억원을 차용하면서 자기 소유의 부동산 X(시가 4억원)를 乙에게 이전하기로 하고 甲이 변제기에 채무액을 변제하면 부동산 X의 소유권을 甲에게 반환하기로 하는 특약을 체결하였다. 甲은 乙에게 부동산 X에 대하여 소유권이전등기를 경료하였다.

(1) 이 경우 乙은 부동산 X의 소유권을 취득하였는가?

(2) 변제기가 되기도 전에 乙은 이 부동산을 선의의 丙에게 매각하였다. 이 경우 甲은 채무 2억원을 변제하고 丙에게 소유권이전등기의 말소를 청구할 수 있는가?

I. 乙의 소유권취득 여부

사안에서 甲은 乙에게 양도담보설정계약에 기하여 소유권이전등기를 하였다. 양도담보설정계약이란 담보물의 소유권 그 자체를 채권자에게 이전하고, 일정한 기간 내에 채무자가 변제하지 않으면 채권자는 그 목적물로부터 우선변제를 받게 되지만, 변제하면 그 소유권을 다시 채무자에게 반환하는 담보제도이다. 부동산의 양도담보의 경우 가담법이 적용되고(가담법 제2조 제1호), 가담법 제4조 제2항에서 채권자에게 이미 소유권이전등기가 경료되어도 청산절차를 밟아서 청산금을 지급한 경우에 비로소 소유권을 취득하는 것으로 규정하고 있다. 이러한 측면에서 양도담보권은 일종의 담보물권에 불과하다고 볼 수 있다.[1] 따라서 아직 청산절차를 거치지 않은 乙은 소유자로 등기되어 있더라도 부동산 X의 소유권을 취득하지 못하였다.

---

1) 곽윤직 · 김재형, 573면. 다만 이를 신탁적 소유권이전설에 따라서 이해하는 소수설이 있다(이영준, 882면).

Ⅱ. 甲의 丙에 대한 소유물방해배제청구권(제214조)

甲이 2억원의 채무를 변제하고 소유권이전등기의 말소를 청구하기 위해서는 甲이 아직도 부동산 X의 소유자이어야 한다. 가담법에 의하면 甲은 청산금을 받기 전까지는 채무액을 변제하고 乙명의의 소유권이전등기의 말소를 청구할 수 있다. 그런데 사안처럼 양도담보권자인 乙이 청산절차를 거치지 않고 부동산 X를 丙에게 양도한 경우에 소유권이전의 효력이 발생하는지가 문제된다.

이와 관련하여 가담법 제11조 단서에서 거래안전을 위한 예외규정을 두고 있다. 즉, 양수인이 선의이거나 채무의 변제기로부터 10년이 경과하면 담보목적의 소유권이전등기의 말소를 청구할 수 없다. 사안에서 양수인 丙이 선의이므로 丙은 유효하게 소유권을 취득하였다. 따라서 甲은 더 이상 채무를 변제하고 소유권이전등기의 말소를 청구할 수 없다.

99. 유동집합물의 양도담보

사 례

乙은 甲에 대한 6천만원의 대여금채무를 담보하기 위하여 당시 A 돈사에 있던 乙 소유의 돼지의 소유권을 甲에게 양도하되, 위 돼지는 점유개정의 방법으로 乙이 계속하여 점유, 관리, 사육하기로 하는 양도담보계약을 체결하였다. 2년 후 B 조합은 집행력 있는 판결정본에 기하여 돈사에 있던 乙 소유의 돼지에 대하여 압류집행을 하였다. 이에 甲은 압류집행에 대하여 제3자 이의의 소를 제기하였다. 이 소에서 양도담보가 설정된 후 새로 태어난 새끼돼지에 대하여도 제3자 이의의 소가 효력을 미치는지가 쟁점이 되었다. 다음과 같은 사실이 있는 경우에 그 타당성을 판단하시오.

(1) 乙이 甲의 승낙을 얻어 돼지들을 처분하여 대여금채무의 변제에 사용하며, 항상 양도담보설정 당시에 존재하였던 3,000두의 숫자를 유지하기로 약정한 경우

(2) 乙이 양도담보목적물인 돼지를 점유하는 동안 이를 무상으로 사용·수익하기로 약정한 경우

　　甲이 압류집행에 대하여 제기한 제3자 이의의 소가 새로 태어난 새끼 돼지에 대하여 효력을 미치기 위해서는 甲이 새끼 돼지의 소유자이어야 한다. 사안에서 甲은 乙의 돈사에 있는 돼지들에 대하여 점유개정의 방법으로 양도담보를 설정했다.

　　이러한 양도담보계약은 일단의 증감 변동하는 동산을 하나의 물건으로 보아 이를 채권담보의 목적으로 삼는 이른바 '유동집합물에 대한 양도담보계약'에 해당하는 것으로서,[1] 담보목적물이 다른 물건과 구별될 수 있도록 그 종류·장소 또는 수량지정 등의 방법으로 특정되어 있다면 집합물 전체를 하나의 물건으로 양도담보권을 설정하는 것은 유효하다.[2]

---

1) 대법원 2004. 11. 12. 선고 2004다22858 판결.

집합동산의 양도담보에 대하여 양도담보권자가 담보물권을 취득하는 것으로 보는 견해[3]도 있지만 판례는 신탁적 소유권이전이 있다고 본다. 즉 양도담보권자는 담보목적물에 대한 사용·수익권은 없지만 제3자에 대한 관계에서 청산절차를 마치기 전이라도 그 물건의 소유자임을 주장하고 권리를 행사할 수 있다고 한다.[4] 따라서 사안에서 양도담보권자인 甲이 제기한 제3자 이의의 소는 정당하나, 집합양도담보권이 미치는 범위에 새끼 돼지가 포함되는지가 문제된다.

(1) 일정한 숫자의 돼지를 유지하기로 한 경우

甲과 乙은 A 돈사 내에서 사육하고 있던 乙 소유의 돼지 3,000두를 이 사건 양도담보의 목적물로 하는 계약을 체결하였다. 유동집합물에 대한 양도담보계약의 경우 양도담보권자가 담보권설정계약 당시 존재하는 집합물에 대하여 점유개정의 방법으로 점유를 취득하면 그 후 새로이 반입되는 개개의 물건에 대하여 그 때마다 별도의 양도담보계약을 맺거나 점유개정의 표시를 하지 아니하더라도 하나의 집합물로서의 동일성을 잃지 아니한 채 양도담보권의 효력은 항상 현재의 집합물 위에 미치게 된다. 특히 사안처럼 돈사에서 대량으로 사육되는 돼지를 집합물에 대한 양도담보의 목적물로 삼은 경우에는 그 돼지들은 번식, 사망, 판매, 구입 등의 요인에 의해 증감·변동하리라는 점이 당연히 예상되는 것이고, 이에 따라 양도담보설정자로서는 통상적으로 허용되는 범위 내에서 양도담보 목적물인 돼지를 처분할 수도 있고 새로운 돼지를 구입할 수도 있는데, 이때 새로 반입되는 돼지에 대하여 별도의 양도담보계약을 맺거나 점유개정의 표시를 하지 않더라도 자동적으로 양도담보권의 효력이 미친다.[5] 따라서 사안에서 새로 태어난 새끼 돼지에

2) 대법원 1990. 12. 26. 선고 88다카20224 판결; 대법원 2003. 3. 14. 선고 2002다72385 판결.

3) 곽윤직·김재형, 572면.

4) 대법원 1999. 9. 7. 선고 98다47283 판결.

5) 대법원 2004. 11. 12. 선고 2004다22858 판결.

대하여도 별도의 양도담보계약을 맺거나 점유개정의 표시를 하지 않더라도 양도담보권의 효력이 미치는 것이고, 따라서 甲의 소유하에 있는 것이므로 소유권에 기한 甲의 제3자 이의의 소는 이 범위에서도 정당하다.

(2) 무상으로 사용 · 수익하기로 한 경우

양도담보권설정자인 乙이 양도담보목적물인 돼지를 점유하는 동안 이를 무상으로 사용 · 수익하기로 약정한 경우에 원물인 돼지가 출산한 새끼 돼지는 천연과실에 해당하고 그 천연과실의 수취권은 원물인 돼지의 사용수익권을 가지는 乙에게 귀속된다.6) 따라서 새끼 돼지에 대하여는 양도담보의 효력이 미치지 않게 되며 甲은 이에 대하여 소유자로서의 권리가 없으므로 제3자 이의의 소는 이 부분에 대하여는 정당하지 않다.

---

6) 대법원 1996. 9. 10. 선고 96다25463 판결.

100. 소유권유보부매매

사례

A는 공작기계 제조판매 회사로서 통상 24개월 또는 12개월로 매매대금을 분할하여 지급하도록 하되 매매대금완납 전에는 매도인에게 소유권을 유보하는 내용으로 공작기계를 판매하여 왔다. A는 甲에게도 이와 같은 방식으로 공작기계 X를 판매하였다. 그런데 甲은 매매대금을 완불하지 않은 상태에서 소유권유보사실을 알리지 않은 채 乙에게 공작기계 X를 판매하였고 乙도 특별히 이러한 사정에 대하여 조사를 하지 않고 구매하였다. 그 후 A가 소유자라는 이유로 乙에게 공작기계 X의 인도를 요구하였다. 타당한가?

A의 乙에 대한 소유물반환청구권(제213조)

A가 乙에게 공작기계 X의 인도를 요구하기 위해서는 A가 여전히 공작기계의 소유자이어야 한다. 사안에서 A는 甲에게 공작기계의 소유권을 유보하는 방식으로 매도하였다. 소유권을 유보하는 이유는 매매대금의 지급을 분할의 방식으로 유예했기 때문에 해당 공작기계를 담보로 잡기 위한 것이다. 이러한 측면에서 담보권설은 소유권유보가 있는 경우 매매대금채권의 확보를 위한 담보권만 인정된다고 보는 것이므로 매매목적물인 공작기계의 소유권은 현실인도와 함께 행하여진 물권적 합의로 매수인인 甲에게 이전한 것으로 본다. 그러나 판례1)와 다수설이 취하고 있는 정지조건부 소유권이전설에 따르면 소유권 유보하의 소유권이전은 매매대금의 완불을 정지조건으로 하기 때문에 매매대금이 완불되기 전에는 소유권이전의 법률효과가 발생하지 않고, 매매대금의 완불이라는 조건이 성취되면 별도의 물권적 합의 없이 소유권

---

1) 대법원 1999. 9. 7. 선고 99다30534 판결.

은 완전히 매수인에게 이전된다고 한다. 사안에서 대금이 완불되지 않았으므로 정지조건부 소유권이전설에 따르면 아직도 A가 소유자가 된다.

甲은 소유자가 아닌 무권리자이므로 원칙적으로 乙은 공작기계의 소유권을 취득하지 못하나, 선의취득의 규정(제249조)이 성립하면 소유권유보가 소멸하게 된다. 다만 고가의 공작기계의 경우에는 일반적으로 할부로 판매되고 이러한 경우에 통상적으로 제조판매업자에게 소유권이 유보된다는 점을 예상할 수 있다. 이러한 사정을 조사하지 않았다면 乙에게 과실은 인정될 수 있으므로[2] 선의취득의 규정도 충족한 것으로 볼 수 없다. 따라서 A는 아직도 소유자이므로 乙에게 공작기계의 인도를 요구한 것은 정당하다.

---

2) 비슷한 사안에 대한 동일한 판단으로 대법원 1995. 11. 14. 선고 95다20416 판결.

찾 아 보 기

이병준

고려대학교 법과대학, 동 대학원 졸업(법학석사)
독일 Tübingen 대학교 법과대학(법학박사)
부산대학교 법과대학 전임강사, 조교수
대법원 재판연구관, 법무부 민법개정위원
현재: 한국외국어대학교 법학전문대학원 교수
E-mail: leebgb@hufs.ac.kr

황원재

고려대학교 법과대학, 동 대학원 졸업(법학석사)
독일 Osnabrück 대학교 법과대학(법학박사)
현재: 계명대학교 법학과 조교수
E-mail: hwonjae@gmail.com

제3판 민법사례연습 II [물권법]

2012년 9월 1일 초 판 발행
2022년 3월 7일 제3판 발행

저 자 이병준·황원재
발행인 이 방 원
발행처 세창출판사

신고번호 제 1990-000013호
주소 03736 서울시 서대문구 경기대로 58 경기빌딩 602호
전화 02-723-8660 팩스 02-720-4579
이메일 edit@sechangpub.co.kr 홈페이지 www.sechangpub.co.kr
블로그 blog.naver.com/scpc1992 페이스북 fb.me/Sechangofficial 인스타그램 @sechang_official

ISBN 979-11-6684-082-1 93360